走进词语的桃花源

曾泰元 著

商務印書館
创于1897 The Commercial Press

图书在版编目（CIP）数据

走进词语的桃花源 / 曾泰元著 . —北京：商务印书馆，2020
ISBN 978-7-100-18139-6

Ⅰ. ①走…　Ⅱ. ①曾…　Ⅲ. ①英语—词汇—通俗读物
Ⅳ. ① H313-49

中国版本图书馆 CIP 数据核字（2020）第 033279 号

走进词语的桃花源
曾泰元　著

商 务 印 书 馆 出 版
（北京王府井大街 36 号　邮政编码 100710）
商 务 印 书 馆 发 行
北 京 冠 中 印 刷 厂 印 刷
ISBN 978 - 7 - 100 - 18139 - 6

2020 年 9 月第 1 版　　开本 880×1230　1/32
2020 年 9 月北京第 1 次印刷　　印张 $8^3/_4$

定价：38.00 元

桃花源记

晋·陶渊明

晋太元中，武陵人捕鱼为业。缘溪行，忘路之远近。忽逢桃花林，夹岸数百步，中无杂树，芳草鲜美，落英缤纷，渔人甚异之，复前行，欲穷其林。

林尽水源，便得一山，山有小口，仿佛若有光。便舍船，从口入。初极狭，才通人。复行数十步，豁然开朗。土地平旷，屋舍俨然，有良田美池桑竹之属。阡陌交通，鸡犬相闻。其中往来种作，男女衣着，悉如外人。黄发垂髫，并怡然自乐。

见渔人，乃大惊，问所从来。具答之。便要还家，设酒杀鸡作食。村中闻有此人，咸来问讯。自云先世避秦时乱，率妻子邑人来此绝境，不复出焉，遂与外人间隔。问今是何世，乃不知有汉，无论魏晋。此人一一为具言所闻，皆叹惋。余人各复延至其家，皆出酒食。停数日，辞去。此中人语云："不足为外人道也。"

既出，得其船，便扶向路，处处志之。及郡下，诣太守，说如此。太守即遣人随其往，寻向所志，遂迷，不复得路。

南阳刘子骥，高尚士也，闻之，欣然规往。未果，寻病终，后遂无问津者。

自　序

这是一本英语视角的语言科普文集，收录了我近年来散见于北、上、广几家传媒的专栏文章，讲词典，说词汇，道翻译，可以说是一部跨越学术和通俗的作品。

说起源头，我的第一篇语言科普文，应可追溯到上个世纪90年代中。当时我在美国攻读语言学博士学位，研究方向是词典学，与宝岛台湾“《中国时报》”的书评版面“开卷版”有联系，主编就要我报道美国的书市动态，评论美国出版的新书。私心作祟，我便把目光聚焦在英文词典之上，陆续写了《美国佬的俚语有词典可考》《那一段词典大论战的岁月》《语言帝国迈向多元文化》《群“英”较劲辞典擂台》《英语gàn字出辞典》等。

后来学成返台，虽然工作忙碌，不过还是断断续续为“《中国时报》”“开卷版”写词典书评，把词典的知识和英文的趣味做了有机的结合，科普给台湾的读者。由于发表的渠道比较单一，版面和内容比较受限，随后我便将触角伸向台湾各大报纸的论坛版。每当社会上出现英文、语言、翻译、词典等新闻话题，我就会提笔为文抒发己见，向报社投书表达看法，渐渐地也就成了一种习惯。

语言科普的写作虽然已经成了我的习惯，但我手拙脑慢，从不是信手拈来就下笔成章，而是有想法、有热情才写，写时还得做足功课，研究、查证无一或缺，以写学术论文的态度来写通俗文章。

这原是在岛内的事，后来因缘际会，便跨过了台湾海峡。2011

年4月，我接受内人的建议，开通了新浪微博，在一步一脚印的耕耘之下，粉丝量有了稳健的增长。有些大陆的记者、编辑在微博上搜到了我，约我采访，向我邀稿，让我也开始走进了大陆的媒体。

后来我化被动为主动，设法找到大陆许多知名媒体的版面邮箱，向它们投稿。经历了多次的退信碰壁、石沉大海之后，文章获得了些许的正面回响，逐渐形成了现在的格局。报纸的部分，有《南方周末》《文汇报》《新民晚报》等；杂志的部分，有商务印书馆的《英语世界》、外研社的《英语学习》；微信公众号的部分，有复旦外语、池馆燕语、外研社 Unipus、英语世界等。

我把刊发在媒体的文章转发到微博、微信，与师长、朋友分享，许多人留言点赞，也有不少学界的朋友建议我结集成书，有几位出版社的老师表示欣赏，要帮我出版。几经斟酌，拙作最终花落商务馆，对于其他肯定我、爱护我的出版人，我也只能说抱歉，请求他们谅解了。

本书取名《走进词语的桃花源》，是在我考虑良久、做了多种尝试之后才定案的，书名的缘由有三。其一，我喜欢陶渊明，着迷于他的《桃花源记》。我的第一本书是本随笔集，我名之为《不知汉斋》，就有着《桃花源记》“问今是何世，乃不知有汉，无论魏晋”的典故，此二书以同一基调来命名，关系昭然。其二，本书是语言文字的科普书，这类图书最有名、最畅销的，估计是陈原先生的《在语词的密林里》。本书的书名，也蕴含着向陈先生致敬之意。其三，就是字面上的，词语的世界就像桃花源，精彩非凡，走进去之后能见到鲜美的芳草和缤纷的落英，让众人甚异之，欲穷其林而忘路之远近。

本书的出版，缘于许多师长朋友的鼓励与肯定，让我对自己多了份信心。特别要感谢的是商务印书馆总编辑周洪波老师和责任编辑草茎先生，周总编诚恳而持续的邀请，草茎先生专业而细致的工作，使得拙作在商务馆的出版最终得以成真。而最要感谢的，则是内人陈蓓，她总在我身旁静静地陪伴，包容地让我专心写作，中肯地提供意见，最后还费心帮我整理书稿，此书能出，有她的一份功劳。

千言万语道不尽，且让我们携手走进词语的桃花源，一起来探索这个让人着迷的美丽世界吧！

曾泰元

目　录

一、拾遗篇

——忽逢桃花林

1. 龙的英译需要正名吗?

2017年两会期间,有全国政协委员提案,希望纠正长久以来“龙”的翻译错误。这位政协委员主张,中国的龙不是西方的 dragon,西方的 dragon 也不等于中国的龙。他建议将“龙”的英文音译为 loong,将 dragon 的中文音译为“拽根”。

据说这已经是该委员连续第三年在全国两会提案建议此事,新闻见诸媒体之后,研究词汇翻译的我,又想起了多年前的一桩旧案,性质多所类似。

2006年年底,大陆有一场关于“龙”的文化论战,当时学界为“龙”的英译争得沸沸扬扬。批评方认为,dragon 作为中国龙的英译,实乃善恶不分,指鹿为马,是个严重错误,必须加以纠正。他们从“龙”的传统英译 dragon 着手,凭借松动语言学上的“能指”(signifier,语言符号)和“所指”(signified,事物观念),希望让 dragon 这个语言符号与中国龙脱钩,借此与 dragon 所代表的负面形象划清界限。

西方传统的 dragon 是蛇蜥一体的神话怪物,千百年来象征邪恶、恐怖,与中国人心中象征祥瑞、皇权的龙,有着天渊之别。这条 dragon 是古英语史诗主角贝奥武夫(Beowulf)必欲除之而后快的魔兽,也是英格兰守护神圣·乔治(St. George)要杀戮的恶煞。现代英文里的 dragon 也可以用来骂人,指的是凶狠泼辣、令人生畏的“母老虎”。

中文的“龙”与英文的 dragon 在本义(denotation)上有些接近,指的都是神话传说中类似的巨兽,可是二者的含义(connotation)却判如天壤,大相径庭,中文的“龙”崇高、神圣,西方的 dragon 恐怖、邪恶。

当年的批评方积极地为龙另觅英文的新词，坚决要与 dragon 分道扬镳。因此除了旧式的威妥玛拼音 lung、新式的汉语拼音 long 纳入考虑之外，部分人士还曾构思出一些颇具特色的创新，如 loong（音译兼象形，两个 o 代表龙的两个眼睛）、liong（音译兼联想，闽南语的音译加上狮子 lion 的联想），希望另起炉灶，给中文的“龙”找全新的英文对应。

2002 年美国出版了一本预测新词存活率的通俗学术书，名为《预测新词：它们成功的秘诀》（*Predicting New Words: The Secrets of Their Success*），作者艾伦·梅特卡夫（Allan Metcalf）为美国大学的知名英文教授，曾经担任过美国方言学会（American Dialect Society）的秘书长。他观察并记录英文词汇 60 年，依此归纳分析，在书中总结出新词存活的五大“发迹”（FUDGE）定律，分别是（1）使用频率高（Frequency of Use），（2）本质低调不招摇（Unobtrusiveness），（3）语言社群多元、出现场合多样（Diversity of Users and Situations），（4）词形有变化、语义能引申（Generation of Other Forms and Meanings），（5）传达的概念历久弥新（Endurance of the Concept）。作者强调，这五大定律之中最重要的是“本质低调不招摇”，因为低调不招摇，语言用户没有戒心，不会抗拒，新词就能神不知鬼不觉地留下来。

我们不妨以此为本，检视这些“龙”的新英文。

威妥玛拼音的 lung 在英文工具书里历史最久，权威的百科全书《大英》和韦氏大词典 *W3* 均有收录，但威妥玛拼音已经式微，且此拼法让人联想到龙等于肺，难以让人接受。汉语拼音的 long 这个拼法与普通词汇相同，有长长久久之意，不过要这么一个基础词汇增列一条中国龙的新义，恐非易事，有待观察。loong 虽也见于英语里与华人有关的专有名词，但 oong 的组合不符合英文的拼字规律，把两个 o 诠释为龙的大眼睛，创意十足，但过于牵强。liong 也有类似问题，iong 的拼法不是英文，把它跟狮子（lion）扯上关系也是穿凿附会。

以上这些“龙”的新英文充满了主观、异质的成分，既招摇又高调，能否成功打进英语世界，让一般的英语人士接受？似乎并不乐观。

我们须知，翻译上的努力往往是“谋事在人，成事在天”的。优美的、正确的、合逻辑的、有创意的，不见得会被大家接受，而且有时越努力推动，造成的反作用力越大。

语言里负面、歧视、贬抑的字眼比比皆是，改变词汇是一条路（如把“龙”的英文从 dragon 改成 loong），但却是一条艰辛之路，因为语言本身有一套机制，人为的操控难以左右。另一条值得尝试的路是，外在的语言符号不动（如保留旧译 dragon），让事物观念的内涵产生质变（比如丰富龙的面貌，让英语世界知道中国龙是不同的龙），那么词汇的定义就必须依此修改，如此一样能达到我们的目的。

语言是活的，语义并非固定，它也在流动改变。事实上，随着国际交流的日益频繁，中国总体国力日渐强盛，西方世界也已逐渐了解到，中国龙是一种皇权、尊贵、吉祥的象征，而不是西方传统中邪恶的代表。

专攻当代英语的权威词典牛津 *ODO* 在 dragon 的定义里就说：“欧洲传统的龙通常会喷火，往往代表着混乱与邪恶，而东亚的龙则多半是仁慈宽厚的好龙，代表着多产和富饶，与水和天有关。”（In European tradition the dragon is typically fire-breathing and tends to symbolize chaos or evil, whereas in East Asia it is usually a beneficent symbol of fertility, associated with water and the heavens.）

W3 收录了“龙”的音译 lung，不过却完全没有解释，而是以“互见”（cross-reference）的方式把读者引到 dragon，要读者参照 dragon 的一个义项。这个义项明确指出，dragon 也指“中国神话里的一种超自然生物，仁慈宽厚，与雨水和洪涝有关”（a beneficent supernatural creature in Chinese mythology connected with rain and floods）。

西方传统中的 dragon 是不好的，是邪恶的化身，但如英美的权威词典 *ODO* 和 *W3* 所载，dragon 也可用来指良善的中国龙。用 dragon 来翻译中国龙一开始或许是个乌龙，起因是认知不足而错把冯京当马凉，但现在英文基本上已完全接纳了。依此观之，要不要另起炉灶，给“龙”造个 dragon 以外的新译，似乎已经不是那么绝对了。

常见的词汇中，十之八九都是多义的，是什么意思得看语境而定，dragon 也是一样。在语境不清或是需要特别强调时，不妨在 dragon 之前冠以 Chinese，以 Chinese dragon（中国龙）的面貌呈现。这个 Chinese dragon，也是权威的网络百科 *Wiki* 对中国龙的答案。

“龙”的英译，经过了这么多年的沉淀，看来还是维持既有的 dragon 最为稳妥。如果大家仍有疑虑，那就 Chinese dragon 吧！如何？

2. 书斋取名话中西

我在东吴大学有间不算大的办公室（台湾常称“研究室”），就在校园里僻静的一隅，是个远离尘嚣、能让我专心读书的清幽之地。

当年我搬进去不久，就给自己的这方小天地取了个英文名字，叫 Lectorium，灵感来自牛津英语词典 *OED* 第一任主编詹姆斯·穆雷（James Murray）的词典工作室“书斋”（Scriptorium，本义为 a place for writing“书写之地”：script“书写”+-orium“地方”）。我以此为本略加修改，把代表“书写”的拉丁文词根 script 摘除，换成代表“阅读”的词根 lect，自创了词典查不到的 Lectorium，意为“读书之地”（a place for reading）。

同事、友人来访，看到门口自制挂牌上的 Lectorium，总会好奇地问上两句，我有典故可以讲，马上就能活络气氛，是个绝佳的破冰题材（ice-breaker）。

身为英语工作者，帮办公室取个洋名虽不多见，但也不足为奇。然而当我提笔为文，言及斯室时，总得在汉字的沃野平畴里穿插个突兀的英文单词。虽说这颇符合许多台湾人的习惯，动不动就把洋文挂在嘴边，但我内心深处仍隐隐挂念，要给办公室取个地道的中文名字。

后来诸事繁忙，而我这个取名的念头却不曾断过。我本想按字面翻译，lect 乃阅读之谓，原先倾向直取单字，如“阅”“读”“学”“习”之类；-orium 表处所，中文里有几个常见的字眼可供选择，如“斋”“轩”“居”“屋”“堂”“室”“舍”之属。但二者搭配起来的各种双字组合，如“阅斋”“读轩”“学居”“习室”等，总让我觉得味道不对。

后来我把想法松绑，扩大为二加一的三字组合，仿“荣宝斋”的结构。我想到了《论语·为政》的“学而不思则罔，思而不学则殆”，觉得学思合一乃儒家为学的理想境界，便造出了“学思斋”，顿时颇感自豪，可上网一查，发现早已有人用了，只得作罢。之后又在类似的思维里打转，想出的点子自己都不甚满意，兜来绕去，转不出来。

蹉跎了好一阵子，有个念头突然闪过我的脑际。台北阳明山半山腰的林语堂故居有个书房（现已改为餐厅），名为“有不为斋”，用的是三加一的组合，不拘谨的词语结构，透露出林语堂自得闲适之气，加上他“有所为，有所不为”的寓意，颇有中国传统文人的风骨。

这似乎就是我要的味道。汲汲营营于尘世，孜孜矻矻于案牍，不太像是我的风格。我灵光乍现，《孟子·万章上》讲到鱼攸然而逝，子产说“得其所哉！得其所哉！”是的，能安身立命得其所，何其快哉！我把“得其所哉”改为谐音的“得其所斋”，不禁志得意满。

不幸的是，上网一查，“得其所斋”用的人还真不少，真是英雄所见略同啊！无奈，只得再度割爱。换了几种类似的组合，如“适其所斋”“安其所斋”似乎都不错，但仍不尽如意，于是我就搁在脑海里，最后还是不了了之。

有一天想起了陶渊明，想起了他的《桃花源记》。在那样一个古中国的乌托邦里，村人“问今是何世，乃不知有汉，无论魏晋”。偶尔厌倦了儒家的秩序，投身至道家的怀抱，尽情享受那“帝力于我何有哉”的旷达。不知道有汉朝，不知有汉，不知汉，而我不也正是个知识浅薄阅历贫乏、四体不勤五谷不分、多所不知的汉子吗？这双重的寓意，勾勒出我向往的境界，也刻绘出我的精神面貌，巧妙地表达了理想与现实的双重意象。

不知汉斋！林语堂给了我结构，陶渊明给了我内涵，作为我办公室的中文名字，真可谓神来之笔。我赶紧上网搜索“不知汉斋”，找不到完全符合的结果，于是名正言顺地被我据为己有。

“不知汉斋”这四个字，数年后也让我挪用，在我肠枯思竭之际，成了我第一本书的书名，从此变为我登记有案的专属财产。

3. 咬文嚼字"朗读者"（reader）

中央电视台的《中国诗词大会》于2017年的春节期间爆红，回响热烈。接棒的《朗读者》2月中旬开播，以不同的形态延续了这股人文热潮，未登场就让人翘首企盼，播出以来更是广受各方好评。

《朗读者》第一季开播时我没有掌握好信息，错过了节目，事后才得知我仰慕的翻译大师许渊冲先生现身节目，深感扼腕。还好现代科技弥补了我的缺憾，让我有机会上网"补课"。

接下来的每一集，我就都早早地守在电视机前，通过篇章的文字，沉浸在朗读者的故事里，跟着他们一起感动。然而总有个小东西横在眼前，让我想不注意都难——节目名称《朗读者》附上的英文翻译reader，从一开始就困扰着我。

"朗读者"的英文是reader吗？我第一次看节目时，心里就冒出了许多问号，但当时我只顾着看节目，无暇细想。直到有一次跟85岁的岳父一起看，岳父也注意到了，转头问我："泰元，'朗读者'的英文是reader吗"？我愣了一下，停了半晌，凭我的直觉跟他解释，我说，reader有几个常见的意思，我第一个想到的是阅读书报杂志的"读者"，第二个想到的是作为教材的"读本"，不会想到"朗读者"。我补充道，这跟我的兴趣爱好与专业背景有关，可能有失偏颇，必须再求证一下。

我是个词典学（lexicography）研究者，深知内省（introspection）并不可靠。母语人士的直觉（native speaker intuition）可以参考，但单凭自我的思索可能流于主观，也容易有所遗漏。人因其所受的教育、所处的地域、自身的常识见识以及其他种种主客观条件的限制，就连对最熟悉的母语也无法百分之百掌握，更何况是非母语人士。

那怎么办呢？工具书，特别是词典，是一个集合广大智慧，经过各方专家筛选把关，对语文提出中肯观点的权威宝库。语言一直在变，词典的观点难免也会有所偏差，但通过广大用户的反馈与持续不断的修订，词典所呈现出来的，起码是个比绝大多数人的直觉更全面、更可靠的语文面貌。因此，我们不妨到词典里找答案。

英美出版的“高阶学习词典”（advanced learner's dictionary），是一种基于语料库（corpus-based）、以科学方法编纂的中型当代英文词典，为的是帮助大学程度以上的非母语人士学习外语，收词量适中，不会过于深奥、专业，大体上与节目的调性类似。《朗读者》这个节目诉诸一般民众，中等文化程度的人应该都能理解接受。节目名称也平实易懂，就是“朗读的人”，并没有高深的学问隐含其中。基于这样的认识，高阶学习词典恰能发挥它应有的角色与功能，因此我的词语求证由此入手。

目前市面上主要的高阶英文学习词典有六种，依其第一版出版的先后顺序排列如下：（1）牛津 *OALD*、（2）朗文 *LDOCE*、（3）柯林斯 *COBUILD*、（4）剑桥 *CALD*、（5）麦克米伦 *MED*、（6）韦氏 *MWALD*。

综合这六本词典，reader 的核心意义有四个：（1）读者（或“阅读的人”），（2）读本（或“读物”），（3）准教授（英国大学正教授底下的高级教师，相当于美国大学的“副教授”），（4）阅读器（或“读取器”）。另有两个意思只出现在一两本词典里，或可视为较不常见的专业意义：（出版社的）审稿人、（美国大学的）助教。显而易见，英文的 reader 在这文化程度相当的六本英英词典里，找不到“朗读者”的意思。

我们回到 reader 的源头 read，这个动词的基本义是“不出声、静默地读”，所以 reader 才会有以上的那些“读者”“读本”等较为常见之意。当然，read 的确也有“读出声音来；朗读”的意思，不过做此解时，后面一般须接补语，进一步说明：或加个副词（比如 aloud“出声地”），He read the poem aloud（他朗读了那首诗），或加个介词短语（比如 to“给”引导的短语），I read the letter to her（我读信给她听。亦可调整词序，改作 I read her the letter）。

查阅更大、更全的英文词典，reader 确实也能找到“朗读者”的意思，但这也意味着 reader 作为“朗读者”来解，是一个相对冷僻、专业的意思。节目制作单位用了这样一个常用词的罕见义并不妥当，因为绝大多数的英语人士看到 reader，并不会联想到“朗读者”，而且容易给人不相干的解读，用来作为央视节目《朗读者》的英译，似乎不是最佳的选择。

那么，“朗读者”的英文究竟该怎么说比较好呢？“朗读”与“朗诵”基本同义，意为高声诵读诗文，英文的 recite 可与之对应，所以“朗读者”不妨翻成 reciter。韦氏 *MWALD* 给 recite 下的定义是“to read（something）out loud or say（something）from memory usually for an audience”（大声读出或从记忆中说出，通常给听众或观众听），涵盖了“朗读”与“背诵”二义，似乎就是央视节目《朗读者》嘉宾上台所做的事。

《朗读者》的嘉宾上台朗读，有些人照着书本或文稿读，此乃朗读 / 诵的本色。有些人基本背诵，偶尔看稿，讲究抑扬顿挫。有些人对于所要朗读的内容已经滚瓜烂熟，就像背好剧本上台演戏一样。如此观之，节目的朗读 / 诵已出现不同程度的背诵，朗读者有一部分人已经跨足成为背诵者了，节目的英文名称若用 reciter，两种意义兼而有之，不也挺贴切的？

查阅网络百科 *Wiki*，它以 recite 的名词形态 recitation 作为条目，开宗明义就说，recite 可以是背诵，也可以是在听众或观众前朗读 / 诵诗文（the act of reciting from memory, or a formal reading of verse or other writing before an audience），英语世界出版的英文词典也多做此解。事实上，证据显示，recite 在这方面虽有双重含义，不过英文并不刻意区分，也不是特别在意。朗读 / 诵也罢，背诵也罢，英文都可以是 recite。

6 本高阶英文学习词典都收录了 recite 这个基础词汇，不过衍生词 reciter 却只出现在一本，即朗文 *LDOCE*，而且还只是个不予定义的"附加词目"（run-on）。这个结果若套用我上述"常见 vs. 冷僻"的论点，似乎自打嘴巴，不过情况并非如此。我们不妨这样理解：词典里词形可推导、意义可引申的派生词，收录与否视情况而定，为了节约篇幅，中小型词典一般不录，越大的词典录得越详尽。以中文为例，"仰慕"为常见词汇，词典必须得收，否则就是失职，"仰慕者"可由"仰慕"轻松推导（"者"="的人"，"仰慕者"="仰慕的人"），词典就可以选择不收了。

另外，《朗读者》的英文名称，似有 2008 年德美合资电影《朗读者》（*The Reader*）的影子。然而电影有电影的情节背景，电视节目的形态与之有异，制作单位加以借用，说不定有语言之外的（extralinguistic）考虑，比如辨识度高，比如通俗易懂，可是此举却容易造成误解。

说文解字，咬文嚼字，细节或许烦琐，不过结论却很简单。单纯就语言论语言，"朗读者"的英文用 reader 似乎不妥，以用 reciter 为宜。

4. 英美文学里的几个典型人物

“红娘”指的是“媒人”,此乃源自元代王实甫所著之杂剧剧本《西厢记》。红娘本为主角崔莺莺的婢女之名，因从中撮合张生与莺莺的姻缘,让张生由衷感激,所以才有了媒人的意思。我们有时候用“猪八戒”来骂人，此乃源自中国古典神魔小说《西游记》。猪八戒是唐三藏的三个弟子之一,是个好吃懒做、贪图享受、迷恋美色的角色,于是猪八戒便渐渐用来指称有这些特质的人。

红娘、猪八戒是中文的人名词，典出文学作品。英文里类似的例子不胜枚举，Uncle Tom、Scrooge、Frankenstein、Rip Van Winkle、Romeo 都是经典的例子。

美国作家斯托（Harriet Beecher Stowe）19 世纪写了一本传世经典《汤姆叔叔的小屋》（*Uncle Tom's Cabin*，又译《黑奴吁天录》），小说的主角 Uncle Tom（汤姆叔叔）是个顺从、坚忍、忠心的黑奴，白人主人对他百般虐待，而他却总是逆来顺受，卑躬屈膝，低声下气，唯命是从。这本书的出版影响深远，唤醒了许多当时的美国人，让他们知道黑奴在美国社会受了极度不公的对待。主角汤姆叔叔所代表的，就是“对白人卑躬屈膝的黑人”，放到我们中文的语境里，或可理解为“狗奴才”。

英国作家狄更斯（Charles Dickens）有本小说叫《小气财神》（*A Christmas Carol*，或译《圣诞颂歌》），主角斯克鲁奇（Ebenezer Scrooge）是个令人讨厌的糟老头。斯克鲁奇不喜欢过圣诞节，是个吝啬刻薄的守财奴，但他却在一夜之间被源源不绝的灵异经历所救赎，性格因而大为改变，成了一个乐善好施的老人。然而他原先的恶名还是挥之不去，后人便以他的名字 Scrooge 来指称“吝啬鬼；守财奴”。

英国作家雪莱（Mary Shelley）写了一部恐怖科幻小说《科学怪人》（*Frankenstein*），主角弗兰肯斯坦（Victor Frankenstein）是个疯狂的医学研究者，他从坟场挖出尸块拼成人形，再用电击赋予其生命，创造出了一个怪物，结果最后反而被自己创造的怪物所毁，成了一个作法自毙者。弗兰肯斯坦本来是怪物的创造者，现在英文里反而转指“怪物”本身。因为这个怪物毁灭了它的创造者，因而 Frankenstein 也可引申为“反噬者”，指的是创造出来却后来失控、最后摧毁其创造者的事物。

美国小说家欧文（Washington Irving）写了一篇短篇小说《李伯大梦》（*Rip Van Winkle*），主角李伯（Rip）是个乐天知命（happy-go-lucky）又惧内（hen-pecked）的男人。他贪好杯中物，不求长进，有一次带狗上山打猎，却漫步进入森林深处，展开了一段奇幻之旅，仿佛是美国版的《桃花源记》。他碰到了一些奇怪的人，喝了他们酿的酒，从此就长睡不醒。这一睡就是 20 年，醒来时狗不见了，只剩他一个人，猎枪也都生满了铁锈，下山回家，发现房子已成废墟，妻子已经死去，世间发生了翻天覆地的变化。后来英文就用李伯的全名 Rip Van Winkle 来代表与当今主流社会格格不入、还活在远古时代的人。

罗密欧（Romeo）是英国大文豪莎士比亚（William Shakespeare）的剧作《罗密欧与朱丽叶》（*Romeo and Juliet*）的男主角。罗密欧与朱丽叶的故事源自欧洲的民间传说，莎士比亚以此为本，写成剧作，讲的是两个世仇家族的青年男女，因相爱却不能成为眷属而双双殉情的故事。男主角罗密欧风流倜傥，浪漫多情，后来便成为“大情圣、花花大少”的代名词。类似的角色在许多文学作品中都有，流传下来的还有卡萨诺瓦（Casanova）、唐璜（Don Juan）等，也都是类似的意思。

《哈利·波特》（*Harry Potter*）奇幻文学系列小说于1997年首度问世，红遍全世界，作者J. K. 罗琳（J. K. Rowling）塑造出来的“伏地魔”（Voldemort）是个邪恶的法师，如今也成为英文另一个崭新的人名词，意为“邪恶害人、让人心生畏惧的人或事物”。文学为语言做出贡献，在此又多了一个当代的例证。

5. 致敬词典人

2017年9月中，北京时值金秋，天高气爽、蓝天白云，我受邀赴京参加了首届国际语言文化博览会，发表了题为“牛津英语词典与文化传承：以几个中国词汇为例”的专题演讲，从词典收录的“红军”“长征”“延安”和“汉语拼音”“普通话”讲起。国内外辞书界、语言界的许多领军人物都现身语博会，一起前来共襄盛举，对话讨论。

词典学（lexicography）是个专业的领域，理论与实践兼而有之。编词典是个极端孤寂、耗时甚久的工作。编者为了记录相关的语言以成“词”汇之“典”，常须搜集大量语言材料做成索引档案，抽丝剥茧、分门别类，萃取出其中关键的字词，按一定的方式加以编排，逐条释义，并提供相关的信息，如字形、发音、词性、例证、用法等。

在近现代，远者有德国格林兄弟（Brothers Grimm）所编的《德语词典》（*Deutsches Wörterbuch*）。这两位以格林童话闻名于世的兄弟也是世界顶尖的语言学家，他们从19世纪上半叶起就开始擘画一部规模宏大的词典，打算收录上自马丁·路德（Martin Luther）下迄歌德（Johann Wolfgang von Goethe）、时间跨度300年的所有德语词汇。他们孤寂地努力了30年，过世时只编了三分之一，死后有其他学者陆续接手，整部词典时至20世纪中叶才得以出齐，全书32卷的规模，前后共花了123年的时间。

接着，有英国的牛津英语词典*OED*。受到德国格林兄弟的启发，英国的“语文学会”（Philological Society）在格林兄弟20年后决议编纂一套大型的英语词典，来记录自古至今所有的英语词汇。首任主编为自学成功的语文学家詹姆斯·穆雷（James Murray），他埋首于自家的工作室“书斋”（Scriptorium）36年，消化、处理重达数吨重的数据，直到过世为止。经过了前后共计71年的冗长岁月，主编中途数度易手，10巨册的词典终于在20世纪初出齐。第2版的*OED*于1989年出版，共有20巨册，第3版预计于2037年编成，目前工作还在积极地进行中。

2011年，美国出版了《芝加哥亚述语词典》（*Chicago Assyrian Dictionary*）。美国芝加哥大学东方研究所（Oriental Institute of the University of Chicago）仿效*OED*，于20世纪初开始编纂古代两河流域的阿卡德语（Akkadian language）词典，前后历时长达90年，编辑工作由跨国团队薪火相传，接力合作而终成大作。这套中亚古文明的词典巨著共21册，总页数达10000页，如同一部古代美索不达米亚（Mesopotamia）的百科全书。

在中国，不管是“小字典，大文化”的《新华字典》，还是为现代汉语的规范化做出巨大贡献的《现代汉语词典》，或是在语文、百科等方面试图完整展现汉语面貌的《辞源》《辞海》《汉语大字典》《汉语大词典》，抑或是汉英方面迄今规模最宏大、陆谷孙主编的《中华汉英大词典》，所有参与其中的专家学者都孜孜矻矻伏首案前，为这维系中华民族命脉的文化事业做出了传世的贡献。

世界上的各个角落，类似的身影多所有之。他们出于对语言的热爱，对文化传承的使命感，不计任何成本，一头栽进浩瀚的词海，纵入烦琐孤寂的词典编纂。他们或是传教士，或是学校教师，或是语言学家，或是文史工作者，或只是单纯的热心人士，忍受了孤寂，不为任何名利，灯下案前孜孜不倦，只为了成就一个梦想，完成一个使命。

文人的孤寂身影，时间的漫漫长河，益发令人肃然起敬。

6. 中外人名管窥

每逢开学季，新生入学，名字的话题总会浮上台面，媒体又会开始四处搜罗，看看有什么奇葩的名字，可以让大家在茶余饭后消遣嗑牙。2017 年西安有一名父亲给他的女娃取名叫“王者荣耀”，而且还成功地报上了户口，引来了各界的热议。

2017 年 9 月开始，我离开了访问一年的复旦大学外文学院回到台湾，在东吴大学英文系重执教鞭。我在东吴英文开了一门本科二年级必修的“英语语言学概论”，班上有个大三补修的女同学名叫“王维”，列在选课名单的第一位，第一次点名时，我的“王维”之声甫落，王维举手，同学惊觉，纷纷转头侧身，寻找目标。

我高中读的是“建中”（台北市立建国高级中学），当年班上有个同学的名叫“巫孔雀”，既是巫师又是孔雀的，一开始着实让我们调侃了好一阵子，后来大家也习惯了，不过就是个跟大家差不多的同学罢了。

我叫曾泰元，原先对自己的名字没有什么特别的感觉，只是总有人把我的“元”误植为“源”，让我不时得费心纠正。后来名字经常见诸大陆的报章刊物，大陆朋友与我初次见面，经常大表讶异，常把我这个中壮年误以为是个老先生，难道是我为文深沉老气？还是我的名字让人心中浮现了“泰山”“元老”的高龄想象？

嵩寿近百的家祖母生前曾说，我们祖上本姓吴，家贫送人扶养之后才改姓曾。至于我之所以起名“泰元”，家父也说不怎么上来，或许他就喜欢这两个字，给了他“祥和之首”的寓意。及至我查了中文大词典，始知“泰元”是个汉语词汇，是“天”的别称。《史记·孝武本纪》：“天增授皇帝泰元神策，周而复始”，《汉书·礼乐志》：“惟泰元尊，媪神蕃厘，经纬天地，作成四时”，原来我的名字大有来头。

上个世纪 90 年代我在美国读博，在学校身兼助教，教美国大学生汉语。头一年班上有两个白人女生特别认真，没有中文名字要我帮她们取。一个是班上第一名的 Zivar Baker，她热爱中国文化，于是我给她起名为“贝思华”，让她思慕中华。另一个是长发飘飘、甜美文静的 Enid McNutt，我便依她飘逸的外表和宁静的性格，给了她“孟逸宁”的名字。

对很多人来说，名字只不过是个名字，是个代号，并没有太多的意思，顶多只是好不好听、顺不顺口而已。然而，事实上人名也是一门学问，是一门引人入胜的学问。

现在中文说的“名字”，实际上是由古时候的“名”加“字”而来。《礼记·檀弓》说，人出生就有“名”，及至长大成人，行冠礼时再加个“字”，原本分开的“名”和“字”经由演变，融合为“名字”，意思也逐渐转变为现在所指的“姓名”或“名”。至于“姓氏”，原来是远古时期“姓”和“氏”的合称。《通志·氏族略序》说，在三皇五帝时，“姓”和“氏”是分开的，那个时候男人用“氏”，女人用“姓”（由“姓”的部首可以看出端倪）。“氏”用来区分社会阶级，贵族有氏，平民无氏；“姓”则与婚姻有关，两家同姓不可通婚。到了夏商周以后，“姓”“氏”合而为一，都用来作为判断两家可否通婚的依据。秦汉以后，“姓”“氏”就不分了，有人用“姓”，有人用“氏”，有人都用。演变到现在，

“姓氏”也常简化为“姓”，是一个代表家族的字。

汉族的命名习俗我们比较熟悉。“姓”多来自祖先在封建时代所受的封地、官名（包括皇帝赐姓）、世代相传的职业以及住家附近的地理环境，而“名”一般依辈分、照排行、看因缘事件，或按父母的欢喜期许而取。可是西洋的呢？

John，这个英语世界再平凡不过的名字，为什么不翻译成“战”或“将”，却要用一个发音差很远的“约翰”？原来 John 来自《旧约圣经》时期的希伯来文（Hebrew），当时的发音接近“约翰”，意思是 God is merciful（上帝是仁慈的），因着基督教的普及，约翰这个名字在不同的欧洲语言里，也有了不同的展现：爱尔兰语的 Sean（肖恩）、苏格兰语的 Ian（伊恩）、法语的 Jean（让）、意大利语的 Giovanni（乔凡尼）、西班牙语的 Juan（胡安）、德语的 Johann（约翰）、俄语的 Ivan（伊凡）都是“约翰”的分身。

《圣经》在西方基督教世界的命名传统里，有着决定性的影响力，也难怪英国人的“名”也称之为“（基督）教名”（Christian name）。

至于“姓”的部分，细究之下也是很有趣的。从麦当劳（McDonald's）这个名字我们可以猜出，该快餐餐厅刚创业时的老板极有可能姓 McDonald，'s 为英文的所有格标记，用于店名时类似我们所熟悉的“记”或“家”，如“赵记馄饨”或“张家牛肉面”，其父系祖先来自苏格兰，是 Donald（苏格兰常见的男子名，意为 ruler of the world “世界的统治者”）的儿子［Mc 或 Mac 在苏格兰语及爱尔兰语中为表“父名”（patronymic）的前缀，为“……的儿子”之意］。

汉族“姓”和“名”的观念根深蒂固，我们似乎很难跳脱出非姓即名、先姓后名的思考模式。西风东渐多年，我们了解了英美人士先名后姓的顺序，熟悉了一些他们常见的姓氏名字，也知道了他们还有“中间名”（middle name）和“中间名缩写”（middle initial）这回事。

中国的民族众多，藏族女孩的名字常有“卓玛”，维吾尔族男孩的名字常有“买买提”。一开始我不明所以，后来才渐渐知道，“卓玛”是藏族对女子的称呼，源自一个美丽的女神，而“买买提”则是“穆罕默德”的变体，信奉伊斯兰教的维吾尔族人为了纪念先知穆罕默德，常给自己的儿子取这个名字。

关于名字，我们都知道得太少了。世界之大，人名之多样，无奇不有，又岂是我们熟知的汉文化与英美文化所能道尽一二！

其他文化的人名呢？大家都有名有姓吗？还是只有名没有姓，或是只有姓没有名？在姓与名之外有没有其他可能？顺序呢？是先姓后名还是先名后姓？姓是固定的吗？还是每一代都会改变？一个人可不可能随着年龄的增长，在不同的人生阶段有不同的名字？

欧美的知识系统里有一门“专有名词学”（简称为“专名学”），英文称之为onomastics，比较讲究的学者还在这个领域底下细分为“地名学”（toponymy）和“人名学”（anthroponymy）两大支，可是一般的做法并没有这么严格，而是以原本统称的onomastics（专名学）来专指anthroponymy（人名学）。

这个欧美的“人名学”与汉文化以算命为主的“姓名学”有明显的不同。人名学以词源学为基本工具，本来研究的是人名的来源历史以及形态改变，结合了地理分布的这个向度之后，可以让我们对人类的早期历史、人口迁徙、民俗传统有更深刻的了解。近来人名研究也开始变成了一种文化现象，在心理、社会、法律等层面上逐渐受到了专家学者的探讨。譬如说，为什么某些时代、某些地区、某些文化圈流行某些特定的名字？为什么这些曾经流行过的名字后来却销声匿迹？社会变迁和政治气候跟名字的嬗变有什么样的关联？

处处是学问，名字并不简单。

7. 台湾地区高考英文阅卷趣谈

我在台北的东吴大学英文系任教，上个世纪末，我开始参与台湾高考的英文阅卷，几年前才因故请辞。在这十余年的阅卷生涯中，虽然没有惊天动地，也没有历尽沧桑，然而不足为外人道者，细数起来还真是点滴在心头。

台湾的高考以前叫“联考”，本世纪初废除，改采多元入学方案。原本“一试定终身”的联考，变成了寒假的“学测”和暑假的“指考”，阅卷工作也由以往的一年一次，转为年初、年中的一年两次。无论是早期的联考，还是变革后的学测、指考，我都亲历其中。

台湾的人口与上海相当，2400万左右，考生每年原有16万，但因少子化之故，近来逐年递减，现只剩12万。每次阅卷招聘的高校英文老师，也由高峰时期的150名左右，降到如今的100名出头。

高考结束，负责试务的“大考中心”便会召集各高校的阅卷负责人开会，前去试阅需要人工介入的“非选择题”——中翻英和英文作文，并制订参考答案，明列阅卷准则。两天后，所有的阅卷老师报到，每组10—12人分组作业，先用一个上午来熟悉试题与答案，讨论相关问题统一阅卷尺度，并逐步调整自我以达最佳状态。

一个上午的“热身”结束之后，正式的阅卷于焉展开。

我们阅卷老师的工作环境，既像工厂的生产线，又像养鸡场。说生产线，指的是领卷、阅卷、还卷，初阅、复阅、主阅，每一个环节都有标准的作业程序，也有质量、进度的控管。说养鸡场，是因为我们在固定的阅卷室、固定的阅卷桌、固定的座位上，低头猛啄大考中心提供的饲料考卷。要是饲料好吃、内容有变化也就罢了，可惜的是多数饲料坏的坏霉的霉，而且内容几乎千篇一律，经常让人食不下咽。

历年考生普遍的问题是，单词不会拼、标点不会标、语法搞不清、结构乱糟糟、内容多老套。“禁止吸烟”（No Smoking）这种中英文双语标示在台湾随处可见，多数的考生还是不会拼 smoking，有拼成 smorking 的，有拼成 somlking 的。文章的行首不以标点符号开始，许多人还是把逗号、句号、问号标在行首，甚至还有不少人用中文的句号“。”。

语法的问题就更“罄竹难书”了，名词的单复数、动词的三态变化、词语的搭配、冠词和介词的使用，都是陈年的老问题。有些奇葩考生还把英文动词的过去式加个 s（如 she wents home “她回家了”），殊不知过去式动词一体适用，不再因第三人称单数而变。结构方面，大多数考生论述的主轴不明显，陈述事件、发表感想时经常零碎散乱，文章缺乏凝聚力和紧凑性。

多数考生的作文结构松散错置，拼字、标点、语法的问题重重，就连最能吸引人的内容也都乏味无趣。这一方面显示台湾高中生的生活贫瘠，一方面也透露考生写作时在题材上打安全牌，并在老师调教之下只会堆砌老掉牙的惯用语，乱套虚浮的句型。

记得某年的英文作文题目是陈述自己被误解的经验，考生“掰”的情节大致不脱几种类型：被父母误以为偷钱、家里的食物被吃掉误遭家人指责、读书读累了看个电视打个游戏就被父母骂贪玩……因此阅卷时若偶尔跳出比较不一样的情节，我们就会眼睛为之一亮。比如说，有考生写到，看到路人旁边有恶狗，见义勇为拿棍子打狗，后来才发现恶狗是路人的宠物，被狗主人误以为是个虐待动物者；想帮朋友拍掉身上的虫，被误以为心怀不轨，想要打人。我看到这些，不禁捧腹大笑，要是类似的“娱乐”多一点的话，我们阅卷时就不用猛灌咖啡猛喝浓茶提神了。

当然，每年总有一部分考生的翻译和作文都空白，也不知是时间不够来不及写，还是根本不会写干脆放弃。拿到这种空白卷，我们打个零分就有阅卷费入账，甚至有阅卷老师领到一本大半是空白答案卷时，还会成为同侪羡慕的对象。然而在表相的开心背后，隐藏的却是深层的忧虑——学生的英文学了这么久，成果居然如此不堪？

有些大陆朋友觉得台湾整体的英文程度不错，然而这或许只是错误的印象。对于大多数的台湾学生而言，他们的英文程度在高中时最好，在高考前后更是达到了巅峰，上了大学之后便逐渐走下坡，虽有英文的毕业门槛（类似大陆的四、六级），却形同虚设。

我在台湾高考当了十余年的英文阅卷老师，有许多第一手的经历，也在大学里教书，多少了解台湾大学生的英文程度。真实的情况不仅如上所述，而且还每况愈下，难怪“菜英文”仿佛魔咒附身，让台湾甩都甩不掉。

多年前，任教于高中的英文老师曾向我善意提醒，说台湾教育改革“九年一贯”的学生上高中后带起来特别费劲，因为“教改”让初中英文的课时减少，教材简化，这批学生的英文程度跟以往比起来有明显的落差，难以补救。他建议，我们这些处于正规教育末端的大学老师最好要有心理准备，早为因应。现在回想起来，这一席话果真一语中的，不只参加台湾高考的高三考生如此，大学本科生、研究生英文程度的低落，一样令人瞠目结舌。

希腊神话里有个暴君叫西西弗斯（Sisyphus），生性狡诈邪恶，因泄露天机，死后被罚在阴间滚巨石上山。巨石甫至山顶，马上又滚回山下，如此周而复始，永无休止，因此英文里“西西弗斯式的任务”（Sisyphean task），指的就是永无休止、徒劳无功、令人气馁的工作。

台湾上上下下、不分男女老少，都十分重视英文，学英文可说是全民运动。专家提了许多的方案，写了不少的计划，编了大量的教材，投入了惊人的人力、物力和财力。但学生英文程度的提升仍然成效不彰，让人挫败不解。这推石上山又滚下山的过程，难不成是无法摆脱的宿命，是西西弗斯的任务，再怎么努力也无法达成，想再多的办法最终又回到原点？还是我们都只是好高骛远，而忘了崇本务实的道理，只要从根着手就可能有解？

8. 语言视角下的 Christmas 和圣诞节

12 月 25 日是圣诞节，是基督教纪念耶稣诞生的节日。圣诞节的英文是 Christmas，不过为什么是 Christmas 呢？

Christmas 的本义是 Christ's mass（基督的弥撒），原指纪念耶稣基督（Jesus Christ）诞生而举行的弥撒（mass）。耶稣（Jesus）是人名，基督（Christ）是他的称号。

英文的 Christ（基督）来自希腊文的 Christos（基利斯督，希腊文的写法为 Χριστός），相当于希伯来文的 Messiah（弥赛亚），意为“救世主”，原义是 the anointed（受膏者；被涂油者），指的是受上帝指派，降世救民的人。

至于 mass（弥撒）则是天主教会最重要的宗教仪式，是纪念耶稣为救赎世人而牺牲所举行的圣餐礼。“弥撒”是拉丁文的 missa（散会）的音译，源自弥撒仪式的主体部分开始前，神父遣散未受洗者所说的“Ite, missa est”（你们走吧，散会）。弥撒结束时，神父也用这个套语来解散全体信众。

Christmas 的第二个成分 mas 是 mass 的变体，后来逐渐演变为“宗教节日”，不过只出现在特定的词组。除了最常见的 Christmas（字面义“基督节”）之外，还有 Candlemas（圣烛节）、Michaelmas（米迦勒节）、Martinmas（圣马丁节）。

Christmas 在英文里还有其他的说法，如 Noël 和 Yule，不过都比较少见。Noël 来自法文，与 Nativity 有关，意为“诞生”，后来特指“耶稣诞生”。Yule 来自古英文，原为异教徒庆祝冬至、长达 12 天的节日。英美传统的圣诞节期间（Christmastide）长达 12 天，由 12 月 24 日的圣诞夜（Christmas Eve）持续到主显节（Epiphany）前一天的 1 月 5 日，一般相信与此有关。

Christmas 在许多场合也简写为 Xmas，这个写法已有数百年的历史。此处的 X 代表的是 Christ（基督），因为 Christ 希腊文写法 Χριστός 的第一个字母是 Χ（英文名为 chi [kai]），所以后来 X 就成为 Christ 的代名词。

常有人把 Xmas 写成 X’mas，实乃画蛇添足。撇号（apostrophe）代表省略，然而 Xmas（X=Christ）并没有省略任何成分，写 Xmas 就好。

圣诞时节，Merry Christmas，Merry Xmas 或 Merry X’mas 的“圣诞快乐”随处可见，让人差点误以为我们是基督教国家，当然不是。那为什么我们还在说 Merry Christmas？

大家或许有口无心，有样学样。然而在美国，一种平衡的声音已出现多年，现正逐渐普及。用中性的 Happy Holiday（节日快乐）来替代 Merry Christmas 的情况日益普遍，复数的 Happy Holidays（假期愉快）也逐渐替代了传统的 Merry Christmas and a Happy New Year（圣诞快乐，新年快乐），成了岁末年终互道祝福的吉祥话。

这个转变不只出现在非基督徒之间，也扩大到了公共领域。支持者认为，美国非基督徒人口的比例逐年攀升，这个语言上的调整不只兼容并包，而且还客观地反映了现状。他们主张，基督徒无权把基督教的信仰强加到穆斯林、其他宗教信徒以及无宗教信仰者的身上，拉着众人和他们一起庆祝耶稣诞辰。当然，此举也招致部分人士的批评，认为这个阵营的人士根本是反基督教，鼓吹无神论与不可知论，拥抱消费主义与物质主义，是个假道学的“政治正确”。

西风东渐，社会大众对西洋的一切兴致浓厚，以过西洋的节日为时尚。当然，我们拥抱的似乎只是物质的表象，对于表象底下的内涵，我们能否设法多些了解？

在台湾，“圣诞节”又称“耶诞节”，两个名称之间的竞争已逾30年，或有形或无形，不过近来“耶诞节”似乎略占上风，获得较多媒体与商家的青睐。

Wiki 指出，当代中文的“圣诞节”一词，一般认为是中国最早接受基督教文化的华南率先采用。大陆的非基督徒以往并没有庆祝圣诞节的习惯，不过在改革开放之后，随着欧美流行文化的引进，不少商场都希望通过圣诞节来促进商机，鼓励民众消费购物，于是“庆祝圣诞节”在大陆的非基督徒中也开始流行了起来。

名不正则言不顺，正本清源有其必要。现代意义的“圣诞”理当是基督徒用的，用于非基督徒群体，值得我们商榷。取舍之间所隐含的文化议题，在特朗普再度引爆的“耶路撒冷的地位”争议下，在基督徒与穆斯林千年的历史纠葛中，我们尤应谨慎以对。

我在东吴大学英文系任教，支援过一门对外汉语，学生绝大多数来自欧洲。某次上课介绍到“圣诞节”这个词语，有名瑞典学生质疑此处“圣”字的妥适性。他说，如果耶稣诞辰叫圣诞，那么伊斯兰教或其他文化的先知怎么办？这个质疑得到在座其他外国学生的共鸣。

挟着西方强势文化的欧洲学生尚且意识到自身文化潜在的霸权，设身处地为我们着想。我们何苦还轻视中国传统文化，贬抑自我价值，下意识地附和西方，独尊基督教。

《汉语大词典》明载，传统上中国的“圣诞”有几个意思，其一为皇帝或皇太后的生日，其二特指孔子的生日，其三泛指神、仙、佛、菩萨的生日。当今基督教的“圣诞”为其四，是耶稣的生日，定在每年的12月25日。“圣经”一词也类似，《汉语大词典》称其旧指儒家经典，对佛教经典或其他宗教经典也以此泛称，西教东来，“圣经”也指犹太教的经典（即基督教的《旧约圣经》），现今则专指基督教的经典（包括《旧约圣经》和《新约圣经》）。西风东渐，千百年传统的“圣诞”“圣经”纷纷让位，另取新名，何以至此？

许多人或许习惯了“圣诞”的说法，然此却隐含了以基督教为中心的价值与色彩，突出了视耶稣为唯一圣人的观点，对不属于基督教世界的中国并不适合。然而在语言惯性的洪流里，像我这种举旗呼吁、意欲正本清源的少数人士，大概也只能说是知其不可为而为之吧！

我们必须承认，语言是约定俗成的产物，语言用户是最终的仲裁者。然而值此国际政治风起云涌之际，穆斯林与基督徒的对立逐步攀高之时，对语言多些敏感，虽不见得能够化解问题，起码不至于火上浇油。

圣诞节、Merry Christmas，在当今的大环境底下，我们或许该有点不同于以往的思考。

9. 新年从元旦说起

1月1日，新年的第一天是元旦。元者，始也，即“第一”之谓。旦者，晨也，后亦转指“日”。因此，元旦的本义就是一年的“第一日”。

一年的第一日，旧时本是阴历的正月初一，亦即现称的春节。后来西风东渐，现在意义的元旦，就是阳历的1月1日。

称公历1月1日为元旦，曾有学者提出异议，因为长久以来，“元旦”这个名称的含义、历史记载、文学诗词等各个方面，均指夏历的正月初一。但从辛亥革命结束、中华民国成立以来，孙中山为了“行夏正，所以顺农时；从公历，所以便统计”之故，改称夏历正月初一为春节，公历 1 月 1 日为新年“元旦”，至今已有 100 余年，大家早已习惯这样的做法，实在没有必要回到从前，瞎折腾徒增困扰。

元旦的英文，毫无疑问的当然就是 New Year's Day（字面“新年之日”）。然而大家或许有所不知，英国权威的柯林斯英语词典 *CED* 除了这个标准答案之外，居然收录了来自中文、以汉语拼音转写的 Yuandan！

这怎么可能？请看以下 *CED* 的 Yuandan 条目，方头括号内为我的翻译：

> **Yuandan**【元旦】1.the former name of Chunjie【春节的旧称】2.the Western（solar）New Year's festival as celebrated in China【中国所过的西（阳）历新年节日】

CED 不是随随便便的英文词典，它的第一版于 1979 年问世，当时是由 Patrick Hanks 和 Lawrence Urdang 这两位词典学界的“大咖”主其事，也是第一部真正借助电脑语料库所编写、通过电脑排版而出版的英国词典。发展至今，*CED* 以超过 45 亿词的海量语料库为后盾，给收词、释义、举例、辨析提供了强有力的客观证据，词典的权威性不言自明，有目共睹。

除了 Yuandan（元旦）被权威的 *CED* 视为英文单词、独立列为词条之外，我们发现这个词条有两个定义，第一个定义就是千百年来元旦的本义，第二个定义则是现在通行的新义。在第一个意为“正月初一”的本义里，我们还发现了原来春节的英文，居然也可以是来自中文、以汉语拼音转写的 Chunjie！

CED 是部纸质与在线并存的英文词典，我们翻到（或键入）Chunjie，展现在我们眼前的是以下丰富的信息，方头括号内一样为我所译：

> **Chunjie**【春节】an annual Chinese festival marking the (lunar) Chinese New Year.It can last over three days and includes the exchange of gifts, firework displays, and dancing.Also called: Spring Festival.Former name: Yuandan【标志着（阴历）中国新年的年度中国节日，可持续三天以上，期间要互赠礼品，有烟花爆竹的施放，还有舞蹈的演出。又名 Spring Festival。旧称 Yuandan】

令人难以置信，不是吗？元旦，标准的英译是 New Year's Day，而 *CED* 竟加收了中国观点的音译词 Yuandan。春节，标准的英文是直译的 Spring Festival（或 Chinese New Year，字面“中国新年”），而 *CED* 竟也纳入了中国观点的音译词 Chunjie。

我们学习英文，从事汉译英，总习惯抱着“归化”的策略，在英文后面亦步亦趋，力求英文地道，在语言上尽量“归”顺英美人士。然而 *CED* 在元旦和春节的做法上，却让我们蓦然惊醒，它诉诸的却是我们踟蹰犹疑的“异化”策略，不考虑英美人士的感受，结果看来就是全然的外国话，“异”质性十足。

文化自信，落实到汉英词汇的翻译上，我们似乎还有所欠缺，只求体贴英文，以求其同。反而是英国人更注重汉文化的原汁原味，以音译之法求其异，走了一步我们都胆怯的路。

文化自信不是说说喊喊，更不是妄自尊大，而是体察时势，鉴往知来，顺天应地，不卑不亢，走一条本来就该走的路。

10. 一周七天说文解字

一周七天的英文都以 day（日）结尾，读起来就像首诗，然而音韵整齐的背后，是否隐藏着鲜为人知的信息呢？且听我道来。

星期一的英文是 Monday，来自古英文，mon 是 moon（月亮）的异体。Monday 的本义为 moon's day（月亮日），译自拉丁文的 dies lunae（day of the moon“月亮之日”），这就是中国古代与当今日本的“月曜日”。

星期一的前一天是星期日，英文是 Sunday，这应当是一周七天最容易参透的一个名字了。本义为 sun's day（太阳日），译自拉丁文的 dies solis（day of the sun“太阳之日”），这就是中国古代与当今日本的“日曜日”。

何谓“曜”？何谓“曜日”？《新华字典》明载，日、月、星都称“曜”，一个星期的七天用日、月、火、水、木、金、土七个星名排列，因此星期几也叫某“曜日”，如“日曜日”是星期日。

中国古代有“七曜”之说，“七曜”乃“日、月”二球与“火、水、木、金、土”五星的合称。以七曜为一周的历法观念是由印度传入中国的，这与欧洲的星期概念同出一源，都是来自两河流域的古巴比伦文明。

古巴比伦的占星术认为，“日、月、火、水、木、金、土”这七个天体会影响地球诸事的运行，因此他们就以七天为一个单位，把一年的日子加以划分，而每个“曜”都会控制着“曜日”的第一个小时。后来，这个体系从美索不达米亚向西传播，传到了地中海东缘与东南缘的托勒密王国（即亚历山大大帝逝世后统治埃及和周边地区的一个希腊化王国），与该地区的占星传统一拍即合。

古罗马人的历法原本与之迥异，复杂难懂得让人却步：3、5、

7、10 各月的第 15 日和其他各月的第 13 日称为 ides（望日，读如“艾子”），每月的第一天称为 calends（朔日，读如“卡伦子”），ides 往前推的第 9 日称为 nones（望日前九日，读如“弄子”）。

君士坦丁大帝加以改变，将传到托勒密王国的占星体系移植了过来，把 dies solis（日曜日，即星期日）订为一个星期的第一天，为休息与礼拜之日，接下来的六天，分别为 dies lunae（月曜日，即星期一）、dies Martis（火曜日，即星期二）、dies Mercurii（水曜日，即星期三）、dies Jovis（木曜日，即星期四）、dies Veneris（金曜日，即星期五）、dies Saturni（土曜日，即星期六）。这七个古罗马的星期名称，也在调整之后为西欧大部分地区所采纳，英文就是其中之一。

在罗马帝国时代，一周七日的拉丁名起自“七曜”，而这“七曜”中的“五星”（火星、水星、木星、金星、土星）之名则源自神话：火星（Mars）得名自罗马神话的战神“玛尔斯”，水星（Mercury）得名自罗马神话众神的信使“墨丘利”，木星（Jupiter）得名自罗马神话的主神“朱庇特”，金星（Venus）得名自罗马神话的爱神“维纳斯”，而土星（Saturn）则得名自罗马神话的农神“撒顿”。英文在翻译一周七日的拉丁名时，便从日耳曼众神当中寻找类似的加以替代。

太阳日（Sunday）和月亮日（Monday）如上所述，对应直截了当，其他几日的对应，则略显间接曲折。

星期二的英文是 Tuesday，本义为 Tiu’s day（战神之日），译自拉丁文的 dies Martis（day of Mars“火星之日”），也就是“火曜日”。Tiu（蒂乌）是日耳曼神话的战神和天空之神，类似罗马神话的 Mars（玛尔斯）。

星期三的英文是 Wednesday，本义为 Woden’s day（主神之日），译自拉丁文的 dies Mercurii（day of Mercury“水星之日”），也就是“水

曜日”。Woden（沃登，或作 Odin）是日耳曼神话的主神，相当于罗马神话的 Mercury（墨丘利）。沃登和墨丘利的相似之处，在于二者都与魔法有关，灵魂由人间落入阴间也由二者监管，沃登给诗人灵感，发明了日耳曼人的甲骨文“如尼文字”（runes），而墨丘利则为语言与文字的创造者。

星期四的英文是 Thursday，本义为 Thor’s day（雷神之日），译自拉丁文的 dies Jovis（day of Jupiter“木星之日”），也就是“木曜日”。日耳曼神话的雷神 Thor（索尔，或作 Thunor）也是天空之神，被借用挪来对应罗马神话主宰一切的主神 Jupiter（朱庇特）。

星期五的英文是 Friday，本义为 Frigga’s day（爱神之日），译自拉丁文的 dies Veneris（day of Venus“金星之日”），也就是“金曜日”。日耳曼神话的爱神是 Frigga（弗丽嘉，或作 Frigg）是主神“沃登”之妻，被移植来对应罗马神话的爱神 Venus（维纳斯）。

星期六的英文是 Saturday，本义为 Saturn’s day（农神之日），译自拉丁文的 dies Saturni（day of Saturn“土星之日”），也就是“土曜日”，对应直截了当。Saturn（撒顿）为罗马神话的农业之神。

看似平凡无奇的一周七日，竟可上溯古罗马和巴比伦，我们读着读着，仿佛也有了历史的悠远与时间的纵深。

11. 英语月份的奥秘

7、8 月炎炎夏日，各地高温频传，吹空调、泡泳池、啖冰品、吃西瓜，各式消暑妙方纷纷出笼。

我是个英语工作者，对词源研究特别感兴趣，因此思考角度经常与众不同。盛夏时节，烈日当空，气温飙升，背后英语词源的线索，突然就浮现脑海，让我联想到了两位古罗马时期叱咤风云的人物：罗马帝国的开山始祖恺撒大帝（Gaius Julius Caesar，盖乌斯·尤利乌斯·恺撒）和开国皇帝奥古斯都（Gaius Octavius Augustus，盖乌斯·屋大维·奥古斯都），觉得八成是这两位名震天下的统治者在天上发了威。

此话怎讲？7月的英语是July，是由恺撒大帝之名Julius而来的，因为这是他出生的月份。Caesar（恺撒）本来是他家族的姓，后来因为他在军事、政治方面的超凡成就，遂转而成为罗马帝国后来皇帝的称号，其影响力可见一斑。历史上德国、奥地利、神圣罗马帝国的皇帝叫kaiser，俄国的沙皇叫tsar，最初都源自Caesar。

8月的英语是August，是由奥古斯都之号Augustus而来的，因为他在建立罗马帝国的过程中打的几次辉煌胜仗都发生在这个月，其中也包括攻陷亚历山大港、征服埃及之役。Augustus本是元老院（senate）赐封给他的称号，意为“神圣伟大”（小写的august“威严的”与之同源），他本姓Thurinus（图里努斯），从此就被Augustus（神圣伟大）这个称号所取代了。

7、8月有这两位威风凛凛的旷世大帝分管，这酷热不饶人的天气，看来是其来有自啊！

大家或许有所不知，尊崇恺撒大帝的July（7月）取代了既有的Quintilis（意为“第五”，本指古罗马历的5月，quintet“五重奏”与之有关），荣耀奥古斯都的August（8月）取代了既有的Sextilis（意为“第六”，本指古罗马历的6月，sextet“六重奏”与之有关，sex（t）和six同源）。

数字有点兜不拢了，5→7、6→8，这其中两个月的差，到底是怎么回事？

事实的真相是，古罗马历比现行的公历少了两个月，一共只有10个月，冬天是没有月份名称的。古罗马历的月份算法从春天的

March（3 月）开始，持续到年底的 December（12 月），现行公历的 January（1 月）和 February（2 月）这段期间，最初是个没有名字的空白，是后来历法改革才加进去的。有了这个背景，现今的 July 代替原来的 5 月、August 代替原来的 6 月，似乎也就可以理解了。

英文的月份和其词源的数字兜不拢的，还体现在 August 之后的 4 个月。9 月是 September，本为 7 月（septem 为“7”，和 seven 同源，septet“七重奏”与之有关，September 的 ber 为后缀，后同）。10 月是 October，本为 8 月（octo 为“8”，和 eight 同源，octopus“八脚章鱼”与之有关）。11 月是 November，本为 9 月（novem 为“9”，和 nine 同源）。12 月是 December，本为 10 月（decem 为“10”，和 ten 同源，decade“10 年”与之有关）。

再继续介绍剩余的月份之前，容我先总结整理一下：

（1）古罗马历只有 10 个月，现行的 January（1 月）和 February（2 月）没有名称，是一段 60 天左右的空白。March（3 月）为古罗马历的第 1 个月，April（4 月）为古罗马历的第 2 个月，May（5 月）为古罗马历的第 3 个月，June（6 月）为古罗马历的第 4 个月。

（2）July（7 月）原作 Quintilis（第 5），为了纪念恺撒大帝（Gaius Julius Caesar）而以新名取代旧名，为古罗马历的第 5 个月。

（3）August（8 月）原作 Sextilis（第 6），为了纪念奥古斯都大帝（Gaius Octavius Augustus）而以新名取代旧名，为古罗马历的第 6 个月。

（4）September（9 月）源自拉丁语的 septem（7），为古罗马历的第 7 个月。

（5）October（10 月）源自拉丁语的 octo（8），为古罗马历的第 8 个月。

（6）November（11 月）源自拉丁语的 novem（9），为古罗马

历的第 9 个月。

（7）December（12 月）源自拉丁语的 decem（10），为古罗马历的第 10 个月。

现行的公历 1 年有 12 个月，后 6 个月如前所述，至于前 6 个月的名称，是否也隐藏着什么样的词源奥秘？答案是肯定的，且多与古罗马神话或古罗马习俗有关。

January（1 月）源自古罗马神话的两面神雅努斯（Janus，或译“杰纳斯”）。雅努斯是个门神，前后各有一张面孔，既能回望也能前视，所以亦是终结与开始、过渡与转折之神。1 月承先启后，终结过去开创未来。

February（2 月）源自拉丁语的 februarius（净化），因为古罗马人会在 2 月的满月时通过烟熏举行净化仪式。专家推测，fume（烟；熏）或与 February 同源。

March（3 月）源自古罗马神话的战神 Mars（玛尔斯）。玛尔斯是孪生兄弟“罗慕路斯与雷穆斯”（Romulus and Remus）的父亲，而这对双生子就是古罗马城的奠基人，因此古罗马历的第 1 个月，就以代表源头的战神玛尔斯命名。

April（4 月）的来源有不同的说法，传统上认为与拉丁语的“开”有关（英语的 aperture“孔；开口”同源），因为 4 月时百花齐“开”。另一派说法认为，April 来自希腊神话的爱神 Aphrodite（阿佛洛狄忒），是为了崇敬爱神而以其命名的。

May（5 月）源自罗马神话的富饶与春天女神 Maia（迈亚），她的名字或表“大”之意，和英语的 major（重大的；主要的）有关，代表的是越来越大的“生长”，让我们隐约看到了大自然的欣欣向荣与生机盎然。希腊神话也有一个同名却不相干的 Maia（迈亚），这个迈亚是擎天巨神 Atlas（阿特拉斯）之女、众神使者 Hermes（赫尔墨斯）之母。

June（6月）源自古罗马神话的女性与婚姻女神Juno（朱诺），她是主神Jupiter（朱庇特）之妻、战神玛尔斯之母。由于朱诺主管女性与婚姻，所以6月也与女人结婚有了联结，“6月新娘”（June bride）一说由此而来。

现代汉语的12个月按数字排列，平淡无奇，而英语的12个月不同，故事连连，奥秘纷呈。盛夏时节的7月和8月，古罗马时代的“恺撒”与“奥古斯都”重现江湖，向我们展示了天界无与伦比的威力。

12. 日文能，中文何时能？

2015年年底，台北剑潭召开了一个英语教学研讨会，这是个全台最大的年度英语教学盛事。在一连3天的会议里，来自全台各地的学者专家与从业人员近千名出席，并有数十位来自世界各地的外国讲者受邀参与。

在大会的晚宴上，我与两位日本学者同桌而食，除了延续会议的英语教学话题之外，也在轻松的气氛下谈天说地，聊聊两地的风土民情。

我们吃的是中餐美食，但我却不经意地注意到，餐桌上部分食材的英文竟带着浓浓的日文味。作为前菜之一的海带芽（wakame）来自日文的“若布”，腊味萝卜糕里的萝卜（daikon）来自日文的“大根”。菌菇白果鸡汤里头的香菇（shiitake）来自日文的“椎茸”，金针菇（enokitake）来自日文的“榎茸”，白果（ginkgo）则来自早期日文的“银果”（ginkyō，现作ginnan）。蟹粉海鲜豆腐煲的豆腐（tofu）直接借自日文，就连一旁调味用的酱油（soy sauce），也是日文shōyu转变而来。

当然，这大根、银果、豆腐、酱油的日文，最初都来自中文。然而证据显示，英文却略过源头的中文，直接向日文借用，让我颇感无奈。

我向一旁的日本学者分享我的发现，他们看似了然于胸，却以日本人一贯的客套，对我的观察露出略感惊讶之色。我跟他们说，数百年来日文词汇对英文的贡献显著，近年来依旧持续不断，不只日本饮食如此，连社会现象和流行文化都是。我问他们，日本文化里到底有什么神奇的元素，让英语人士这么着迷，让英文这么乐于吸收？他们只点头微笑，却静默不答。

我说，我研究英文里的中文词汇多年，发现英文权威词典收录、有案可考的，大约只有 300 个。近来我开始调整研究方向，尝试着去了解英文里的日文词汇，结果表明，与中文相较竟有数倍之差。两位日本学者依旧点头微笑，低调静听。

我接着说，神户牛、松阪牛等昂贵高端的“和牛”，英文不按字面翻成 Japanese beef（日本牛肉），却直接以日文直接音译成 Wagyu，实在让人好奇。我继续说，几年前的台北国际牛肉面节曾经闹出翻译风波，主办单位把牛肉面音译为 new row mian，却惨遭各界讪笑挞伐，批为不伦不类，说要改成 beef noodles 才可。我问，倘若东京举行拉面节，拉面的英文用音译的 ramen 会有人质疑吗？会有人坚持非用意译的 hand-pulled noodles 不可吗？我自顾自地讲，似乎越讲越激动。

唉，这实在令人感慨！英语人士以引介日本事物、音译日文词汇为时尚，日本人也并不觉得有什么特别之处。相形之下，我们中国人却老觉得音译没学问，老外也不会懂，一定要在英文里反复推敲，方能彰显自己的学问。食物音译是国际惯例，我们却扭扭捏捏，缺乏自信，总想迎合老外，自废武功。

会议结束后几天，牛津大学出版社公布了 2015 年度词汇（Word of the Year），位居榜首的，破天荒不是个英文单词，而是个“含泪大笑的脸”的表情符号（emoji）。网络上表情符号的出现与流行，日本人贡献良多，表情符号的英文单词 emoji，也是个不折不扣的日文词汇，音译自“绘文字”。

英文不以原有的 smiley 和 emoticon 为满足，看到日本网络文化里的 emoji，一样乐于吸收这个外来成分。相形之下，我们中国人“甲骨文”的英译却冗长拗口，长久以来用的多是 oracle bone script（字面“占卜骨文字”）。倘若有人把“甲骨文”的英文音译成 jiaguwen，不晓得有多少民众要笑掉大牙、有多少媒体会加以调侃痛批？

为什么如此？这其中牵涉到的因素颇为复杂，可能有语言的，有历史的，有文化的，有经济的，难以一言道尽。

日本的文字源自中国，日本的语言文化受中国的影响至深，而今却青出于蓝。看看日文，想想中文。日文能，我们中文何时能？

13. AlphaGo 的语文启示

2016 年 3 月，韩国首尔举行了一场众所瞩目的人机围棋大战。谷歌在伦敦开发的计算机围棋程序 AlphaGo（阿尔法围棋），居然以四胜一负的辉煌战绩，重挫了韩国的顶尖棋士李世乭，引发了全球各界的巨大回响。

作为一个语文研究者，我观察的视角有些不同，或从西洋文学之中汲取智慧，加以反思，或从词语翻译的角度切入，探讨文化。

首先，人工智能的发展一日千里，进步神速，有人因此担心，将来的人工智能会不会全面超过人脑，反过来控制人类，主宰人类，甚至毁灭人类?

我想到了英文的 Frankenstein（科学怪人；怪物；反噬者）。英国作家玛丽·雪莱（Mary Shelley）写了一部恐怖科幻小说《弗兰肯斯坦》（*Frankenstein*，台湾译《科学怪人》），主角维克多·弗兰肯斯坦（Victor Frankenstein）是个疯狂的医学研究者，他从坟场挖出尸块拼成人形，再用电击赋予其生命，反而创造出了一个怪物，结果失控，被自己亲手创造的怪物所毁，作法自毙。

弗兰肯斯坦（Frankenstein）本是创造怪物的“科学怪人”，但这只怪物实在太抢戏了，因此这个名字后来反而转指“怪物”本身。怪物最后毁灭了它的创造者，所以 Frankenstein 也可引申为“反噬者”，描述的就是创造出来却结果失控、进而摧毁其创造者的事物。

AlphaGo 是众多科学家努力的成果，是人类的心血结晶，青出于蓝而胜于蓝，结果竟反过来打败创造它的人类。长久这样发展下去，人类是不是最终有可能臣服于自己的发明，作法自毙?

我想，再怎么精密、完美的设计，总能找出它的“阿喀琉斯之踵”（Achilles’ heel）吧?

阿喀琉斯（Achilles）是希腊神话里的人物，古希腊诗人荷马（Homer）的史诗《伊利亚特》（*Iliad*）有所记载。阿喀琉斯出生后，他母亲就握着他的脚踵，倒提着浸在冥河（Styx）的水中，以练就刀枪不入、金刚不坏之身，孰料脚踵浸没到冥河水，竟成了他往后唯一的致命弱点。

人工智能再怎么先进发达，总会有自己的罩门，聪明的人类总能找到它致命的弱点。从 Frankenstein 到 Achilles’ heel，经典西洋文学的智能，给了我们一些思考。

另外，AlphaGo 这个名字不只是名字，也蕴含了一些文化密码。alpha 是希腊文的第一个字母，在英国英文里也代表着优良、第一等，相当于美国英文的 A，中文的甲等。

围棋的英文是源自日文的go(碁),拼法与“去;加油”的go相同。AlphaGo 的基本意义为“优等围棋”，又隐含有“第一名，去！”“第一名，加油！”的弦外之音。

还有,我每次看到围棋的英文用go,总觉得如鲠在喉,不吐不快。

历史文献记载，围棋源自中国古代的春秋时期，至今有 2500 年左右的历史。然而，围棋的英文如今通行的，却是日文所贡献的 go。源自中文的 wei ch'i（威妥玛拼音），虽然也见诸世界最大、最权威的 *OED*，不过却深锁冷宫，鲜为人知，至今尚未翻身。

许多大型权威的英文词典都在定义里陈述，说围棋（go）是日本的桌游（Japanese board game），观点偏颇，令人遗憾。

权威的英文词典如此陈述，虽背离事实，但围棋曾经在日本发扬光大，却也不容否认。礼失求诸野，古时中国许多有形、无形的文化遗产，因历史上的天灾人祸，没落消失于故土，现在只能在海外寻得，这是幸还是不幸?

鉴往知来。一场人机围棋大战，一点语文的启示。

14. 牛津收录低头族

权威的英文词典，终于认证通过了“低头族”的英文。

2016 年秋，*ODO* 收录了一批新词语，他们没发布新闻稿，没让媒体广为周知,只在词典的博客低调公布,许多人关注的phubbing(当低头族）赫然在列。

phubbing 从诞生问世到获得权威的背书，只用了短短 4 年的时间。

2012 年，澳洲一家广告公司在《麦考瑞词典》（*Macquarie*

Dictionary）的委托下，进行了一连串的游击营销（guerrilla marketing）。广告公司邀请词典专家和作家、诗人进行了头脑风暴，创造出了 phubbing 这个新词，用来描述大家忙着玩手机而冷落他人的行为。这项公关活动通过精明的设计，成功吸引了全球媒体的目光。

中文的低头族描述外观，指人“低头”玩手机。英文的 phubbing 侧重内涵，指人因专注于电话（phone）而冷落（snub）他人。二者切入点不同，却有着异曲同工之妙。phubbing（当低头族）是动名词，指的是这样的行为，其核心是动词原形 phub（当低头族），此乃由 phone（电话）的前两个字母和 snub（冷落）的后两个字母接合而成。phubber（低头族）是名词，指的是低头划手机的人。

2013 年，广告公司精心策划了另一系列的公关活动，事后诸葛，我们才知道这是个高明的宣传噱头。他们加强了宣传力度，推出一个 Stop Phubbing（不当低头族）的社会运动，还架设网站努力推广，目的是要借着活动夹带 phubbing 这个新词，再通过这个显眼的新词带出《麦考瑞词典》，不知不觉中提高其知名度，间接营销。

有经验的词典编辑都心知肚明，新词不会单纯地因一个人、一个单位的意志而诞生，引起语言社群的共鸣才是关键所在。有了语言社群的广泛使用，新词才能散布流传，绵延不绝，如此才有可能存活下来。phubbing 这个新词本是广告公司催生强推的产物，按理讲后势并不看好，夭折的概率甚高，然而后续的发展却跌破了专家的眼镜。接下来几年的证据显示，phubbing 所描述的现象适时填补了词汇的空缺，慢慢得到了大家的认可，于是逐渐跨出那个初创的小圈圈，不再只是个被讨论、被引用、需要解释的高调字眼。社群媒体频繁地使用，它也就静静地进入了寻常百姓家，成了庶民语言的一员。

我以前还曾经怀疑，会不会因为是澳洲，因为澳洲地处英语世界的边陲，所以澳洲的词语不怎么受到英美主流的重视，所以英美的词典也迟迟不愿收录澳洲发明的 phubbing？非也。*ODO* 的部门主编为此写了一篇专文《phub 是怎么让我承认失言的》（*How 'phub' made me eat my words*），细数她原先种种的好恶偏见与专业误判，最后还是臣服于客观的数据之下，终于决定加以收录，与澳洲无关。

一个新词从问世到权威词典收录仅花了 4 年，这比起平均的 10 年观察期，速度算是惊人的了。2002 年首创于澳洲的 selfie（自拍），花了 10 年才为 *ODO* 所收，随后并登上了牛津 2013 年的年度词汇（Word of the Year）。如此看来，这个 phubbing 可以称得上是异数了。

15. 从台湾看汉语拼音

2017 年 1 月 14 日，我正在上海武康路的巴金故居参观，手机突然跳出新闻提示，说素有"汉语拼音之父"美誉的周有光以 112 岁的高龄在北京辞世，让我深感愕然。

国际上，纽约时报（*The New York Times*）、华盛顿邮报（*The Washington Post*）、美国广播公司（ABC）、英国广播公司（BBC）等重量级的英文媒体，也都在第一时间加以报道，推崇他为"Who Made Writing Chinese as Simple as ABC"（让书写中文跟 ABC 一样简单的人）、"Father of Chinese Romanization"（中国的罗马拼音之父）、"Father of Pinyin Writing System"（汉语拼音文字之父）。*Wiki* 也在首页的新闻区块（In the news），以带照片的醒目方式报道了他的辞世，称周有光为"creator of the pinyin system for writing Chinese in Latin letters"（创造了以拉丁字母书写中文的汉语拼音系统）。

大家都说周有光是汉语拼音之父，不过周有光生前曾明确表示，这是过誉，他很不喜欢这个称呼，因为汉语拼音是几代人的共同努力，是在许多前人的成果基础上修订而成的，他只不过参与了方案最后的制订。

我在台湾出生长大，在美国读博期间，因为兼差教美国大学生中文，对汉语拼音也由陌生而熟悉，由熟悉到现在无法割舍。我学成回台教书，在英文系讲授语言学概论，学期一开始都要花两个礼拜的时间教汉语拼音，学生期中考要考，期末考也要考。台湾学生都用“注音符号”，对汉语拼音极其陌生，对其他的罗马拼音更是一无所知，我虽然对他们动之以情，晓之以理，并以考试为手段，以加分为诱因，然而学习成效总是远不如人意。

台湾的大学生如此，一般的台湾人更是如此，可以说是中文罗马字的文盲，不仅不识汉语拼音，甚至混淆了罗马拼音和其他拼音系统之间的关系。我在台湾的大学课堂上，对这些学生深入浅出，在台湾的媒体上，一有机会也“见缝插针”，普及汉语拼音的基本常识。

罗马拼音（romanization）是个统称，指的是以拉丁字母（Latin alphabet）来转写其他文字。中文的罗马拼音系统纷呈，从西方传教士开始，在历经数百年的竞争与演变之后，最终由汉语拼音胜出，这也是拼写中文的国际标准，是目前国际社会的主流。在此之前，则有好长一段时间是威妥玛拼音的天下，而其他的罗马拼音，譬如邮政式拼音、国语罗马字、耶鲁拼音、注音符号第二式、通用拼音等，都在登场之后逐渐归于平静，成为历史的一部分。

台湾在2000年由民进党执政，台湾官方的罗马拼音采用“中研院”副研究员余伯泉研发的通用拼音，一般相信此乃脱胎自汉语拼音，在其基础上略做调整修订而成，目标在求异，以彰显两岸的不同。2008年国民党执政起，不再使用通用拼音，改采大陆的汉语拼音，目标在求同，有其两岸融合、与国际接轨的意图。2016年民进党再度执政，国民党的这个拼音政策目前萧规曹随，将来的发展有待观察。

台湾社会对于采用汉语拼音有不同的意见，已经由单纯的学术问题演变成复杂的政治问题。反对者多属绿营，他们认为，这套符号为中国大陆所研发，予以采用意味着接受其背后所代表的精神与价值，这对目前仍处于敌对状态的两岸明显不宜。赞成者多属蓝营，但他们基本不提两岸的融合，只迂回地说，采用汉语拼音只是单纯地与国际接轨，碰到涉外时才用，为友善外国人的贴心之举，对一般的台湾民众并无明显影响，无须赋予其不必要之意涵。

在台湾，汉语拼音的政治问题由政治解决。我只是个单纯的语言工作者，只能浅谈语言问题。

汉语拼音在台湾施行以来，给台湾带来的改变，最多的就是地名、路名的音译。板桥，由威妥玛拼音的 Panchiao 变成汉语拼音的 Banqiao，左营，由 Tsoying 变成 Zuoying，台北的“忠孝”东路，由 Chunghsiao 改为 Zhongxiao，台中的“英才”路，由 Yingtsai 改为 Yingcai。但各县市地名的罗马拼音不改，仍维持旧案，只调整县市底下的乡镇区市。人名的音译也不改，尊重当事人的拼写意愿。

台湾民众讨论最多的拼音语言问题，就是字母所代表的音。

很多人批评汉语拼音的字母选用，说c、x、q这3个字母太难掌握，讲英文的人根本不会念，Cao Xueqin（曹雪芹）就难倒一票人。面对这样的质疑，我总先顺着他们，承认这几个字母的音值确实与英文相去甚远，英文词首的 c 念 [k] 或 [s]，x 念 [z]，q 念 [k]。不过我话锋一转，说欧洲语言中有几个字母的音值也很难搞，英语人士也都要个别学习才能掌握，并举字母 j 为例：英文念 John 的 j，德文念 yes 的 y，法文念 treasure 的 s，西班牙文念 hi 的 h。况且，汉语拼音不是英文。

在台湾，我要跟学生和一般民众科普，只能设法浅显，无法专业精准。我说，其实本质上，汉语拼音已经尽量以英文字母的音值为音值，其他的，只好在没有办法当中去想办法。汉语拼音的c念“次”看似奇怪，不过捷克语、波兰语的c就如此。汉语拼音的x念“西”也很难理解，不过s已经给“思”了，sh也给“师”了，其他字母也都另有他用，以x念“西”虽不理想，也算稍微接近了，只能勉强凑合。至于q念“七”，则可用闽南语和“国语”的对应来理解。闽南语的[k]音经常对应到“国语”的“七”音，如“气”，汉语拼音作qi，闽南语念[ki]，从方言的角度出发，也就豁然开朗了。其他看似不寻常的字母使用，我也都找一些或此或彼的例子，跟大家说明汉语拼音的合理性。

汉语的语音有那么多，而拉丁字母就这么少。汉语拼音既要兼顾系统性和科学性，又要简洁易懂好发音，虽不完美，但也完成了一项几乎不可能的任务。

周有光先生虽然谦辞“汉语拼音之父”，但他最后用力推这么一把，让汉语拼音不只成为中国的标准，也是全世界以拉丁字母书写中文的共同语言，他功不可没，我们对他深表敬意，他的贡献将永垂青史。

16. 台北捷运博爱座的纠纷

大陆的朋友到台湾旅游，许多人都对台北的捷运（地铁）印象深刻。

有大陆的朋友说，台北捷运的“博爱座”是个亮点，因为车厢再挤，博爱座也经常会空下来，以留给有需要的人。然而，这个现象的另一面，似乎并非表面所见那么美好。

事实上，近年来台北捷运的博爱座时有纠纷。有年轻力壮者坐了博爱座，对眼前无座的老人视若无睹，未起身礼让，成了旁人道德绑架的借口，以及言语冲突和精神霸凌的导火线。

台湾有人认为博爱座的设置不合理，甚至呼吁博爱座应该废除，因为所有的座位理当都是博爱座。

我是个语言研究者，从语言切入，以不同的视角来看这个问题。

什么是博爱？根据台湾官方的“《重编国语辞典修订本》”所载，博爱就是“平等遍及众人的爱心”。质言之，博爱就是不只爱自己，不只爱家人亲友，还要走出熟识的小圈圈，去广爱外面的世人。

什么是博爱座？这部“国语”辞典同样有载，言其乃“设置于公共汽车车门附近，供老弱妇孺及残障者优先乘坐的座位”。这个定义大体合理，不过可能文字拟得早，久未修订更新，只考虑公共汽车而没考虑捷运和其他的大众运输工具，优先乘坐的对象也有更细致的空间。

博爱座的设置可能源自欧美，我们不妨看看源头。记得多年前我在美国读博的时候，美国的公共汽车、地铁车厢内总设有 priority seating（优先座，英文为不可数名词，可数名词作 priority seat），性质就像台湾的博爱座。两相比较，“国语”辞典的定义点出了一个关键词，那就是“优先”（priority），而不是“只有”。也就是说，有需要的人优先使用，若无，则一般人使用也无妨。

优先座（priority seating）在某些英语系国家又称礼貌座（courtesy seating）。礼貌座，顾名思义，就是出于礼貌，基于好意，体贴他人，提供给需要特别说明者的座位。

博爱是个崇高的理想，理想我们只能力求企及，不该成为道德压迫的借口。礼貌则是个人的修养，修养我们反求诸己，不应借此指责他人。而优先或许就是台湾博爱座可操作的游戏规则，是大家都要遵守的准绳。

人人都要有博爱的胸怀，并不是部分人才该博爱，其他人就不必博爱。人人都该有礼貌，但不应别人才该有礼貌，自己不礼貌却无所谓。

我觉得，坐在非博爱座的乘客如果看到有需要的人，一样应该发挥博爱的精神，主动让座才是。台湾的博爱座也不该神圣不可侵犯，搞得常人都不敢坐，想休息一下歇歇腿都要忍受旁人异样的眼光，如坐针毡，甚至事后在网上被霸凌。博爱座只要回到它优先的本质，一般人也能坐，碰到有需要的人，再礼貌让座即可。

台北捷运的博爱座，背后的问题让我们反思。

17. 当希腊神话遇见中国故事

我在台大外文系读本科时，大一有一门专业必修课叫西洋文学概论，让我们这些新鲜人（freshman，大一新生）既爱又恨。

身边许多同学高中都毕业自台湾的名校，都曾是叱咤风云的一方翘楚，个个英文程度宛如喜马拉雅山，峰峰相连到天边。然而 9 月一开学，才刚接触到这门西洋文学概论，原本趾高气扬的大家，就都纷纷低下了头，积极埋首书本，顿时变得谦卑了起来。

西方人文传统的核心奠基作品，都是这门课所要涵盖的内容，如希腊神话、荷马史诗、古希腊悲剧、旧约圣经、中世纪欧洲的经典文学作品。一周两节，一学期 18 周，两学期的课东扣西扣，加起来至多也只有 60 个课时。这么丰富的内容，塞进这仅有的课时，意味着老师上课时只能挑重点跳着教，同学要负担起绝大部分的学习责任。

希腊神话的体系庞大，枝干错综，人物复杂，环环相扣，是我们学生的第一道关卡。一方面故事引人入胜，如进桃花源，让我们一下子就忘路之远近；一方面众多的专名和交缠的情节，又给我们造成了极大的负担，让我们苦不堪言。

事过境迁，年少的死记硬背也好，融会贯通也好，如今许多早已尘封，甚至不复记忆，仅有些许零星，不自觉地就浮上心头。

中国有个“削足适履”的成语，语出《淮南子·说林》：“夫所以养而害所养，譬犹削足而适履，杀头而便冠。”鞋小脚大，人为了穿上鞋子而刻意把脚削小，比喻勉强迁就，拘泥旧例而不知变通。

巧的是，这个恐怖血腥的中国寓言竟有个西方的版本，二者异曲同工。希腊神话里有个巨人，名叫普洛克路斯忒斯（Procrustes），他开了家黑店，拦截行人羁留旅客。店内有张床，他把旅客绑在床上，身体太长就截其下肢，身体太短就把他硬拉到与床齐长。普洛克路斯忒斯不管俘虏的身高不同，强求他们与床的长度一致，所以他名字的形容词Procrustean就有了意思，指的是不管个别差异，削足适履，强求一致。

中国的民间传说里，有个“点石成金”的故事，根据故事的版本之一，晋朝有个道术高深的县令，能施符做法，替人驱鬼治病，百姓见他如仙人。有一回，农民的收成不好，缴不起赋税，他便叫大家把石头挑来，然后施展法术。他手指一点，石头就都变成了金子，百姓拖欠的赋税也就都缴清了。现在中文的点石成金用来比喻善于修改文字，能化腐朽为神奇。

中国的仙人用手指一点，石头就能变金子，这种“点石成金”的本领西方也有。迈达斯（Midas）是希腊神话里弗里吉亚（Phrygia）的国王，酒神戴欧尼修斯（Dionysus）赐予了他点金术，凡是他手碰到的东西都能变成黄金，食物变黄金，饮料变黄金，连他自己的女儿，最后也变成了黄金雕塑。这种“点物成金”的迈达斯之触（Midas touch），指的就是事事皆能成功、轻而易举就能赚大钱的本领，这跟中文“善于修改文字、能化腐朽为神奇”的点石成金，貌似而神离，二者大异其趣。

中国传统武术有一门绝技叫金钟罩，练成之后据说全身可以刀枪不入。练金钟罩的武师身上总有一两处地方功夫练不到，这就是“罩门”所在。要是罩门被人发现，以手指用力一戳，武功旋踵即废。

源自中国武术的罩门，后来多转指个人难以克服的关键性弱点，这在希腊神话里，恰好也有个殊途同归的答案。阿喀琉斯（Achilles）是希腊神话里的人物，是特洛伊战争的希腊战神，古希腊诗人荷马（Homer）的史诗《伊利亚特》（*Iliad*）有详尽的记载。阿喀琉斯出生后，他母亲就握着他的脚踵，倒提着浸在冥河（Styx）的水中，以练就刀枪不入、金刚不坏之身，孰料脚踵没浸到冥河水，竟成了他往后的致命弱点。后人就用这 Achilles' heel（阿喀琉斯之踵）来比喻一个人的罩门或致命的弱点。

多年前的吉光片羽，偶然凝结成英文单词的露珠，在晶莹剔透中，诉说着背后遥远的希腊神话，与万里之外的中国故事相互辉映。

二、人物篇

——此中人语云

1. 中国大妈进牛津了吗?

2018 年 4 月底，浙江大学的王院长转发给我一张别人传送的微信截图,内容是“中国大妈”已经进入牛津词典,还附上了词典的解释。截图里没有英文定义的原文，只见中文，说中国大妈是中国的中老年女性，大多数偏胖，精神饱满，声音大，走路成堆，排队加塞，较富裕，喜购物，装束臃肿，热衷拍照，喜欢佩戴鲜艳丝巾。

看到这条微信之后我满腹狐疑，二话不说立即求证。牛津词典是个笼统模糊的称呼，究竟所指为何？牛津大学出版社举世闻名，备受尊崇，它出版了一大家族的词典，有单语的、双语的，也有各个专业的，都是广义的牛津词典。

依常识判断，我排除了众多的可能性，先从最大、最全的牛津英语词典 *OED* 着手查阅。*OED* 这个资源不易取得，最新的版本、每季一次的词条更新，只在官网才有，需要订阅，付费使用，而且所费不赀，非订户无法查得。我通过东吴大学图书馆，有幸得以窥其堂奥，键入了 dama，发现 *OED* 是有收录，不过此 dama 非彼大妈，而是一种生活于非洲撒哈拉沙漠的动物，中文名曰“苍羚”。

接下来，我查阅了在线牛津词典 *ODO*。这是个免费的在线资源，整合了牛津家族几部大型的当代语文词典，每 3 个月增收公布一批新词新义，任何人只要上网，便可浏览完整内容，答案就在一键之遥。我一样键入 dama，词典主动跳转 dama gazelle（“苍羚”dama 的完整说法），还是没有中国大妈。

最后，我试了牛津高阶 *OALD*，此乃全球使用最广的英文学习词典，中型规模，有免费的在线版，每半年发布增录一批新词新义。我再度键入 dama，一无所获，连前述的“苍羚”也不见踪影。

简单的查阅，印证了我最初的判断，这条中国大妈进牛津的信息，纯属谣传，不必当真。

2018 年 5 月初，复旦大学退休的翟老师发来微信，附上内容相仿的“中国大妈”截图。这次的截图买一送一，竟多了一个“中国大爷”进牛津的词条。翟老师问我是真是假，我毫不犹豫据实以告。同年 5 月底，我到南京大学参加学术研讨会，和与会的北京外国语大学王老师交流，她也表达了同样的疑问。

2013 年，中国的土豪、大妈横扫各地，入选当年“汉语盘点”的 10 大流行热词。牛津大学出版社双语词典的项目经理接受了中国媒体的访问，表示 tuhao 和 dama 已在 *OED* 的观察名单上，如果影响力持续，很有可能会纳入 2014 年的“更新”（update）。这则新闻当时广为流传，引发各方热议，时至今日，这依旧是个“只闻楼梯响，不见人下来”的空中楼阁。后来我从内部消息得知，这个 tuhao、dama 进牛津的消息当初就是个误解，后来记者误报，网上的信息传播迅速，就变成现在的这个样子了。

我当然希望中国大妈能以 dama 的形式进入 *OED*，然而语言的事无法一厢情愿，不是谁说了算，能不能为英语所收，得看广大的“英语人”买不买账，无法强推。对于我们都寄予厚望的 dama，也只能顺其自然了。

2. 女人（woman）里怎么有个男人（man）？

英文的“妇女”是 woman，这个单词的演变透露了许多不为人知的信息，请听我细说从头。

在外来语高达七成左右的英文词汇中，woman 是少数的纯种单词之一，古英语（Old English）时代就有，由 wif（女人）和 man（人）复合而成，当时常拼成 wifman（字面义为“女人人”，其他不同的拼法从略）。

先说 wif。这个成分的本义为“女人”，为现代英语 wife（妻子）的前身，意思还残存于现代英语（Modern English）的几个词语中，常见的有 housewife（家庭妇女）、midwife（助产士，原指“跟（产妇）在一起的女人”，mid 与德文的 mit 有关，意为 with“跟……一起”）、old wives’ tale（迷信、无稽之谈，原指“老女人讲的故事”）。这几个现代英语的 wife 都是古英语 wif（女人）遗留下来的语言化石。

而 woman 里的 man，其本义为“人”，两性皆可，后来才狭义化而为“男人”，广义化而为“所有的人、人类”。

至于古英语已经有了表“女人”的 wif，为什么还要造一个累赘、不合逻辑的“女人人”（wifman）？

历史文献显示，wifman 的本义似乎应当是“女人的人”，也就是名媛淑女的“随身女仆”，也就是“侍女”。后来语义演变，wif 由“女人”转指“妻子”，wifman 由“侍女”转指“女人”。

因为有了这层“侍女”的历史背景，英文里的 woman 隐含的是“一般的”女人，而“高贵的”女人则是 lady，或可翻成“淑女、女士”。长久以来，woman 和 lady 一直都有着明显的阶级区隔，如 1847 年，讨论文艺科学的英国学术杂志 *The Athenaeum*（《阿西娜神殿》），就曾经出现过这样一个句子：Defendant pleaded that the person described as a woman was in fact a lady.【被告辩称，所描述的那个人事实上不是名女子（woman），而是位女士（lady）】。

这个 lady 有贵族气，表系出名门、地位较高、有气质有家教的名媛。何以如此？追本溯源，lady 源自古英语，最初为“面包揉制者”（one who kneads bread）之意，能制作家庭主食，是古英语时代女性权力与地位的象征。大写的 Lady（夫人），现在依旧是英国贵族的称呼，与 Lord（大人）相对。

有趣的是，woman 由 wifman 演变而来，以前有人望文生义，误以为古英语的 wifman 就是 wife-man（做妻子的人），认为女人的价值依附在男人之上，觉得女人要有丈夫，人生才算完整。也曾经有人突发奇想，误认为 woman 是由 womb-man（有子宫的人）而来，把女人的角色与怀孕生产、传宗接代划上等号。

这些谬论早已没人理会，不过 woman 后面的 man 至今还引起一些不必要的误解。别忘了，woman 的 man 是早期的用法，意思是“人”。

另一个类似的例子是 human“人类（的）”，正解是 hum（拉丁文“人”）+an（形容词后缀），而不是 hu（不存在的成分）+ man（男人）。大家不要拆错字，看到 man 就以为是“男人”，反应过度。

给 woman 说文解字，献给所有的妇女同胞。

3. mother 跟“妈”有关系吗?

英文的“母亲”是 mother，读如“妈的”，相信不少人的心中或许都有个小小的疑惑：mother 跟“妈”发音这么像，有关系吗?

在回答这个跨语言的问题之前，我们先说说中文的母亲。“母”是个象形字，结构上有个象征女人婀娜身形的“女”字隐藏其中，空格里的上下两点代表乳房。甲骨文的“母”字更突出了一对醒目的双乳，此乃意味着妇女生产后成为母亲，因哺乳的天职而彰显的生理特征。

英文的 mother 在共时（synchronic）的层次上是个无法拆解的语素（morpheme），是个不可分割的整体，mother 就是 mother。然而已故的美国知名语言学家卡尔弗特·瓦特金斯（Calvert Watkins）认为，若由历时（diachronic）的角度观之，追本溯源则可拆成 mo

和 ther 两个成分，这两个成分在现代英文毫无意义，却隐藏着罕为人知的密码。

先说 mother 的前一半 mo。这个 mo 是个拟声（onomatopoeia）的成分，是 ma 的另一种拼法，原先有乳房的意思，后来才引申为妈妈。何以如此？妈妈把婴儿抱在胸前，婴儿肚子饿了想吃奶还不会讲话，只能咿咿呀呀（babble）发出简单的语音。双唇微闭，鼻腔畅通，为人类最基本的口腔状态，此时发声振动声带，产生的就是 m 的音。婴儿若继而打开双唇，表达肚子饿想吃奶的本能，发出的语音就接近 ma。久而久之，ma 这个婴儿想吃母乳的音，也就顺理成章地用来指称眼前的乳房以及这位母乳的供应者“妈”了。

至于 mother 的后一半 ther，则是个表“人”的成分，常用来指关系密切的家人（father 和 brother 也有，sister 的 ter 是个异体），跟中文的“亲”有异曲同工之妙，所以 mother 的本义就是“妈”（mo）“亲”（ther）。

用这个 ma 的音来指称母亲的现象，世界上许多语言都有。与其说是巧合，倒不如说这是人类语言的通性，是人之所以为人的必然结果。

世界上许多语言都静默低调，以此铭记亘古以来母亲的伟大。

4. 爸爸、papa，谁跟谁借？

英文的“爸爸”除了 father（父亲）之外，另有一个 papa 的说法（其他拼法从略），发音跟“爸爸”神似。

有人或许会问，这彼此的雷同，是中文跟英文借？是英文跟中文借？还是纯属偶然，只是个巧合？

答案是以上皆非。没有谁跟谁借的问题，也不是偶然巧合，而是个语言的共性（universal）。也就是说，世界上许多语言的“爸爸”

都大同小异，发音都接近 papa。语言学家认为，这是个语言的普遍现象，是人之所以为人的共同特征。

此话怎讲？就如同 mama（妈妈，其他拼法从略）一样，papa 所展现的这种跨语言的相似性，其实和人类语言的本质有关。

人类最基本的口腔状态，就是双唇微闭，舌头低平，鼻腔畅通，我们不讲话时就是如此。母亲怀里抱着婴儿，婴儿饿了想吃奶，张嘴出声表达需求，所发的音就接近 ma。据推测，远古时期的母亲把婴儿的这个 ma 与自己做了联结，久而久之，ma 就成了人类“妈妈”的共同说法。

研究显示，婴儿在牙牙学语的阶段，最早掌握的几个辅音，是 [b]、[p]、[m] 这类的双唇音。最本能的元音，是嘴巴微开、舌头低平的 [a]。辅音加元音构成音节，便产生了 ba、pa、ma 这种简单的组合。

相对于 ma 发音的单纯，ba 或 pa 牵涉到的发音机制较为复杂，稍难掌握，因此出现在婴儿话语的时间略晚。远古人类把婴儿最早的语音与自己连结，作为婴儿第二亲的爸爸，在 ma 已经先为婴儿妈妈所用的情况下，自然而然地便接收了后出现的 ba 或 pa。

文献记载，[d]、[t]、[n] 这类的齿龈音（alveolar），也是婴儿最早掌握的几个。辅音 [d]、[t] 与元音 [a] 结合后产生的 da、ta，同样有“爸爸”的意思，也出现在很多语言里，与 ba、pa 同义，如英文的 dada 和中文的“爹”。辅音 [n] 与元音 [a] 结合后产生的 na，指的是婴儿身边非母亲的女性，英文有 nana（“奶奶”或“保姆”），中文有“娘”（本为“女子”的泛称）。

这是语言学家基于对语言的理解所做的推测，貌似成理，可供参考。

至于同样是婴儿最早掌握的几个音，为什么 ba、pa、da、ta 被用来代表爸爸，而 na 则被用来代表非母亲的亲密女性？这我们不得而知，不过容我大胆猜测，会不会是 ba、pa、da、ta 的辅音比较坚硬刚烈（语言学所谓的塞音或爆破音），符合了传统男性的特质，而 na 的辅音（语言学所谓的鼻音）比较柔软温和，反映了传统女性的特质，因此有了这样的联结?

重复音节是婴儿语言发展初期的重要特征之一，ma 重复而成 mama，pa 重复而成 papa，da 重复而成 dada，na 重复而成 nana。把尾音 [a] 去掉，成了短版的 mom、pop、dad、nan。由此在字尾加个表亲昵的元音 [i]，就形成了 mommy、pappy、daddy、nanny。

英文的 father 看似与 papa 毫不相干，实则不然。追本溯源，化繁为简，长话短说，father 可拆解成 fa-ther，fa 由 pa 而来，意思是“爸”。而 ther 与 ter 同源，是个印欧语（Indo-European）里表“人”的成分，常用来指亲属关系（如英文的 mo-ther、bro-ther、sis-ter、daugh-ter），跟中文的“亲”有异曲同工之妙，所以 father 可理解为“爸亲”。

语言学家的推测，可为参考。

5. 中性尊称 Mx

2016 年，美国最大的韦氏大词典 *W3* 新增了 2000 个左右的新词新义，其中包括了跨性别的尊称 Mx。

事实上，世界最大、最权威的牛津英语词典 *OED* 比 *W3* 略早，抢先一步正式收录了 Mx。

现代汉语的“君”可以是对人的尊称，如“张君”（意为“张先生”或“张女士”），因此这个 Mx 或可翻成“君”。Mx 是个创新的中性称谓，为的是跳脱 Mr/Mrs/Ms/Miss 的男 / 女、已婚 / 未婚的刻板框架。此处的 M 来自 Mr（先生）、Mrs（太太）、Ms（女士）、Miss（小姐）的第一个字母，x 则是科学里常用来代表“未知”的字母。

与 *OED* 同属一个家族、以记录现代英语为职志的大型词典 *ODO*，也约于同时收录了 Mx。*ODO* 近 10 年来以评选“年度词汇”（Word of the Year）而声名鹊起，对现代英语的演变与发展，观察极其细微敏锐，它对 Mx 的定义如下：

> A title used before a person's surname or full name by those who wish to avoid specifying their gender or by those who prefer not to identify themselves as male or female.【置于一个人姓氏或全名之前的称谓，为的是避免明示其性别，或是不希望性别被定为男性或女性】

ODO 以 10 条现代英文的例句给 Mx 作为佐证，其中的第一条极具代表性：

> The bank is planning to introduce the honorific 'Mx' as an alternative for anyone who feels that they don't, for reasons of undetermined gender, fit into being either a Mr, Mrs, Miss or a Ms.【银行计划引入 Mx“君”这个尊称作为选项之一，如果有人觉得自己的性别未定，不适用 Mr（先生）、Mrs（太太）、Miss（小姐）或 Ms（女士）的话】

英语重视两性平权，对性别议题尽量做到“政治正确”（politically correct），想方设法避免各种有意无意的歧视，“Mx（君）”就是它最新的作为。然而有一件和语言相关的事，长久以来却一直困扰着我，那就是女人结婚“换夫姓”的问题。

英语世界的女人与男人结婚，主流的做法至今仍是换夫姓，也就是抛弃自己娘家的本姓，换上婚后丈夫的姓。比如 Mary Johnson 嫁给 Robert Taylor，妻子婚后的全名为 Mary Taylor，顶多在正式、书面的场合以 née（本姓）来说明其娘家姓，如 Mary Taylor, née Johnson。中国旧社会的女人结婚冠夫姓，但起码还保留自己的娘家姓，而且这个习俗早已销声匿迹。英语系国家的女人，到如今却还是如此谨守着这个貌似对女人更不平等的传统，女性主义者不断地呼吁挑战，这个“换夫姓”的旧俗至今依然难以撼动。

换夫姓的做法根深蒂固，虽有其背后的宗教文化根源，然而对照着“Mx（君）”这个包容、开明的语言发展，着实令人费解。

6.《牛津英语词典》里的特朗普

2017 年 1 月 20 日，特朗普就任美国总统，不满他的民众当天就爆发抗议潮，此波怒气随后更蔓延全美，呛声的烽火甚至延烧到海外。

有人反他，他兵来将挡，霸气回呛。特朗普掌权，不止许多美国人忧心忡忡，全世界似乎都已经笼罩在“山雨欲来风满楼”的低气压之中了。

牛津英语词典 *OED* 是英语世界的至尊，是英文词汇的圣经。它依历史原则编纂，贯穿了英语千年史，例证丰富，巨细靡遗。凭借这部巨著，我们不只可以探索英文这个语言的诸多面向，也可以通过这个载体，了解到相关的政治经济、社会文化的现象与变迁。

OED 有 200 多万条书证（quotation），这些书证绝对是个研究者的宝库。所谓书证，乃“书面证据”的简称，亦即“引文”或“引语”，也就是有来源出处的例句。唐纳德 · 特朗普（Donald Trump）在

OED 的书证里出现了 6 次，虽然不多，不过却像一面镜子，反映出发人深思的信息。

特朗普本是叱咤风云的企业家，生于纽约市，总部在纽约市，而 6 条书证就有 5 条书证出自纽约市的杂志媒体。巧的是，这 5 条书证出现的时间段，都在上个世纪 90 年代。纽约市，是他的根据地，上个世纪 90 年代，似乎也是他在当选美国总统之前最受媒体青睐的黄金时代。

第 1 条书证，出现在 alpha male（阿尔法男）这个关键词底下。所谓“阿尔法男”，就是生物群体中最强、最成功、居领导地位的雄性。这条书证摘自 1991 年 12 月的美国科普杂志《发现》（*Discovery*）：Goblin was a sort of Donald Trump of the chimp world.He rose to be alpha male of his troop at the very early age of 16.【哥布尔有点像黑猩猩世界里的唐纳德·特朗普。年纪轻轻仅 16 岁，他就成为群里的“阿尔法男”】。年少有成，雄霸一方，不就是特朗普的写照？

第 2 条书证，出现在 factoid（小消息）这个关键词底下。“小消息”意味着短而不重要的事情，一般多具趣味性。这条书证摘自美国的文化、生活、时尚杂志《纽约》（*New York*），时间为 1994 年 8 月：Look for: Moderately interesting factoids about old-line gossip stalwarts like Donald Trump, Martha Stewart, and George Plimpton.【您可关注：唐纳德·特朗普、马莎·斯图尔特、乔治·普林顿等老牌八卦人物的趣闻】。在上个世纪 90 年代初，40 多岁正值中壮年的特朗普就八卦不断，成为媒体的焦点。现在的他更是全球媒体焦点中的焦点，他的新闻性可真是一脉相承。

第 3 条书证，出现在 mystic（秘教的）这个关键词底下，摘自 1996 年 4 月美国的讽刺杂志《间谍》（*Spy*）：Short-fingered acolyte Donald Trump may have been introduced to the mystic secrets of the East by dim Ncw-Agey trophy wife Marla.【短指助手唐纳德·特朗普，或许是通过其无脑的“新世纪”花瓶娇妻玛拉，才首次接触到东方秘教的奥秘的】。特朗普与东方的秘教有关？若是，不晓得能否解释他的过激言论？

第4条书证，出现在OD（服用过量，overdose的缩写）这个关键词底下，摘自美国的政治、文化杂志《国家》（*The Nation*），时间是1991年4月：We've OD'd on Donald Trump, sushi and power ties.【我们都塞进了太多的唐纳德·特朗普、寿司和权势领带】。这条书证表明，上个世纪90年代初，媒体对特朗普的关注似乎达到了一个高峰，20多年过去，全球媒体对他的报道更是铺天盖地，无孔不入，当年“服用过量”，现在更是如此。

第5条书证，出现在overweening（目空一切的）这个关键词底下，摘自1991年7月的美国新闻杂志《时代》（*Time*）：Engaged. Donald Trump, 45, overweening casino developer, and Marla Maples, 27, his on-again, off-again girlfriend.【订婚了。唐纳德·特朗普，45岁，目空一切的赌场开发商，和玛拉·梅普尔斯，27岁，他时断时续的女朋友】。45岁的赌场开发商特朗普目空一切，现在已年过70的美国总统特朗普，还是目空一切。

第6条书证，出现在regenerate（重生）这个关键词底下，摘自2005年的一本书，《处方世代：处方药如何改变美国人的生活、心灵、与身体》（*Generation Rx: how prescription drugs are transforming American lives, minds, and bodies*），作者为专攻医药健康的记者作家格雷格·克里策（Greg Critser）：It is the only organ that can, with time, regenerate itself, a kind of Donald Trump of the human body.【这是唯一能随着时间而再生的器官，有点像人体的唐纳德·特朗普】。特朗普竟被拿来比喻器官的“再生”，看来他越挫越勇、倒了再起

的韧性其来有自，以前如此，如今犹是。

通读 *OED* 关于特朗普的 6 条书证，对照这个当今世界第一强权的领袖，竟发现如此熟悉。鉴往知来，词典宝库揭露的事实，今昔对照，让人拍案。

7. 从特朗普想到两个英文单词

特朗普于 2017 年 1 月 20 日宣誓就职，成为美国第 45 任总统。

这是一个既成事实，但部分美国人不喜欢特朗普，拒不买账。有些行动派因此诉诸法律寻求翻案，或者走上街头示威抗议，但不管怎么样，都无法改变这个事实——他已经是美国总统了。

看着一连串的新闻，我想到了两个英文单词，fait accompli（既成事实）和 enfant terrible（惊世骇俗之人）。

既成事实，英文是 fait accompli。英文的这个 fait accompli 借自法文，是英文为数众多的外来词之一，字面是 accomplished fact（已完成的事实）的意思。accompli 是过去分词，相当于英文的 accomplished，过去分词在此做形容词用，法文又常把形容词放在名词后面。fait 就是英文的 fact（事实），与另一个单词 feat（功绩；事迹；业绩；伟绩；壮举；技艺）有关。

另外，综观特朗普的为人举止，enfant terrible（惊世骇俗之人）马上浮现在我脑海。enfant terrible 的字面是 terrible infant（恐怖的婴儿）之意，也借自法文，法文的词序与英文不同，婴儿的拼法也不同。恐怖的婴儿，本指小孩子乱讲话，口无遮拦，吓坏父母让人尴尬，后来泛指特立独行、富争议性的人士。

根据 *ODO* 所载，fait accompli 的定义是 a thing that has already happened or been decided before those affected hear about it, leaving them with no option but to accept（在关系人得知前就已经发生或决定的事，以致他们没法选择只得接受），enfant terrible 的定义是 a person who behaves in an unconventional or controversial way（一个不按常理出牌、极具争议性的人）。

是的，特朗普这个 enfant terrible（惊世骇俗之人）成为美国总统，已经是个 fait accompli（既成事实）了，怎么办呢？

8. 把希拉里称为 bitch 妥当吗？

2016 年 9 月 11 日，也就是“9·11”事件 15 周年当天，美国《纽约时报》的评论版（*op-ed*）刊登了一篇专文，题为 The Bitch America Needs（美国需要的那个 bitch），引起了轩然大波。事实上，该文见报的前一天稍晚，此文率先在《纽约时报》的官网贴出，让读者先睹为快，骚动就已经在悄悄地酝酿、发酵。

标题里的 bitch 指的是希拉里·克林顿（Hilary Clinton），美国阿肯色州前州长夫人、美国前总统夫人、美国前参议员、美国前国务卿、2016 年美国总统大选民主党提名的候选人。

这个 bitch 到底是什么意思？为何会引起轩然大波？原因在于 bitch 是个传统上辱骂女人极其恶毒的脏字。

200 多年前，英国有一本极具影响力的《鄙俗语词典》（*Dictionary of the Vulgar Tongue*），该词典甚至认为，bitch 是对女人最冒犯的称呼，甚至比 whore（妓女）来得更加挑衅（the most offensive appellation that can be given to an English woman, even more provoking than that of whore）。

综合英语世界各部大型权威的英文词典，bitch 本来是个中性的字眼，原指“母狗”，也可兼指“母狼”“母狐狸”等一些雌性的犬科动物。据相关学者考证，由于母狗发情时常会变得敏感暴躁、具攻击性，因此从15世纪开始，这个词逐渐转贬，也被用来蔑视女性，指的是自私卑鄙、专横霸道、刻薄恶毒、脾气坏讨人厌的“贱女人”或“臭婊子”，这也是共和党阵营用来诋毁希拉里的字眼。

肇因于bitch加诸女人的这些负面含义，该词若用来描述事物，也可指“抱怨”“牢骚”“难搞的事”“棘手的状况”。另外，由于母狗发情期性欲高涨，因此bitch也兼指“荡妇”“淫妇”，给人淫荡下流的联想。

巧合的是，就在“希拉里称呼事件”爆发的2016年9月中旬，*OED*这部英语词典的圣经也正好公布了2016年第3季的新词，bitch face（婊子脸）罗列其中。这个bitch face又作resting bitch face，常缩写为rbf，同样是个冒犯女人的贬义词，引申自bitch鄙视女性的脉络，指的是女人阴郁愠怒的面部表情，也就是面孔板起、好像大家都招她惹她的“臭脸”。

试想，《纽约时报》深具国际影响力，居然用了这样一个性别歧视的下流字眼，而且还以粗体字把它放在标题里，在讲究两性平权的美国主流社会，此举无疑是投下了一颗震撼弹，舆论哗然早在意料之中。

然而，外行人看热闹，内行人看门道。《纽约时报》以自由派著称，而自由派与民主党关系密切，怎么可能诉诸如此卑劣低俗的手法，去批评一个与自己立场相近的知名政治人物？

其实只要我们通读评论全文便知，此乃作者刻意而为，为的是要颠覆英语世界对bitch的传统认知，扭转bitch数百年来给人的负面观感，给bitch注入一个女性强者的形象，而希拉里就充分具备这样的人格特质。希拉里不依传统贤妻良母的行为典范自持，她跨出婚姻与家庭的私领域，在公领域展现其影响力。她为自己的信念挺身而出，苦干实干不打嘴炮，拒绝美国对女性政治人物如影随形的双重标准与刻板期待。作者说，希拉里就是 bitch，是经典的 bitch。

多年前，我曾注意到有年轻的女性身着 T 恤衫，背后印上了 I' m a BITCH 几个大字，那个 bitch 还是个大写加粗的字体，看得我目瞪口呆。当时我认为，这位小姐自称“贱女人”“臭婊子”，是纯粹无知吗？还是语不惊人死不休、故意做秀引人注目？现在回想起来，这应该不是无知，反而像是颠覆性的宣传手法，以惊世骇俗之举让人侧目，公开表达女性主义者自信、有主见、勇于表达自我的一种宣示。

事实上，《纽约时报》此篇专文的作者是个女性主义者，而女性主义者近年来做了不少类似再挪用（reappropriation）的正名运动，目的是把话语权拿回来，以他们的角度重新诠释被污名化的名称概念，这里的 bitch 就是一例。这个 bitch 的新解，已经在女性主义者锲而不舍的努力之下，通过各种方式在非主流媒体流传多年，这次冲撞《纽约时报》这个主流媒体，能否更进一步，广为社会大众认可，进而收入权威词典，我们不妨拭目以待。

语义是流动的，并非一成不变，古今中外，语义大翻转的例子从未少过。只是，这肯定女性强者的 bitch，中文该怎么翻才好呢？女皇？悍姬？还是音译为“必取”“碧池”？或者有其他更好的点子？

9. 世界读书日话莎翁

4 月 23 日是世界读书日（World Book Day“世界图书日”，或 World Book and Copyright Day“世界图书及版权日”，或 International Day of the Book“国际图书日”），原是西班牙为了纪念世界名著《堂吉诃德》（*Don Quixote*）作者塞万提斯（Miguel de Cervantes）的逝世纪念日而起。

无巧不成书，英国大文豪威廉·莎士比亚（William Shakespeare）正好也在这天过世，日期都是1616年4月23日。然而特别的是，当时西班牙和英国的历法不同，塞万提斯实际的忌日比莎士比亚早10天。

1995年，经联合国教科文组织（UNESCO）整合调整，4月23日迎来第一次的世界读书日，用以推广阅读、促进出版和维护版权。

莎士比亚生于1564年，卒于1616年，2016年恰逢他逝世400周年，全球各地都展开了许多“莎翁400年”的相关活动。

莎士比亚是世界文坛的巨擘，是最顶尖的剧作家（playwright）与诗人（poet），传世的剧本（play）有38部，十四行诗（sonnet）有154首，充满了人文主义的色彩与情怀，在世界文学中占有独特的地位。他作品的语言精练，幽默机智，人物性格鲜明，心理描述深刻，文学造诣卓越超凡。许多评论家甚至认为，莎士比亚一枝独秀，成就与影响力远远超越他人，堪称古往今来最伟大的作家。

莎士比亚的剧作尤为出名，更是他作品的重中之重，所呈现的语言、故事、人物，总能让人惊叹连连，引起共鸣。历史剧的《理查德三世》（*Richard III*）、《亨利四世》（*Henry IV*），喜剧的《暴风雨》（*The Tempest*）、《无事生非》（*Much Ado About Nothing*）、《仲夏夜之梦》（*A Midsummer Night's Dream*）、《威尼斯商人》（*The Merchant of Venice*）、《皆大欢喜》（*As You Like It*）、《驯悍记》（*The Taming of the Shrew*），悲剧的《麦克白》（*Macbeth*）、《奥赛罗》（*Othello*）、《李尔王》（*King Lear*）、《哈姆雷特》（*Hamlet*）、《罗密欧与朱丽叶》（*Romeo and Juliet*），都是传颂千古的旷世之作。大家琅琅上口的“To be, or not to be”（生存还是毁灭），就是出自《哈姆雷特》第3幕第1场（Act III, Scene I）的名句。

世界最大、最权威的英文词典 *OED* 收录3万多条源自莎士比亚作品的书证，让他成为引用度最高的作者，比《圣经》多了近1万条。而莎士比亚最常被 *OED* 引用的作品是《哈姆雷特》，高达1600条。*OED* 此举，足见莎士比亚在英语世界的地位至尊崇隆，有如泰山北斗。

莎士比亚的姓氏 Shakespeare 值得一提。根据他的家谱，这个姓氏至少有44种不同的拼法，因此我们如果看到不同的拼法，如 Shakespear、Shakspere、Shakespere 等，先不要急着下判断，以为是拼错字了。另，Shakespeare 这个姓氏的含意清晰可辨，就是字面上“挥舞（shake）长矛（spear）的人”（spearman）之意，原是个形容“好斗者”的绰号。莎翁故里位于英格兰中部偏西的埃文河畔斯特拉特福（Stratford-upon-Avon），在该地附近，也就是华威郡（Warwickshire）和西密德兰郡（West Midlands）一带，至今仍有这个姓氏的分布。

与莎士比亚同时代的知名剧作家兼诗人班·琼森（Ben Jonson），对其赞美毫不吝惜，称他“不属于一个时代，而是属于所有的时代”（not of an age, but for all time）。

莎士比亚的作品努力反映生活的本来面目，深入探索人物内心的奥秘，历久弥新，超越了时空。太阳底下没有新鲜事，远在中国的我们，应该也可以从莎翁那里汲取点智慧、领悟点哲理吧？

10. 幽默闲适林语堂

10月10日（Double Ten）不只是辛亥革命武昌起义的纪念日，更是“幽默大师”林语堂的诞辰。

林语堂离我们又远又近。说他远，是因为他出生于1895年10月10日福建漳州乡下的小山村，1976年3月26日于香港过世，这位“民国时代”的文人离世至今已逾40年。说他近，是因为这些年来，大家对林语堂关注的热度有明显的升温，出版社竞相出版他的著作，仿佛他就在我们身边。

林语堂生于中日甲午战败、马关条约签订的那一年。同年，台湾割让给日本，冥冥之中，他似乎就跟台湾结下了不解之缘。他幼时家贫，但天资聪颖，努力向上，到厦门念小学、中学，赴上海圣约翰大学获英文学士，再赴美国哈佛大学拿到比较文学硕士，最后转赴德国莱比锡大学取得语言学博士。林语堂学成归国之初，先在北京大学等各大名校任教，后舍教职前往上海转为作家，由学术圈的象牙塔进入宽广的文字创作空间。他在十里洋场开阔了眼界也吸取了养分，进而造就了他这位名满天下的幽默大师。

林语堂首次将英文的 humor 翻译为“幽默”，极力提倡幽默文学，在文字里告诉社会大众，闲适不是罪过，生活需要放松，从而试图解开中国人长久以来的枷锁。他是国际上知名度最高的中国作家，许多作品以英文写成，一生笔耕不辍。他著作等身，其中最为人所知的，当属《京华烟云》（*Moment in Peking*）、《吾国与吾民》（*My Country and My People*）以及《生活的艺术》（*The Importance of Living*）。他在书中向西方读者介绍了中国传统文化，成为当时西方世界了解中国的主要窗口。

林语堂学富五车，多才多艺，成就远远不止于此。他也是语言学家，在上海出版了风行中国 20 年的《开明英文读本》，在南京参与制订了当时的国家标准“国语罗马字”，晚年在台北潜心编纂《当代汉英词典》，成了他的扛鼎之作。比较罕为人知的是，他还是个执着的发明家。他散尽家财濒临破产，终于在美国纽约发明了第一台简易的“明快中文打字机”。

林语堂两脚踏中西文化，自称有着西洋人的头脑与中国人的心灵。他一生最大的贡献，公认是促进中西文化的交流。他用英文将中国的古典文学、传统文化、生活理念介绍到西方，自始至终都不遗余力。他一生沉浸于英文，却不为西化之俘虏，反而重返中国文化，百年之后仍是我们的楷模。

如今在台北阳明山半山腰的“仰德大道”路边，我们还能看到一幢蓝瓦白墙的宅邸，那个林语堂晚年曾经住过10年的家，现已化身林语堂故居，成为结合展示参观、艺文讲座、餐饮休憩的多元文化空间，完整呈现了林语堂的格调思想、发明创意、生活态度与文学成就。

我在台北的东吴大学任教，2005年起，东吴受台北市政府文化局的委托，负责经营管理林语堂故居，2014至2016这两年，我有幸兼任林语堂故居的执行长。每当有大陆的学者友人来访，我总会带他们上山，陪着他们在林语堂故居悠闲，或在阳台上静静地俯瞰山下的台北盆地，或在“有不为斋”餐厅享受林语堂钟爱的美食，或在厅室庭院间穿梭徘徊，尽情体验林语堂的生活美学。

走进台北的林语堂故居，就会发现正如林语堂所言，这宅中有园，园中有屋，屋中有院，院中有树，树上有天，天上有月，不亦快哉！

哲人日以远，典型在夙昔。二甲子之后看来，林语堂的人生哲学越陈越香，给忙碌而浮躁的我们另一种态度和境界。

11. 林语堂的英文学习法

林语堂是一位以英文书写而扬名海外的中国作家，也是个集语言学家、文学家、发明家于一身的知名学者。

林语堂学贯中西，中英文的造诣均属上乘。上个世纪30年代起，他在美国陆续以英文出版了多本重要著作，企图借此让西方更了解中国，作为中英文化的桥梁。林语堂的作品幽默隽永，吸引了大量的读者，享誉全世界，著作长居《纽约时报》畅销书排行榜，销售量居高不下，并曾于1940年、1950年两度被提名为诺贝尔文学奖候选人。

1987年美国出版的权威大型词典蓝登书屋 *RHD* 收录其名（Lin Yutang），称其为“中国作家及语文学家”（Chinese author and philologist），为8位收录其中的中国当代作家之一。*RHD* 收录的另7名作家为：巴金、冰心、丁玲、郭沫若、鲁迅、茅盾、沈从文。他在中国办了《论语》《人间世》《宇宙风》等文学杂志，提倡幽默闲适的文学，曾在联合国教科文组织工作过，也曾为中央社撰稿，在中文世界里一样影响巨大。

台北的林语堂故居藏有许多林语堂的书信文稿、藏书著作、照片档案以及相关数据。我2014—2016年担任故居执行长期间，在馆藏里意外发现了1954年11月19日台湾“《中央日报》”对他的报道，题为《林语堂演说“学英文最好办法　把明星带进教室”》，是这位享誉国际、以英文写作的中国作家谈英语学习的珍贵资料。原稿缮录如下，繁体字转为简体字，其他的文字与标点均不做更动：

> 【中央社新加坡十八日合众电】林语堂博士今天告此间六百名学校教师说：学英文的最好方法是抛开文法书。林语堂系向此间教师协会演说时提出此语。他说：第二个办法是去看电影，他提及葛利克莱毕克、克拉克盖博、欧德丽赫本等明星是第一流的惯用英语教师。林语堂指出教英文的三个主要方法：（一）文法方法——他指斥这种方法是「浮夸的，迂腐的」。他说：如果文法家们一旦横行无忌，则一个人的房子起火时，他将不会去喊「火！」而必须遵照文法规则喊个完整句子：「有一处起火」！（二）翻译方法——他说这种方法是「懒惰的，有毒的」，因为它使学生时时想着他的本国语言。林博士说：一个中国仆

人想要他的英语雇主供膳宿时，会将中国话直接翻译过来说：「我吃你，我睡你。」（三）正确方法——林博士说：正确方法是从电影机录音片上学英语。他说：学生将能和小孩一样用眼睛和耳朵接近这门功课，或将能以小孩子的速度和准确学好英语。林语堂说：南洋大学将用正确方法教授英文，文法书将丢在一旁，葛利克莱毕克将被带进教室。

这里的“葛利克莱毕克”，现在一般译为“格里高利·帕克”（Gregory Peck），“欧德丽赫本”现译“奥黛丽·赫本”（Audrey Hepburn），克拉克·盖博（Clark Gable）译名照旧，这三位都是当时美国好莱坞影坛的超级巨星。

这段400字的新闻报道写于60多年前，当年新加坡正筹建南洋大学，林语堂受聘担任首任校长，但后来由于诸多问题，他与南洋大学董事会不合，开学前即行离职。这则新闻报道虽然略显陈旧，然而那时的观点至今看来依旧有其价值。

林语堂建议我们抛开文法的束缚，摆脱中翻英的干扰，选择英文造诣佳的明星，用眼用耳跟他们学英文。他强调眼观耳听，是要我们由口语入手，因为他认为口语是学好英文的关键。只重文法分析，不以口语为基础的人，必定讲不出也写不出平易自然、纯熟地道的英文。能够灵活运用平常的单词，才是学好英文的不二法门。

林语堂的英文造诣极高，是以英文写作、红遍欧美的中国作家第一人。他对于英语学习的观点历久弥新，足资我们后代参考学习。

12. 余光中与《经济学人》的 bumbler

2017年12月14日，台湾文坛巨擘余光中辞世，各界在追忆他的方方面面之时，我倒想起了 5 年前与他有关的“bumbler 事件”。

2012 年 11 月下旬，英国著名的政经杂志《经济学人》（*The Economist*）刊登了一篇评论台湾前领导人马英九的专文，题为“Ma the bumbler”（媒体多译“马笨蛋”，我译“马瞎忙”），副标题是“A former heart-throb loses his shine”（昔日偶像光芒不再）。

这篇文章的标题先遭误译，在未经审慎求证之下又被大肆炒作，以致掀起这茶壶里的风暴。在“远来的和尚会念经”的心理作用催化下，一篇综合台湾各界看法的时政报道由出口转内销，整起事件后来旋转失控，吵得沸沸扬扬，闹得鸡犬不宁。

马英九后来到高雄拜访余光中，余光中勉励马英九，说媒体的翻译有问题，bumbler 不是笨蛋，而是如同是老子“大巧若拙”的意思，就是“拙”，也就是踏实、负责任、不轻举妄动，如同大智若愚、愚公移山。

余光中的新解当时引来了争议。事过境迁，马英九已经卸任，余光中也已经过世，平心静气，bumbler 到底该怎么翻译为妥？

关于 bumbler 这个词，许多英文词典不是未收，就是收而不释，留给读者自行拼凑理解，因此我们不妨从更为常见的 bumbling 着手，因为 bumbler 就是 bumbling 的人。英语世界知名的柯林斯 *COBUILD* 以释义见长，详尽清楚，广获学界肯定。根据 *COBUILD*，bumbling 这个形容词用来描述人，指的是他们的行为举止混乱无序，欠缺章法，屡犯错误，经常一事无成（behaving in a confused, disorganized way, making mistakes and usually not achieving anything）。

若再往下探究，我们发现名词 bumbler 和形容词 bumbling 均来自动词 bumble。世界最权威的牛津英语词典 *OED* 说，这个 bumble 原本是个拟声词，描述的是走路不稳跌跌撞撞，发出“乒乒乓乓”的声音。*OED* 接着解释道，bumble 这个字眼也让人联想到 bungle

（搞砸）、jumble（杂乱）、fumble（笨手笨脚胡乱摸索），因此 bumbler 可以理解为集合这一些相关意象、具体而微展现于一体的人。

语言间的对应有时比较直截了当，如 heart-throb 翻成“男偶像”，“经济学家”翻成 economist，大家共识清楚，问题不大。然而有些对应就没那么直接单纯，简短的中文有时不容易找到同样简短的英文作为对应，如“懂事”“秀气”；简洁的英文有时也很难找到相对简洁的中文与之呼应，眼前的 bumbler 就是一例。

这个 bumbler 融合了乱七八糟、笨手笨脚、胡乱摸索、折腾搞砸等意象，描述的是一个人的所作所为像无头苍蝇一样，混乱无序，欠缺章法，屡犯错误，经常一事无成。中文有没有一个这样简短的词，三两个字就能够精简涵盖描述这些特质？恐怕很难，再怎么找总是会顾此失彼，不过我倒是想到了一个“瞎忙”。台湾的“《国语辞典》”解释，“瞎忙”是“无条理的乱忙”或“徒劳无功”。如此看来，“瞎忙”跟 bumbler 的意思还算接近，独缺“犯错搞砸”这个面向，当然不能令人满意。不过瞎忙之人总是自乱阵脚，该做的事不做，不该做的事又拼命做，颠三倒四，导致后来计划搞砸，一事无成，因此广义上也就是老出错。

准此，《经济学人》送给马英九的称号 bumbler 不是“笨蛋”，余光中“拙者”的新解也似显牵强，让人嗅到诗人的天马行空。我综合各家词典所建议的“瞎忙”，窃以为虽不中，亦不远矣。

13. 从《牛津英语词典》看鲍伯·迪伦

2016 年的诺贝尔文学奖由美国的传奇创作歌手鲍伯·迪伦（Bob Dylan）意外摘获桂冠，跌破了各界的眼镜。世界最重要的文学奖颁给了一位词曲作家，史无前例，文学的疆界因此重划。

诺贝尔文学奖评委会的新闻稿精简扼要，称许鲍伯 · 迪伦“在伟大的美国歌曲传统中创造了新颖的诗语”（for having created new poetic expressions within the great American song tradition）。“音乐诗人”鲍伯 · 迪伦开创了有别于以往的诗歌语言，得到了坚实的肯定。

我研究语言，留意到诺贝尔文学奖公布之后不久，美国传统英语词典 *AHD* 立即就更新了在线版的内容，在 Bob Dylan 原条目的最后补上了一句，说“他获颁 2016 年诺贝尔文学奖”（He was awarded the 2016 Nobel Prize for literature）。词典内容不是新闻报道，然而出版社紧抓重大事件，如此剑及履及的效率，不免令人赞叹。

世界最大、最权威的牛津英语词典 *OED* 收录了 21 条与鲍伯 · 迪伦有关的书证，以书面的证据刻画了他在英语世界的形象。半数以上的书证与他的音乐有关，三分之一的书证是一般性的综合题材，另有两条半论及他的文学语言。

在这两条半的书证里，1990 年的一条特别值得关注：“不管是不是诗人，他（即鲍伯 · 迪伦）就是个与生俱来的语言家，如同莎士比亚，或梭罗，或康拉德，或叶芝”（Poet or no, he’s [sc.Bob Dylan is] a born languager, like Shakespeare or Thoreau or Conrad or Yeats）。

这条书证出自知名音乐记者保罗 · 威廉斯（Paul Williams）的笔下，引自《鲍伯 · 迪伦：表演艺术家》（*Bob Dylan: Performing Artist*）这本经典著作。保罗 · 威廉斯在书里深入评析了鲍伯 · 迪伦，把他比为文坛巨擘，认为他与莎士比亚、梭罗、康拉德、叶芝同属一个档次。莎士比亚是亘古以来英语世界最伟大的作家，梭罗是 19 世纪美国文学的重要代表，康拉德是公认以英语写作最伟大的小说家之一，叶芝曾获 1923 年的诺贝尔文学奖，是 20 世纪文学最杰出的人物之一。保罗 · 威廉斯 26 年前就对鲍伯 · 迪伦做出了如此的高度评价，如今诺贝尔文学奖颁给这位音乐诗人，算是给了他一个迟来的肯定。

然而，另一条综合题材的书证却颇为负面，说鲍伯·迪伦是个“大锅煮”（pot-boiler），也就是迎合大众罔顾艺术，只为了谋生糊口的捞钱族：“他们谈起了几个捞钱族，诸如迷幻药专家蒂莫西·利里、诗人艾伦·金斯堡、迪克·格雷格里、鲍伯·迪伦（等人）”（They talk of pot-boilers like LSDer Timothy Leary, poet Allen Ginsberg, Dick Gregory, Bob Dylan, [etc.]）。此文出自 1968 年 4 月 10 日的《艾奥瓦市新闻公民报》（*Iowa City Press-Citizen*），会有这样的评价原因不明，不过该报是个地方性的小报，影响力极为有限，就当作是个正常存在的杂音吧！

与鲍伯·迪伦的文学语言有关的书证还有一条半。其中一条说保罗·西蒙（Paul Simon）和鲍伯·迪伦是“垮掉诗歌和民谣音乐的子嗣”（the offspring of Beat poetry and folk music），其内容横跨诗歌与音乐，故只算半条。另一条则是引自鲍伯·迪伦的单曲唱片《地下思乡布鲁斯》（*Subterranean Homesick Blues*），其经典歌词“风朝哪里吹用不着气象员来告诉你”（You don’t need a weatherman to know which way the wind blows）给原来的“气象员”（weatherman）增添了新义，指的是美国暴力革命组织的一员（a member of a violent revolutionary group in the U.S.）。

英国的披头士乐队（The Beatles）与鲍伯·迪伦同属一个时代，灵魂人物约翰·列侬（John Lennon）和保罗·麦卡特尼（Paul McCartney）也都是填词谱曲的创作歌手，*OED* 大方收录了关于披头士 115 条的书证。披头士伟大的音乐成就给英文贡献了“披头士热”（Beatlemania）、“披头士式的”（Beatle 或 Beatlesque）等字眼，不过他们歌词的文学成就明显不如鲍伯·迪伦。

音乐诗人鲍伯·迪伦荣获诺贝尔奖，他的经典名作或将再度引发热潮，“迪伦学”（Dylanology）更可能成为学院的显学。民谣风的反战歌曲《随风而逝》（*Blowin' in the Wind*）与《铃鼓先生》（*Mr. Tambourine Man*），政治性的抗议歌曲《变革的时代》（*The Times They Are A-Changin'*），具诗意深度的摇滚巨篇《宛如滚石》（*Like a Rolling Stone*），以及其他许许多多的传世经典，从此横跨了音乐和文学两大圣殿。

14. 林来疯，今安在？

大家还记得NBA的华裔球星林书豪吗？2012年年初爆红的他，近几年的表现似乎不尽理想，要不坐冷板凳等着当替补球员，就是在受伤、养伤之间循环。

看到林书豪后来趋于平淡的表现，想想他从生涯的高峰走了下来，不禁让人多所感慨。

时间回到2012年2月，华裔美籍的林书豪（Jeremy Lin）表现亮眼，势不可当，在NBA刮起了旋风，横扫篮坛，轰动社会。美国媒体更是把林书豪的英文姓氏Lin融入英文词汇，造出了Linsanity（林来疯：Lin“林”+ insanity“疯狂”）这个新词，甚至还为网上的维基词典（*Wiktionary*）所收：

> **Linsanity** （US, basketball, slang）Enthusiasm and excitement about the sudden rise of Jeremy Lin to basketball stardom in 2012.
> 【**林来疯** 〈美国篮球俚语〉2012年林书豪突然跃升为篮球明星的热潮与兴奋】

除了 Linsanity 之外，以 Lin 为首的一些新词当时也由媒体造出，用以描述林书豪在球场上亮眼的表现，如“林可能”（linpossible：Lin“林”+ impossible“不可能”，林书豪化不可能为可能）、“林神奇”（Lincredible：Lin“林”+ incredible“不可思议”，林书豪让人不可思议）等等。

当时的这股“林来疯”令人振奋，鼓舞人心。林书豪的父母来自台湾，外婆为浙江嘉兴人，1949 年来到台湾。他在世界顶尖的美国篮坛出人头地，让海峡两岸的我们都沾了光。英文词汇锦上添花，把 Lin 这个姓巧妙地融入，制造出许许多多的英文新词。这些新词中又以 Linsanity 最受媒体青睐，因为它精确地传达了 Lin（林书豪）所引发的 insanity（疯狂）。这种把两个词并为一个词的混成法（blending）融合了二者的含义，是英文新词的最大来源之一。中文的“林来疯”也是妙译，把林书豪引起的人来疯浓缩成三个字，译文精简忠实而又极度传神。

多年前的林来疯，如今安在？

2012 年 2 月下旬，全球语言观察机构（Global Language Monitor）把 Linsanity 认定为英文单词，说一个新词必须“在广阔的英语世界中获得 25000 次的引用”（25,000 citations across the breadth of the English-speaking world），也必须符合“在书本、报章杂志期刊、因特网、博客空间、社群媒体以及 75000 家前列的全球与电子媒体获得深度引用”（depth of usage in books, journals and periodicals, on the Internet, blogosphere, social media and in the top 75,000 global and electronic media）的标准，才能获得该机构的认可。而 Linsanity 已经超越了这些门槛。

事实上，当时的这股 Linsanity 只不过是一时的狂热（fad）而已。Linsanity 一词从创造出来到成为英文单词，只有短短两个礼拜，短得令人不可思议！根据词典学传统的行规，一个新词从出现到正式纳入词典，总要有个 5 年以上的观察期，以确认其出现的频率够高、分布的范围够广、影响的续航力够久，而不是只有少数人使用、集中在特定领域、昙花一现的过眼烟云。

由此看来，发布这则新闻的全球语言观察机构似乎太急了，急于抓住新闻的热点，大打自身组织的知名度。据我了解，一个新词进入英文与否，这个“全球语言观察机构”的影响力是偏低的。英文的新词如何认定，传统的标准乃取决于权威英文词典的收录与否。而何谓权威英文词典？一般公认的，当属牛津（Oxford）、韦氏（Merriam-Webster）两大词典出版系统。

这个“全球语言观察机构”记录不佳，经常哗众取宠。更早之前就曾经为了博取新闻版面，公开宣称英文词汇在 2009 年 6 月 10 日突破了 100 万个，此举媒体虽广为报道，为其宣传，但却遭语言学界批评得体无完肤，斥为无稽之谈。该机构也曾经宣称来自中文的 chengguan（城管）是英文的新词，然而时隔多年，严谨权威者如牛津和韦氏，却至今一直毫无动作，并未收录。

英文词汇自古以来就海纳百川，数量之大，来源之多，为世界语言之最。科技发展、社会变迁、国际交流，英文里每天也都有千百个新词冒出。无奈大江东去浪淘尽，真正留存下来、进入主流英文的，却有如沧海一粟。

若干年前，美国出版了一本预测新词成功与否的通俗学术书，作者为美国的大学英文系教授，他自幼观察记录英文的新词发展逾 60 年。此书的结论很简单：绝大多数的新词都将淹没在语言的荒烟蔓草中，而且越是酷炫抢眼的，就越早进坟场。在能够幸存下来的九牛一毛中，最重要的共同特色就是朴实无华。

Linsanity（林来疯）酷炫抢眼，所引发的“疯”潮，离朴实无华这条重要的判准有天壤之别，其后的命运，已经不言而喻了。加上“疯”潮过后，林书豪已趋于平淡，Linsanity 所描述的内涵不再，这个当初炙手可热的新词，也就被扫进词汇的垃圾场了。

林书豪曾是华人之光，不过他是人不是神，有起有伏乃正常之现象，宜以平常心看待。林书豪最火的时候也曾表现欠佳，记得当时美国的体育频道 ESPN 就在此做文章，用了 Chink In The Armor 这个新闻标题来描述他的表现，引发轩然大波。

英文短语 chink in the armor 指的是易受他人攻击的“弱点”，原指盔甲（armor）上出现了裂缝（chink）。但 chink 一词若把头字母大写，Chink 则变成了“中国佬”，是个冒犯性十足、瞧不起人的贬义词。一语双关是新闻标题常见的做法，但 ESPN 却踩了种族歧视的红线。这个标题或能博得部分读者会心一笑，然而却不见容于族群平等、尊重多元文化的当代社会。当时林书豪宽大为怀，不予计较，而 ESPN 也迅速移除了不当的新闻标题，公开道歉，惩处相关人员。

今天 ESPN 的 Chink In The Armor 风波落幕，说不定什么时候就会有另一家媒体换汤不换药，用 Chinaman’s chance（中国佬的机会）来贬抑华人，对我们调侃讪笑。这个 Chinaman’s chance 是个美国的习语，据说源自 19 世纪中叶美国加州的淘金热（gold rush），华人淘金者处境不利，机会渺茫，因而得名。如今淘金不再，但此俚语流传至今，意为“毫无机会”。

各地华人多在自己的岗位上兢兢业业，力争上游，努力开创一片天地，而谁也无法保证主流的英文媒体何时将会妒忌眼红，泼你一盆冷水，轻率地丢给你一顶种族歧视的帽子，说你想要成功，连个“中国佬的机会”都没有（not a Chinaman’s chance），比毫无机会还要没有机会。

中国和平崛起，国力蒸蒸日上。我们不逞口舌之快，事实能说明一切。

15. 李小龙与中国功夫

2017 年 5 月初，有段比武视频在网上疯传，片中的自由搏击教练“秒杀”KO 了太极拳师。中国功夫只是花拳绣腿的论调，又再度引发了广泛热议。

太极拳（tai chi）是国家级非物质文化遗产，是中国文化的重要图腾之一，讲究的是以静制动，以柔克刚，避实就虚，借力发力，四两拨千斤，却在自由搏击（kickboxing）的猛攻下一败涂地，惨不忍睹。姑且不论双方的背景是否相称、是否具代表性，也不论对打的规则与形式是否合理，单看结果，太极拳出现了这样难堪的画面，的确让人喟叹，引人反思。

根据 *OED* 所载，太极拳于 1962 年首度见诸英文文献，以传统威妥玛拼音的完整形态 t'ai chi ch'uan 现身英文，载于埃德加·斯诺（Edgar Snow）的名作《今日红色中国：大河彼岸》（*Red China Today: The Other Side of the River*），是作为一种健身操（calisthenics）而为西方所知的。1968 年 11 月 22 日，英国的《泰晤士报》（*The Times*）也报道了太极拳，重点提到了其中的一式“抱虎归山”（Embrace Tiger and Return to Mountain），并介绍说太极拳是中国的一种健身操体系（a Chinese system of callisthenics），能让身体柔韧，强身健体，心平气静。这样健身、修行式的观点，也是长久以来外界对太极拳的认知。

英文的 *Wiki* 对太极拳的处理十分详尽，图文并茂，开门见山就扼要明言，说太极拳是“一种中国武术的内家功，是为了防身与健体而练的”（an internal Chinese martial art practiced for both its defense training and its health benefits）。*Wiki* 与时俱进，指出太极拳并非只是柔而无刚的健身操，也能用来防身比武。只是，迅攻猛打的自由搏击对上慢条斯理的太极拳，事后诸葛，结果并不出人意表。

说到中国功夫，不得不提与太极拳大相径庭的刚性门派。1966—1967 年，李小龙（Bruce Lee）在美国的电视剧《青蜂侠》（*The Green Hornet*）中担纲功夫高手的要角加藤（Kato），广受欢迎。1971—1973 年，李小龙跃上大银幕，主演了《唐山大兄》（*The Big Boss*）、《精武门》（*Fist of Fury*）、《猛龙过江》（*Way of the Dragon*）、《龙争虎斗》（*Enter the Dragon*）等四部功夫电影，横扫欧美。从此中国功夫扬名于世，许多洋人甚至特地为此来华，不远万里拜师学艺。

功夫的英文是依威妥玛拼音直接音译的 kung fu，绝大多数中型以上的英英词典均有收录，李小龙 50 年前的贡献功不可没。李小龙的功夫根植于咏春拳（Wing Chun），他在 1967 年 11 月接受美国的武术与搏击杂志《黑带》（*Black Belt*）采访时说，“我的成就归功于之前咏春拳的训练”（I owe my achievement to my previous training in the Wing Chun style.），从此咏春拳（Wing Chun）为西方所知，广东话音译的 Wing Chun 也成为英文词汇的一员。

李小龙自创了形式不拘、非典型非传统的中国功夫截拳道（jeet kune do），以迅速截击对手来拳为要义，后来也成为许多欧美流行文化、电子游戏的重要元素。这个广东话音译的 jeet kune do 已收录于权威词典，是个地位稳固的英文词汇。

李小龙在电影《精武门》里首度将双节棍搬上大银幕，在随后的几部电影也都有双节棍精彩的演出。自此之后，双节棍便在全世界造成了一股风潮，连美国警察也开始佩戴双节棍作为武器。双节棍（nunchaku，又作 nunchuck）来自琉球的冲绳日语，最初可能来自台湾闽南语的“两截”。

李小龙 1973 年 7 月 20 日于香港病逝，年仅 33 岁。来年 1974 年 4 月 13 日，英国的杂志周刊《书商》（*The Bookseller*）给当时的功夫热做了总结：“近来，大众对中国古老防身术‘功夫’的兴趣飙升，此乃受到李小龙的几部电影和《功夫》电视剧所激励”（There has been a great upsurge of popular interest recently in kung fu, the ancient Chinese art of self-defence, encouraged by the films of Bruce Lee and the television series Kung Fu.）。

李小龙的功夫电影横扫欧美，确立了 kung fu（功夫）、Wing Chun（咏春拳）、jeet kune do（截拳道）、nunchaku（双节棍）在武术与英文的地位。李小龙过世前后的 1972—1975 年，美国播出了红极一时的《功夫》（*Kung Fu*）电视剧，饰演主角少林武僧的演员戴维·卡拉丁（David Carradine）进一步巩固了中国功夫的地位，并把少林武术引进了欧美的流行文化，Shaolin、wushu 二词也进入了英文词汇的殿堂，我们也必须向他致敬。

16. 你是什么咖？

我上大陆的网站，看大陆的媒体，隔三岔五就会碰到某种“咖”，不管是大咖小咖、A 咖 B 咖还是怪咖、社会咖，让我这个台湾人觉得既亲切又惊喜。

说亲切，是因为“咖”是个深具台湾特色的说法，在简体字、普通话的语境下出现，给了我一种他乡遇故知的熟稔。说惊喜，是因为这是个源自台湾闽南语的词汇，方言为标准语所吸收，而且还跨越台湾海峡、广为大陆各界使用，我喜出望外。

网络上有人认为，“咖”是“角色”，是英语 cast（演员阵容）的音译，不过这只对了一部分。没错，“咖”的本义是角色，然而却不是源自英语的 cast，而是先转写自闽南语的“咖小”，再截尾而成。

“咖小”是音读，也就是以汉字作音标，通过谐音转写来给闽南语注音。“咖小”一般常俗写成“脚色”，在闽南语里原指“角色”，后引申为“家伙”，含有不屑的意味，常出现在表示轻蔑的语境之中，如“无路用的脚色”（没有用的家伙）、“你是什么脚色”（你以为你是老几）。

根据学者考证，“脚色”一词在唐代已有文献记录，历经千年逐渐式微，为后起的“角色”所取代。

当今流行的“咖”源自闽南语，取“咖小”（角色）的第一个字，而不是英语的 cast。这个现象，反映的是台湾近 30 年来的语言趋势。

蒋经国先生在 1987 年宣布台湾解严，国民党在各方面逐渐松绑放手，“国语”不再受到独尊，方言不再遭到压抑，闽南语和客家话得以从幽室走向阳光。渐渐地，说方言可以正大光明，方言词汇，或直接翻译（如“打拚”：努力奋斗），或谐音转写（如“蹦共”：出来讲），开始夹杂在“国语”中，成了一种接地气的语言时尚。这股潮流，让以北方话为基础的“国语”，除了国民党带来的江浙特色之外，又增添了些许台湾本土的气息。

然而，原本默默无闻的“咖小”，怎么会大红大紫，成了流行的新词语呢？这个跟台湾的演艺圈有直接的关系。

还记得 2007 年，在台湾第 42 届电视金钟奖的颁奖典礼上，高凌风和康康上台担任颁奖嘉宾。颁奖前，他们俩针对所颁发的“歌唱综艺节目主持人奖”和“歌唱综艺节目奖”，来了一段 5 分钟的台式小品。两人在插科打诨中，阐释了过去台湾秀场主持人的大牌小牌之分。

高凌风：今天，主持人只要有两个的时候，在我们圈内，有一个内行话，那就是，里面有一个叫A咖，有一个叫B咖。

康康：什么是A咖，什么是B咖呢，高大哥？

高凌风：很容易举例。在过去的时候，我在中华电视台主持一个节目，叫《钻石舞台》，我站在中间，我就是A咖。我旁边两个人，一个叫胡瓜，一个叫郑进一，那就叫B咖。

康康：喔，原来是这样！

接下来，他们一个个点名台湾的综艺节目和节目主持人，继续开他们的玩笑，同时也不忘调侃自己，从一线的主角A咖、二线的配角B咖，讲到三线无足轻重的C咖，最后扫到当时主持界的菜鸟纳豆，说他是F咖，意思是微不足道的小角色。

这个紧凑搞笑的段子通过媒体的传播，一下子就红遍全台湾，原本A咖、B咖这些演艺圈的隐语行话，也就堂而皇之地进入了普罗大众的生活，经由网络的传播，在大陆也家喻户晓，成为两岸人民的日常词汇。

“咖”本是音译用字（如：咖啡、咖喱），如今也成了一个独立的成分（如：我也算是个“咖”、你是什么“咖”）。“咖”还具有颇强的构词能力，能与其他成分自由组合（如：大咖、小咖、怪咖、无名咖、社会咖、麻将咖、创业咖），意思也从基本的“角色”逐渐引申到“人物、某一类人”。看来，词典应该要为之因应，增录“咖”的这个义项，稳定常用的“大咖”“小咖”“怪咖”或可考虑单列词条，以充分反映语言的现状。

“咖”来自台湾闽南语的“咖小”（脚色），被台湾的演艺圈挪用，前面加上异质的英文字母，从此它就被赋予了时代意义，给中文增添了崭新的成分，红遍两岸。语言的生命力与创造力，总能不时地让人惊喜。

三、学习篇

——仿佛若有光

1. 人山人海是 people mountain people sea？

2017 年，我在上海过年。元宵节当晚，我慕名前去参观名闻遐迩的“豫园灯会”，瑰丽炫目的灯，让人心迷，如潮水般的人，却深深震撼了我。

豫园灯会是国家级非物质文化遗产项目，是新春期间全上海最有年味的地方。当天是星期六，天清气朗，温度适中，暮色降临之后，腹地不大的豫园迎来了汹涌的人潮，就连 80 元一张的门票，也没能阻挡这蜂拥而至的赏灯客。我挤在成千上万的人群中，前胸贴后背，左肩靠右臂，展开了一场贴身肉搏战，第一次亲身经历了大陆的人山人海。

每到假期，大陆的各大景区都会开启“人山人海”模式，摩肩接踵，拥挤程度堪称世界奇观。

逢此时节，各地人山人海的照片就会在网络上分享流传，“人山人海”的英文经常又会被人拿出来讨论。那么，人山人海的英文到底是什么？

网上盛传的答案是逐字翻译的 people mountain people sea，有人还言之凿凿，说英文词典已经将之收录。真是这样吗？

网友所谓的英文词典，指的是 *Urban Dictionary*（《市井词典》或译《城市词典》）。《市井词典》是个总部位于美国的英文俚语在线词典，以 Define Your World（定义你的世界）为口号，只要上网注册，任何人都可以参与编写。这部词典由市井百姓合力贡献，缺乏专家把关，权威性偏低，参考可以，认真就不必了。

回到英文本身。截至目前，people mountain people sea 还仅停留在好玩搞笑的阶段，尚未获得权威的认可，无须当真。然而作为专有名词，大写的 People Mountain People Sea 却有双重含义。其一是香港的一家音乐制作及歌手经纪人公司“人山人海”，其二是一部得过威尼斯影展最佳导演奖、由陈建斌主演的中国电影《人山人海》。

言归正传，人山人海有没有地道的英文？有的，答案有好几个，crowds of people（众多人群）和 a sea of people（人海）都是常见的选项，或是前面加个 huge（巨大）来强调，用 huge crowds of people（巨多人群）和 a huge sea of people（大片人海）也行。英文跟中文的表达方式虽略有差异，但殊途同归。

至于网传的 people mountain people sea，此乃中式英文（Chinglish）的又一例，能否继 long time no see（好久不见）之后，正式被英文纳编，成为英文名正言顺的一员？有可能，我们也都很期盼，但目前还不是。

语言的变化经常出人意料，谁也说不准。2018 年 10 月中，我首度发现、披露了 *OED* 收录了中式英文的“add oil”（加油），引爆了香港、大陆、海外侨社的热议。这本来被批评纠正的“add oil”，居然受到世界权威词典的肯定，让人深感振奋。people mountain people sea 的未来，是否会有类似的发展，且让我们密切观察。

2. 你被 shanghai 了吗？

2016 年年底到 2017 年年初，好莱坞大片《爱乐之城》（*La La Land*）席卷全球，叫好又叫座，不仅大小奖项囊括无数，票房更是高得惊人。

2017 年 2 月 14 日情人节当天，电影在上海上映，我偕内人前往观赏，注意到英文的对话里迸出了熟悉的“上海”，而且还出现两次。男主角塞巴斯蒂安（Sebastian）说：“It’s not my fault! I got shanghaied!”（不是我的错！我是被迫的！）男主角的妹妹劳拉（Laura）说：“You didn’t get shanghaied! You got ripped off!”（你不是被迫的，你被骗了！）

名词怎么变动词了？“上海”怎么变成“强迫”了？地名就是地名，词类转换，一般只转作定语，修饰其后的名词，词义引申，多半转指具有该地特色的人、事、物。地名转作动词极其罕见，在中国地名中应属孤例，“上海”作为英文的动词，意为“强迫”，更是让人丈二和尚摸不着头脑。

事实上，英文的“上海”转作动词，此用法由来已久，只不过许多人并不熟悉。借着电影的热潮，这个动词的上海走进了大家的认知世界，然而作为普通英语词汇的动词 shanghai，究竟与这座城市有何关联？

我的手机安装了《新牛津英汉双解大词典》第 2 版的 APP，顺手打开 APP，键入小写的 shanghai，屏幕上方跳出的第一选择是大写的 Shanghai，点进条目一看，内容精简介绍了上海的地理、人口与历史，重点提到了 1842 年的开埠、二战前的租界以及 1921 年中国共产党的成立，宛如微型百科。

第二选择是小写的 shanghai，点击之后，画面切换到作为普通词汇的动词。几个意思依“先核心义、后引申义”的顺序排列：先是历史上的“强迫（某人）当水手”，后是当代口语的“强迫”或“诱骗”。在这个“强迫”“诱骗”的义项底下有一条例句，“Brady shanghaied her into his Jaguar and roared off.（布雷迪把她骗入“美洲豹”车后疾驶而去）”。

令人费解的是，上海怎么背了黑锅，扯上了强迫人去干水手的这个勾当？词典 APP 的词源点到为止，只说这个小写的动词

shanghai“源自上海”（from Shanghai），然而真相究竟为何？

坊间不乏这方面的趣闻轶事，内容曲折、故事精彩，上网一搜，版本纷呈，我们看得云里雾里。哪个是真实的历史？哪个是加油添醋的民间传说？

英文的词源研究向来做得全面深入，小写的 shanghai 是个英文单词，英语世界权威的《巴恩哈特词源词典》（*Barnhart Dictionary of Etymology*）对此有录。该词典博征群说，去芜存菁，抽丝剥茧，反复论证，最后总结浓缩成一段文字，成为词典的条目。

根据巴恩哈特的说法，真相或许是：小写的 shanghai 源自美国英语，于 1854 年首度见诸文献，有文字可考的历史迄今逾 160 年。至于上海缘何得有此义？词典推测，原因极可能是彼时美国前往上海淘金的远程轮船严重缺工，船东只好不择手段，绑架年轻男子上船当水手，以填补所需之人力，久而久之，作为跨洋西行主要目的地的上海，就成了“绑人干水手”的同义词。语义引申，渐渐地，“绑人干水手”也扩大解释为“绑架”“胁迫”，甚至转指“诱骗”。

《巴恩哈特词源词典》关于小写 shanghai（强迫、诱骗）与大写 Shanghai（上海）之间关系的见解，也得到了许多大型权威英语词典的共鸣，因此除非有撼动性的新证据出现，否则不妨将此视为当前学界的共识。

如此看来，英文的动词 shanghai 之所以会有这些负面的意思，实乃源自当时美国船东的蛮横恶习，万里之遥的上海反而蒙受了不白之冤。而上海这座城市则展现出她的包容与大度，不跟英文一般见识。

有趣的是，大写的 Shanghai 不仅是“上海”这个地名，还可作为英文的普通名词，指的是原产浦东的“三黄鸡”，据传是上海开埠后由洋人引介到西方去的。英文另有一个小写的普通名词 shanghai

（弹弓），此乃澳洲与新西兰用语，不过本质上与上海这座城市无关，或源自苏格兰的方言词汇 shangan（一端分叉的木棍），再受 Shanghai（上海）拼字的影响讹转而成。此二者最早均出现在 19 世纪中叶，多本大型权威的英文词典都有收录。

170 多年前五口通商，上海开埠。作为地名拼音的 Shanghai，也因上海独特的地位与影响力，从 19 世纪中叶开始，就对英文词汇有了些许的贡献。风水轮流转，当时到上海，美国船东需要迫人就范，而现在到上海，当事人多是心甘情愿，甚至争先恐后，意欲抓住中国崛起的契机，搭上这班中国梦的顺风车。

此一时也，彼一时也。

3. 英文里的拉丁文，你懂几个？

英文词汇是个民族的大熔炉，除了英文固有的本族词汇之外，还广泛、大规模地向欧洲诸语言借词，如拉丁文、希腊文、法文、意大利文、西班牙文等。15 世纪的殖民主义兴起之后，英文跟全世界大部分地区的语言有了接触，从而又把更多样的词汇陆续带入英文，进而成为英文的一员。英文词汇的多样性，堪称世界第一；英文词汇的数量，恐怕也是世界第一。

根据学者的分析统计，英文里的外来词约占七成以上，比例之高，在世界上主要的语言里只有日文差可比拟。在七成以上的外来词当中，拉丁文和法文更是重中之重，构成了特具文化深度的词汇，其地位有如日文里的中文借词。

拉丁文之于欧洲，就如同文言文之于中国。由今观之，拉丁文看似遥不可及，然而在英文里却是足迹遍布。我们以为文言文是中国古人的专利，然而现代汉语里文言文的影子，却也是无所不在。

真是如此吗？我们看看便知。

首先是一些常见的缩写，相信读者多半不会感到陌生：

AD 公元【anno Domini 的缩写，字面义为 in the year of the Lord（在主的纪元）】

AM 上午【ante meridiem 的缩写，字面义为 before midday（午前）】

PM 下午【post meridiem 的缩写，字面义为 after midday（午后）】

e.g. 例如【exempli gratia 的缩写，字面义为 for（the sake of）example（为了例子的缘故）】

etc. 等等【et cetera 的缩写，字面义为 and the rest（以及其他的）】

i.e. 亦即【id est 的缩写，字面义为 that is（也就是）】

CV 履历【curriculum vitae 的缩写，字面义为 course of life（人生的历程）】

vs. 对（用于比赛或诉讼）【versus 的缩写，字面义为 turned toward（转而面对）】

其次是一些能挂在嘴边的一般用语，同时又能彰显自己的英文程度：

alma mater 母校【字面义为 nourishing mother（哺育的母亲）】

bona fide 真正的；诚实的【字面义为 in good faith（信用良好）】

per se 本身；本质上【字面义为 by itself（自己本身）】

per capita 每人的【字面义为 by heads（按人头算）】

status quo 现状【字面义为 state in which（所处的状态）】

vice versa 反之亦然【字面义为 position turned（位置翻转）】

viva voce 口头的；口试【字面义为 with the living voice（用活生生的声音）】

vox pop 路边民调【缩略自 vox populi，字面义为 voice of the people（人民的声音）】

接下来是有些难度、比较文言的字眼，是受过良好人文教育的常用词汇：

ad hoc 特别的；临时的【字面义为 to this（为此）】

carpe diem 活在当下；把握今朝【字面义为 seize the day（抓住这一天）】

modus operandi 做法；行事风格【字面义为 way of operating（操作的方法）】

non sequitur 毫无逻辑关系的陈述【字面义为 it does not follow（推论无法得出）】

persona non grata 不受欢迎人物【字面义为 person not acceptable（无法被接受的人）】

prima facie 初步的；初步看来【字面义为 at first sight（看第一眼）】

pro forma 形式上的【字面义为 for（the sake of）form（为了形式的缘故）】

quid pro quo 交换物；作为交换【字面义为 something for something（一物换一物）】

最后是比较专业的字眼，许多是法律术语：

corpus delicti 犯罪事证【字面义为 body of crime（犯罪的本体）】

de facto 事实上的【字面义为 from the fact（由事实看来）】

de jure 法理上的【字面义为 from law（由法律看来）】

in flagrante delicto 就在作案时；捉奸在床【字面义为 in blazing crime（犯罪之火正熊熊燃烧时）】

non compos mentis 心神丧失【字面义为 not of sound mind（心智不健全）】

postmortem 验尸；事后检讨【字面义为 after death（死后）】

pro bono（法律服务）免费的【缩略自 pro bono publico，字面义为 for the public good（为了公众利益）】

sine qua non 必要条件；先决条件【字面义为 without which not（没有就不行）】

subpoena 传票【字面义为 under penalty（会受到处罚）】

以上的这些词汇真的是英文吗？是的，不过我们可以这样来理解，它们的血统是拉丁文，目前拿的是英文的护照，就像篮球明星林书豪是华人的血统，拿的是美国护照一样。

这些词汇难吗？或许是的，然而这却是让自己英文更上层楼的门槛之一。我们说写英文，总不能老停留在大白话的阶段，适时穿插点拉丁文外来语，可以增加话语的深度与韵味。这就好比我们说写中文时，偶尔加点书面语和文言文，便能让受众知道我们的中文程度，相信各位也都同意吧？

4. 讲英文，有时候可以带点法国腔

英文词汇是个大熔炉，炉子里除了本土的英文元素之外，还糅杂着世界各地的语言成分。除了最重要的外来成分拉丁文之外，还有与拉丁文不分轩轾、甚至更胜一筹的法文。

英文里的法文举目可见，从日常生活的 table（桌子）、chair（椅子），到统治阶层的 government（政府）、officer（官员），例子多到不知从何下手。此刻我们正在讨论语言，language（语言）就是个来自法文的字眼，最初来自拉丁文的 lingua（舌头）。

咦，法文来自拉丁文？是的，不只 language 如此，连上述的 table、chair、government、officer 都是如此。这怎么说呢？事实上，法文和意大利文、西班牙文一样，同属拉丁语族（或称“罗曼语族”）。西罗马帝国于公元 476 年灭亡之后，原本统一的拉丁文也就因地域的不同，而逐渐分化衍生出不同的方言，这些方言就是现代法文、意大利文、西班牙文的前身。所以我们简略地说，法文来自拉丁文。

公元 1066 年，欧洲发生了诺曼征服（Norman Conquest），法国的势力进入英国，统治了英国上百年，法文对英文的影响既全面又深入，英文的面貌从此出现了翻天覆地的变化，原本日耳曼的色彩日趋黯淡，拉丁的特质则益发凸显。后人不明就里，甚至误以为英文跟拉丁语族的法文血缘关系近，反而跟同属日耳曼语族的德文血缘关系远。

法文词汇在英文里有近千年的历史，早已与英文融为一体，难以分辨彼此，这些我们不予探讨。倒是英文里新近的法文词汇，还保有较为鲜明的异质色彩，如 déjà vu（似曾相识），接下来我们就来看看一些法文性格鲜明的字眼。

先说 déjà vu（似曾相识）。这个名词短语本义为 already seen（已经看过），déjà 是“已经”；vu 是法文“看”的过去分词，是英文 view（看；观点）的源头。人、事、地、物已经看过，曾经见过，就是一种“似曾相识”之感，学术上有人翻成“既视感”。

这个 déjà 两个元音字母正上方的撇号，还有一些其他的“变音符号”（diacritic），是法文词汇的重要成分，无可避免，让许多人头痛万分。因此在正式介绍英文里的法文之前，请容许我先花点篇幅厘清概念，解释源流，让不谙法文的人能找到记忆的线索，让懂法文的人能豁然开朗。

法文的变音符号有 5 个：左下撇（acute accent，或译“尖音符”）、右下撇（grave accent，或译“重音符”）、尖帽子（circumflex，或译“扬抑符”）、上两点（diaeresis，或译“分音符”）、下尾钩（cedilla，或译“软音符”）。大方向是，前三者（左下撇、右下撇、尖帽子）代表的是历史上有字母省略或遗失，“上两点”代表的是该字母要单独发音，“下尾钩”代表的是该字母要改变发音。

（1）左下撇 é

只出现在 e 这个元音字母上，如 élite（精英）。后面的辅音字母消失后，历史就在前面的 e 上方加个“左下撇”为记。此 élite 由古法文 eslite 演变而来，é 头顶上的左下撇就标记着消失的 s。

（2）右下撇 à

可出现在 a 和 e 这两个元音字母上，如 à la carte（according to the menu “从菜单点菜的”）。这里的 à 源自拉丁文的 ad（如 ad hoc“特别的；临时的”），基本的意思为 to; toward（朝；向）。同左下撇，拉丁文 ad 的 d 消失后就在前面的 a 挂个“右下撇”。

然而这左下撇、右下撇有时并不代表字母省略，而是一种发音上“开音节”（open syllable）、“闭音节”（closed syllable）的标记，如cause célèbre(喧腾一时的案件,字面为famous case“知名的案件”)。这里的cause就是英文的case(案件),célèbre就是英文的celebrated(著名的),célèbre拆成cé-lèbre两个音节,前面一个是开音节,é念[e],后面一个是闭音节,è念[ɛ]。

(3)尖帽子ô

可出现在不同的元音字母上,一样代表后面的辅音字母消失,如hôtel(旅馆)。早期英文的hotel就拼成hôtel,这“尖帽子”的原拼法代表的是o后面的s省掉了,也就是hôtel原作hostel。现在hotel(旅馆)和hostel(青年旅馆)系出同源,意思接近,原因如此。

(4)上两点ï

可出现在不同的元音字母上,纯粹是个发音上的标记,表示有“上两点”的字母要单独念一个音节,ï念[i],ë念[ɛ],而不跟前后的元音一起念,如naïve [na'iv](天真的)、Noël [no'ɛl](圣诞节)。

(5)下尾钩ç

只出现在c这个辅音字母的下方,也是个纯粹发音上的标记,表示原来在a、o、u之前该念[k]的c,在此要念成[s],如soupçon(一点点)、façade(建筑物的正面;假象)。

法文的变音符号搞清楚了吗?以下要介绍的英文词汇(或短语)源自法文,虽然长得可能不太像典型的英文,不过现在的确是英文的一分子,中大型的英文词典基本上都可以查得到。

上面提到了à la carte(从菜单点菜的;单点),民以食为天,我们不妨再看看几个与美食有关的字眼:

【table d'hôte 套餐】

字面义为table of the host(主人家的餐桌)。主人家的餐桌端出什么菜,客人就吃什么菜,这就是“套餐”的本质。d'是de的省略,意思是of,hôte就是host(主人)。de之后的词如果以元音开始(法文的 h 不发音），e 就要省略，d 后再加撇号跟下一个词连写。这个概念跟 o'clock（= of the clock）有些类似。

【bon appétit 用餐愉快】

字面义为 good appetite（好胃口），为祝用餐者胃口大开的用语。bon 是 good（好），appétit 就是 appetite（食欲；胃口）。英文还有几个以 bon 为首的词组，最常用的当属 bon voyage（一路顺风），相当于英文的 have a nice trip（旅途愉快）。

【foie gras 鹅肝（酱）】

字面义为 fat liver（肥肝；脂肪肝）。这些年来，虽然鹅肝因饲主强制喂养而引发争议，可是鹅肝依旧是法国菜的代表之一，是世界级的珍馐美馔，与松露（truffle）齐名。foie 就是 liver（肝），gras 是 fat（肥；油脂），英文的 grease（油脂）就是从这个 gras 演变而来。知道了鹅肝的来由，不免让人有点扫兴，甚至却步。鹅肝常以鹅肝酱（pâté de foie gras）的形式现身餐桌，pâté 就是 paste（酱；糊），因此 foie gras 除“鹅肝”之外，还可以指“鹅肝酱”。

【entrée 主菜】

字面义为 entry 或 entrance（进入），原指进入主菜前的配菜（side dish），此义还保留在英国英文里。美国英文的意思略有不同，指的是吃完配菜之后进入的主菜（main dish 或 main course）。这里的 ée 是动词过去分词词尾（é，相当于英文的 ed）的阴性形（再加个 e），entrée 这个阴性的过去分词在此作名词用。英文有些代表“人”的词汇有 ee 这个词尾，如 employee（员工），就是 ée 省略左下撇而来。fiancée（未婚妻）、fiancé（未婚夫）也可以如此理解。

【crème brûlée 烤布蕾】

又称为“法式焦糖布丁”，字面义为 burnt cream（烧焦的奶油）。

crème 就是 cream（奶油），brûlée 就是 burnt（烧焦的）。brûlée 跟英文的 broil（炙烤）有关，如前项 entrée（主菜）所述，é 是过去分词的词尾，最后的 e 代表阴性。因为 crème 是阴性名词，所以后面的形容词也要在词尾加 e 变阴性与之一致。法文的形容词常放在名词后面，与英文形容词在前的词序相反。

【haute cuisine 顶级料理】

字面义为 high cooking（高级烹饪），也就是精致讲究的顶级料理，特指顶级的法国菜。cuisine（烹饪; 菜肴）来自法文，早已为英文所用。haute 是 high（高），英文的 haughty（高傲）由之而来。

【frappé 加了很多冰块的】

字面义为 struck（被打击的），指的是“被低温打击的”，也就是“加了许多冰块的”，这里的 é 一样是过去分词的词尾，代表被动。知名咖啡连锁店星巴克（Starbucks）有一款畅销冰饮叫星冰乐（frappuccino），英文就是由 frappé（加了很多冰块的）和 cappuccino（卡布奇诺）混合而成。

如何？太难了？嘴馋了？还是豁然开朗了？

5. 想学好英文，有几个法文单词必须要懂

法文曾经是国际间的通用语，一直到英文逐渐将其取代之后，才慢慢退居二线。话虽如此，由于历史的原因，英文里有着数量庞大的法文词汇，英美人士还是以能露两句法文为荣，英文依旧十分尊崇法文。国际政治起伏跌宕，人的一生又何尝不是如此？满是无可奈何，却也只能认命接受。唉，C’est la vie!

C’est la vie 就是个常用的法文短句，意思是 That’s life（人生就是如此），英美人士也经常挂在嘴边。以下介绍的法文单词短语，

都是英文已经收录且较为常用的，这些英文里的法文，可能与法文的原文略有出入。它们的发音比较特别，基于种种因素，这里无法标音，有兴趣的读者请自行翻查。

我们不妨就从 c'est la vie 开始，一起来看看几个与百姓生活相关的词语。

【c'est la vie 人生就是如此】字面义为 that's life（这就是人生）。c'est 是 ce est 的缩写，ce 是 it，est 是 is，c'est 可理解为 it's、that's 或 this is。vie 是 life（人生），是个阴性名词，前面的 la 是阴性的定冠词，la vie 就是 the life，然而英文不说 the life 只说 life，英文和法文对于冠词的使用有所不同。人生不如意者十之八九，我们若有所感叹，便可说 c'est la vie（人生就是如此）。

【au fait 熟悉的；有充分了解的】字面义为 to the fact（直指事实核心）。au 是 à le 的缩写，意为 to the（朝着），是个介词 à 加阳性定冠词 le 的组合，fait 就是英文的 fact（事实）。to the fact 直指事实核心，就是对于事物的本质有透彻的了解，而不是只懂表面，一知半解。

还有几个 au 开头的常见词组短语，我们也一并看一下。不过要注意的是，法文的 au 不见得一定要翻成英文的 to the，有时候是 at the，有时候是 in the，有时候也可以是 with the，要因地制宜。

【au pair 互惠生】字面义为 at the equal（对等的），也就是 on equal terms（平等的），法文的 pair 相当于英文的 par（对等）。au pair（互惠生）指的是住到外国家庭，帮忙做家事、照顾小孩，以换取食宿零用钱、学习语言的女生。这里所谓的互惠平等，就是客人以工作换取主人的食宿，双方有取有得。

【au naturel 纯天然的】字面义为 in the natural（state）（在天然的状态下），naturel 是法文的拼法。au naturel（纯天然的）指的是

食物以原味呈现，未经烹调或不添加任何东西，也可指没穿衣服或未施脂粉。

【au gratin 焗烤的】字面义为 with the grating（用磨碎的），也就是 by grating（通过磨碎），法文的 gratin 是 scraping（刮）或 grating（磨碎）之意，指的是食物表面洒上满满的碎奶酪或面包屑，再放入烤箱烘烤而成。

碎奶酪烤到能拔丝，生米煮成熟饭，就是个不可逆的 fait accompli（既成事实）。我再从这里接着说起。

【fait accompli 既成事实】字面义为 accomplished fact（已完成的事实）。方才提到的 au fait 有个 fait，这里又出现了一次。accompli 是过去分词，相当于英文的 accomplished，过去分词在此做形容词用，法文又常把形容词放在名词后面。fait accompli（逐字翻成 fact accomplished）就是英文的 accomplished fact，既成事实。

【bête noire 让人厌恶的人、事、物】字面义为 black beast（黑色的野兽）。黑色的野兽让人心生畏惧，避之犹恐不及，引申为让人厌恶的人或事物。bête 是 beast（野兽，形容词 bestial "野兽般的；残忍的"），noire 是 black（黑）。bête noire 名词在前，形容词在后。noire 字尾有 e，是阴性的形容词，阳性的 noir 出现在诸如 film noir（黑色电影）、café noir（黑咖啡）等组合中。

这种名词在前，形容词在后的法文词语还有许多，我们再来看个英文里常见的。

【carte blanche 全权】这可不是国际知名女星凯特·布兰切特（Cate Blanchett），这个 carte blanche 的字面义为 blank paper（空白的纸张）。空白的纸张，空白的文件，空白的表格，就像空白支票一样，我们爱怎么填就怎么填，想怎么做就怎么做，也就是拥有"说了算"的绝对权力。法文的 carte 跟英文的 card 有关，本指"纸张"，也泛指“菜单”“文件”“卡片”等纸张的衍生物。blanche 本义为 white（白），此指 blank（空白），英文的 blanch（变白）即源自于此。blanche 为阴性形容词，阳性作 blanc，就是 blank 的前身。

法文对英文的影响既深且广，上述的介绍九牛一毛，远远无法给法文一个公道，遗珠之憾在所难免。我精选了一些外表跟英文明显不同的常见词汇，浓缩再浓缩，尽量去芜存菁，把个中精华（crème de la crème，字面义为 cream of the cream “奶油中的奶油”）介绍给读者。

以下还有一些英文里的法文词汇，都是人文社会领域常见的，那我们就再接再厉，逐一往下看吧。

【sous chef 二厨】字面义为 under chef（在大厨之下）。sous 来自拉丁文的 sub，意为 under（在……之下）。chef 许多人都知道，意思是“大厨；主厨”，是英文 chief 的源头。在大厨之下，仅次于大厨，就是二厨。

【chef-d’œuvre 杰作】字面义为 chief of work（作品之首）。chef 就是 chief，d’ 是 de 的缩写，意为 of，œuvre 就是 work（作品），与 opus（作品）、operate（操作）有关。作品之首，就是最杰出的作品，杰作，代表作。

【hors d’œuvre 开胃菜；点心】字面义为 outside of work（作品之外）。hors 是 outside（外面），在作品（即“主菜”）的外面，就是非主菜的开胃菜或点心。

【coup d’état 政变】字面义为 strike of state（国家之击）。coup 就是 strike（打击），état 是英文 state（国家；状态）的源头。国家之击，给国家重重的一击，就是推翻政权的“政变”。

【coup de grâce 致命的一击】字面义为 strike of grace（慈悲之击）。知道了前条 coup d’état（政变），这条就简单了。给予的这一击，为的是免除人或事物“求生不得，求死不能”的痛苦，一击毙命，使之不再受苦，故为慈悲之击。法文的grâce比英文的grace多了顶“尖帽子”

【décolletage 低胸露肩领】字面义为removal of collar（去除衣领）。dé是个前缀，表removal（移除），collet与英文的collar（衣领）有关，age是抽象名词的后缀。在奥斯卡颁奖典礼上，女星多半都会选择穿这种剪裁的礼服。

【émigré 流亡海外者】字面义为emigrated（移民出国的）。前缀é就是ex（出去），migr是“迁徙”的词根（如英文的migrate“迁徙”），词尾的é是动词的过去分词，相当于英文的ed。迁徙出去，一般因政治原因而被迫移居外国，即“流亡海外者”。

【enfant terrible 惊世骇俗之人】字面义为terrible infant（恐怖的婴儿）。法文的词序与英文不同，婴儿的拼法也不同，请留意。恐怖的婴儿，本指小孩子乱讲话、口无遮拦，吓坏父母让人尴尬，后来泛指特立独行、富争议性的成功人士。

【femme fatale 红颜祸水】字面义为fatal woman（致命的女人）。femme是woman，英文的female（母的；女的）和feminine（女性化的）跟它有关。fatale字尾的e代表阴性，名词在前形容词在后。女人的魅力若让男人无法抗拒，把男人带入险境，甚至让男人致命，这样的女人就是红颜祸水。

【je ne sais quoi 莫名的吸引力】字面义为I don’t know what（我不知道是什么）。je是I，ne是not，sais是know，quoi是what，既有趣又吸引人，而我却不知道是什么的特质，就是je ne sais quoi。

【laissez-faire 自由放任】字面义为let do（让它做）。laissez是let（让），faire是do（做），让它做，允许它做，它想怎样就怎样，就是一种不管不问、自由放任的态度。

【maître d' 餐厅经理】字面义为 master of（的主人）。什么？话是不是没说完？是的，其实这是个简称，全称是 maître d'hôtel（字面义为 master of hotel “饭店主人”），maître 就是 master。饭店的主人，就是负责餐厅外场、迎宾接待、分配座位、管理服务员的餐厅经理。

【pièce de résistance 压轴】字面义为 piece of resistance（抵抗之作）。能抵抗种种压力，撑到最后的东西，就是最好、最重要、最精彩的东西，也就是压轴、压箱宝。

【raison d'être 存在的理由】字面义为 reason of being 或 reason to be（存在的理由）。raison 是法文的 reason（理由），être 是法文 be 动词的原形，此处作“存在”解。

【touché 说得好】字面义为 touched（碰到了）。touché 本是击剑的术语，由被剑触到的一方喊出，承认失分。后来也指双方在言词交锋中，承认对方的论点说得好，一针见血。

大家或许有所不知，touché 曾是 2012 年美国最流行的年度热词之一。这样一则信息，是不是让大家觉得，认识这些英文里的法文更有温度、更有意义？

6. 什么？ they 是个单数？

近几年来，性别议题（gender issue）在欧美有着明显的热度。除了 Mx（或可翻成“君”，念作 mix）这个模糊性别界线的“中性尊称”（gender-neutral honorific）之外，还出现了代名词 they 的新用法。

什么？代名词 they 有新的用法？传统上 they 是第三人称复数的“他们”，这是我们刚学英文时就都知道的。新用法，就是把 they 作为单数来使用。这个 they 的新用法，或称为“单数 they”（singular they），就像是互联网上用来代替“他”或“她”的TΛ，如：If anyone arrives late they’ll have to wait outside.（如果有人来晚了，TA 就得在外面等）。

有别于传统第三人称复数的 they，“单数 they”是个第三人称单数的代名词，用在性别不详或任何性别的情况皆可，这个用法也扩及到 they 的其他词形变化（them、their、theirs、themself）。此举除了标志着“用阳性 he 代表全体”（generic he）的观念落伍之外，也代表着 s/he（她 / 他）以及其他类似的做法（“he or she”“him or her”“his or her”“his or hers”“himself or herself”）过于刻意，拗口累赘，已逐渐不受用户青睐。

事实上，这个把复数的 they 拿来当单数使用的做法并不是现在才有，而是 14 世纪的中古英语（Middle English）时期就有记录可考，距今起码有着 600 年以上的历史。只是因为近来性别议题发热，“单数 they”获得大量的关注，使用得越来越普遍，这个用法才得以登堂入室，正式载入新版的多部英文词典之中。

2015 年年底，这个“单数 they”还曾入选为牛津的十大“年度词汇”（Word of the Year）之一。

许多英文词典对此用法都有说明，比如朗文当代 *LDOCE* 就做了如下之解释：

> If you want to talk in general about someone, and you do not want to say if the person is male or female, you often use they, them, or their（如果我们想概括性地谈论某人，而且不想说那个人是男是女的话，我们常用 they、them 或 their）：
>
> （1）If anyone doesn’t like it, they can leave.（要是有人不喜欢，TA 可以离开。）

（2）When a friend upsets you, do you tell them？（朋友让你不开心的时候，你会告诉 TA 吗？）

（3）Someone has left their coat behind.（有人把 TA 的外套落下了。）

LDOCE 举了这 3 个简单的例子作为说明，接着还说，“单数 they”是为了避免“he or she”等的词语过长，这个用法在口语很常见，在书面语的接受度也越来越高，然而，有人却认为这种用法不正确。为了避免遭到批评，*LDOCE* 建议，有时或可把主语改成复数，如把上述第一句的 anyone 改成 people：If people don’t like it, they can leave. 值得注意的是，“单数 they”用作主语时，后面接的依旧是复数动词，如：Anyone can join if they are a resident.（任何人都可以参加，如果 TA 是住户的话）。

当然，许多时候中文的代名词是可以省略的，上面英文句子的中译都可以再行斟酌，精简调整。

英文的 *Wiki* 对这个“单数 they”大加阐述，条目（entry）的总字数（word count）高达 8000，外加 50 余条共 1000 余字的参考书目（bibliography），以单倍行距（single-space）缮写打印，篇幅已达 30 页，称得上是有相当份量的学术论文了。

在英文 *Wiki* 的这条“单数 they”里，编者对其各种不同词形皆举例说明，我摘编如下，并附上我的翻译和补充：

【主格】When I tell somebody a joke, they laugh.（我给人讲笑话的时候，TA 就会笑。）

【宾格】When I greet a friend, I hug them.（我迎接朋友的时候，就给 TA 拥抱。）

【所有格形容词】When somebody does not get a haircut, their hair grows long.（一个人不理发的时候，TA 的头发就会变长。）

【所有格代名词】If my mobile phone runs out of power, a friend lets me borrow theirs.（我的手机如果没电，朋友就会让我借 TA 的。）

【反身代名词】Each child feeds themself.（每个小朋友都自己进食。）

虽然这个“单数 they”使用得越来越广，实际上的好处越来越明显，大小英文词典也都已经加以收录，然而在正式的场合，仍有可能会被人批评为“不合语法”（ungrammatical），就如同 *LDOCE* 的提醒，这是我们在使用时应该放在心上的。

7. 毕业赠语：三个英文单词

2016 年暑假，我卸下了东吴大学英文系主任的职务，无事一身轻。卸任前不久的 6 月，东吴大学举行了盛大的毕业典礼。学校的仪式结束之后，我们英文系还特别加码，单独举办了自己的拨穗典礼，请系上老师给每一位毕业生拨穗，面对面给予个别的祝贺。

出席的毕业生和家长有 400 多名，把漂亮的小礼堂彻底挤爆。大学生活的影片回顾成功破冰，炒热了原本略为紧绷的气氛；师长在预录视频的期勉，让大家笑声不断；两位毕业生的致辞，温馨而感人。

身为系主任，我当时应邀上台讲话。我说，每逢毕业时节，有人喜欢讲 graduation（毕业，词源为“跨出一步；完成一个阶段”），有人喜欢讲 commencement（毕业典礼，另有“开始”之意），不过这两个视角已渐显老套。我不祝一帆风顺，也不祝鹏程万里，选择简单地跟毕业生谈谈挫折。

毕业就是阶段性的“业”已“毕”，学业已经结束，值得恭喜。不过挫折无所不在，过了这一关，前方还有大大小小的挫折等着我们。挫折的英文可以说setback，字面的意思是“放（set）回去（back）”。正当我们进展顺利，甚至意气风发之时，一个挫折就能把我们“放回去”，把我们打回原点，难免令人灰心沮丧。

不过setback（挫折）有个分身，名叫reset（重新设定；重设）。reset的前缀re来自拉丁文，兼有“回去”（back）与“重新”（again）之意。挫折把我们放回去，打回原点，也隐含地提醒了我们，要“重新设定”，整装待发。沉淀思考之后，就是再度扬帆启程之时。

人就像皮球一样，是有弹性的，受压之后就能自然弹回原形，不会被压扁，也不会被击垮。英文的韧性（resilience）原意就是“跳回去”（re“回去”+ sil“跳”+ ience“名词后缀”），反映的就是这种“受压弹回”的特性。

setback、reset、resilience这三个英文单词，我献给了东吴大学英文系的毕业生，在此也与读者分享。谁无挫折？挫折乃人生常态，今后我们若是碰到挫折（setback），请记得，自我重设（reset）是挫折的分身，并永远相信自己，我们都有着与生俱来、受压弹回的韧性（resilience）。

8. 台风和typhoon从哪刮来？

台风（繁体字作“颱風”）是强烈的热带气旋，发生于西太平洋和南海的海面上，英文称之为typhoon。然而恐怕许多人都有这样的疑惑：到底是中文的“台风”译自英文，还是英文的typhoon借自中文？抑或二者皆非，纯属巧合？

1981年台湾出版的“《国语日报外来语词典》”收录了“台风”，把它视为外来语，说国语的“台风”由英文的typhoon而来，而英文的typhoon则源自广东话的“大风”（tai fung），并且受到希腊文typhon（旋风）的影响。1984年大陆出版的《汉语外来词词典》看法基本一致，呼应了“《国语日报外来语词典》”的观点，唯略去希腊文影响的部分，对此只字未提。

圣经级的*OED*规模庞大，内容深入，在英语世界一言九鼎。针对typhoon的来龙去脉，词典用了可观的篇幅详述其论点：typhoon主要汇集了两支来源，一为希腊文的typhon(旋风)，一为广东话的“大风”（tai fung）。

专业的英语词源词典进一步指出，希腊文的typhon（旋风）反映的是希腊神话的风之父Typhon（堤丰）。堤丰是只百头巨妖，能喷烈火也能刮旋风。这个源自希腊的typhon（旋风）传到了阿拉伯，又从阿拉伯辗转传到了印度，而英文就从印度进入，间接跟希腊文借了typhon（旋风）这个字眼，原指印度的暴风雨。

后来英国船只在中国海遭遇暴风雨，船员学到了广东话的tai fung（大风）。广东话的tai fung（大风）和希腊文的typhon（旋风）虽然毫无渊源，不过巧的是这两个字音近意近，因此汇流融合，拼字又受到了英文后缀oon（如balloon气球：ball球 + oon）的影响，进而调整为现今通行的typhoon。

英文typhoon的来源大致如此，然而汉语的“台风”真如汉语外来语词典所述，是来自英文的typhoon吗？

当今华语世界权威的大型字词典（如《中文大辞典》《汉语大词典》《汉语大字典》《正中形音义综合大字典》等）均指出，“台风”本作“颱”，而“颱”字并不见诸古代的字书和韵书，一直要到清朝开始才有文献记录，应当是近现代所造之新字。“颱”义从“风”，声从“台”，为形声字。而“台”也有“大”之意，“颱”乃大风，也是会意字。

通览目前有限的资料，我大胆假设，“台风”或许是现代汉语双音节化的结果，与英文的typhoon只是另一个巧合。文言文单音节的“台”加了“风”成“台风”，“鲤”加了“鱼”成“鲤鱼”，“柳”加了“树”成“柳树”，以及许许多多类似的发展，都是因应汉语语音的变化，为了避免同音字过多导致辨义困难，语言内部所做的自我调整。

如果我的假设成立，那么中文的“台风”与英文的typhoon应是各自独立发展，尚无证据显示“台风”来自typhoon。汉语外来语词典认为“台风”源于typhoon，缺乏佐证数据，或许只是编者自己想当然耳的臆测，有待进一步证实。

9. 百兆吓坏台湾人

之前我从台湾来大陆，看到这里的电信广告写着“百兆宽带”，眼珠子差点蹦了出来，心想，大陆的科技未免也太超前了，狠狠地把台湾甩在后头。一兆是一万个亿，一百兆就是一百万个亿，这可是天文数字哪，而大陆的朋友却讲得稀松平常！

这个赞叹我一直藏在心里，都不好意思跟别人说台湾只有100M（一亿）的水平。后来才在一个偶然的机会得知，原来这里的“兆”是一百万，我的误解可深了！

儿时老师教我们数数目，总是依着“个、十、百、千、万、十万、百万、千万、亿、十亿、百亿、千亿、兆、十兆、百兆、千兆、万兆”的顺序背下去。千亿下面的兆，当然是万亿了。

大陆跟台湾的用语有些不同。有些猜得出来，如“宽带”（台湾叫“宽频”），这类基本没有问题。有些台湾人无法理解，如大陆的“按揭”（台湾叫“抵押”），不过不懂问一下也能解决。问题比较大的是，台湾人自以为理解，事实上却相差十万八千里，错得毫不自觉，比如大陆的“兆”。“兆”在台湾是一万个亿，在大陆是一百万，差一百万倍啊！岂能不慎？

我曾就此发过一条微博，提到“兆”这个数目在两岸似有不同的理解，台湾是万亿，大陆是百万，别如天壤，立刻引来了热议。大陆网友纷纷反馈，意见十分一致，说在一般的情况之下，大陆的“兆”跟台湾一样，也是万亿。

这是怎么搞的？我有点蒙了！

大陆在提到计算机、手机的内存和网络的流量时，常用“兆”来描述。据我了解，这个“兆”是“兆字节”的简称，就是英文的MB（megabyte），相当于台湾说的“百万位元组”（台湾常简写为M，口语念“咩”）。我翻查了《新华字典》《现代汉语词典》《辞海》等权威词典，定义毫不模糊，都说“兆”现在是百万，古代指万亿。

我稍做思考，发现台湾提到广播电台电波的频率用“兆赫”，这里的“兆”跟大陆一样，也代表百万，兆赫就是百万赫兹（megahertz）。原来台湾的“兆”在科技领域里，也有百万的意思。

这又是怎么回事？我彻底被搞糊涂了。

台湾的“《国语辞典》”清楚载明，兆是亿的万倍，不过在“兆赫”却自打嘴巴，说这里的“兆”是百万。台湾其他权威字、词典对“兆”的定义也十分混乱，有的跟大陆词典相同（古为万亿，今为百万），有的跟台湾人的认知比较接近（古为百万，今为万亿）。

看来，在“兆”字的用法上，科技术语和百姓认知之间似乎有所不同，两岸之间也隔着一道鸿沟，亟需有关单位正本清源，协调整合。否则，不只两岸沟通可能出现严重的障碍，连专家和一般民众之间，也都存在着明显的歧见。到时候的误解，可能就代表着巨额的损失与严重的纠纷了。

10. 桑拿碰上三温暖

我经常往返海峡两岸，简体字能读能写，两岸语言方面的不同之处，基本也难不倒我。

2007年夏末起我客居南京，在南京大学访学，为期一年。8月下旬到了南京之后，大家开口闭口都在说“桑拿天”，让我一头雾水。“桑拿”我知道，直觉就是台湾说的“三温暖”，都源自芬兰语的sauna，只是译法不同而已。我简单代换了一下，“桑拿天”应该就相当于“三温暖天”，可是“三温暖天”究竟是什么呢？我们台湾常说“心情如洗三温暖”，难不成是那种忽冷忽热、冷热交替、高低起伏的天气形态吗？

我百思不得其解，向南大的老师求助，才知道答案。他们对我的疑惑略表诧异，笑眯眯地说，就是南京夏天的天气啊！南京的夏天就像个火炉，气温居高不下，24小时都一样热，好像洗桑拿浴似的。我这才发现，大陆的“桑拿”和我理解的“三温暖”似乎有明显的不同。

我赶紧查了一下英文词典，sauna源自芬兰语没错，几本大型权威的英文词典都指出，原本芬兰的sauna指的是把水浇到火热石头上的一种“蒸汽浴”，后也可指没有蒸汽的“烤箱浴”。《现代汉语词典》清楚定义，说桑拿浴是一种利用蒸汽排汗的沐浴方式，起源于芬兰。大陆对“桑拿”的理解，看来是比较忠于原文的。

台湾的三温暖我没洗过，是忠于原文sauna的吗？还是许多人想当然耳的“热－冷－热”的台式“三”温暖？我有点困惑，于是上网查了台湾的“《国语辞典》”。词典说，三温暖是一种蒸汽浴，利用大量水蒸气，使浴者热得满身大汗，再用冷水冲洗，促使毛孔收缩，可以促进新陈代谢，达到身心松弛，有益健康的功效。这个先热后冷的定义跟 sauna 的原义有所不同，也无法解释“心情如洗三温暖”的那种“高－低－高”的情绪起伏。

我困惑依旧，于是紧接着又查了手边的“《国语日报辞典》”。台湾“《国语日报辞典》”的地位相当于大陆的《现代汉语词典》，是一本规范性的中型词典，广为中小学所采用。这本词典的见解与“《国语辞典》”略有出入，认为三温暖是种洗浴设备，以三种高低温度的水流让人浸泡其中，可使身心完全松弛，有益健康。词典释义出现了“三种高低温度水流”，似乎比较贴近“心情如洗三温暖”的那种曲线起伏的联想。

台湾“三温暖”这个翻译本想音义兼顾，却容易让人望文生义，大陆的“桑拿”直接音译，虽然比较缺乏意境，但起码大陆民众不会误解 sauna，反而可能比较妥当。

我上网搜索，发现台湾的三温暖基本包含烤箱、蒸汽室、冷热浴池、休息室，以及美容、健身的设备与服务，不一而足，接近现代版的 spa。至于比喻高低起伏的三温暖，英语里的 ups and downs（上下起落）或许可以说明一二。看来，三温暖是个深具台湾特色的词汇，陆谷孙先生的《中华汉英大词典》强调兼容并包，博采众言，不妨考虑加以收录。

11. casino 来自闽南语？

2016 年看了吴秀波、汤唯主演的爱情故事片《北京遇上西雅图之不二情书》，其中女主角汤唯饰演一名澳门赌场的公关，剧组还远赴美国，到赌城拉斯维加斯（Las Vegas）出外景。许多人关注的，或许是两人间书信往返、鸿雁传情的浪漫爱情，但这赌场的场景，却让身为英语研究者的我有了另类的思考。

有大陆的网友告知，网络上盛传英文的“赌场”（casino）来自福建话（闽南语），学校的英文老师也都这么教，甚至在收录大陆学术论文的专业资料库“万方数据库”里，也有支持如此观点的论文。

有人通过电邮、微博向我求证，我觉得十分惊讶，想不到这个谬论还在以讹传讹，许多人信以为真，实在害人不浅。

这个瞎编的故事我很早就有耳闻，编得还颇有创意。编者宣称很久很久以前，到美国打工的福建移民每每拿到微薄的工资，总会聚众赌博试试手气。每次赌局开始，都会用闽南语嚷嚷着说“开始了（kai xi lo）！开始了（kai xi lo）！”想不到，这闽南语的 kai xi lo 就这么阴错阳差地给英文贡献了一个 casino（赌场）。

根据 *OED* 所载，casino 源自意大利文，意为小房子（casa“房子”+ ino“指小后缀”）。至于为什么“小房子”演变为“赌场”，*OED* 并无进一步说明。倒是美国知名的大型英语词典 *AHD* 讲得比较仔细。

AHD 说，根据词源专家的研究考证，原来的小房子 casino 指的是“乡间别墅”，这乡间别墅后来演变为社交聚会的场所。参加社交聚会的人在这里的某间房里或某栋楼内玩乐，可以跳舞听音乐，也可以赌博，而赌博这一项消遣似乎逐渐吃重，广受欢迎，因此最后 casino 便有了“赌场”之意。

我是台湾人，闽南语是我的母语，我当然也希望 casino 来自闽南语，但事实并非如此。这如果是编出来帮助记忆或是增进学习乐趣的“段子”，那也应该说明清楚才是，但堂堂的学术数据库竟收录支持如此谬论的论文，课堂的英文老师也以此论点慎重其事地教授英文单词，那就有点令人匪夷所思了。

谣言止于智者，英文的赌场 casino 跟闽南语一点关系都没有。

12. 为汉字的英文正名

汉字是世界上最古老的文字之一，连续使用的时间最长，也是远古诸文字目前硕果仅存的一个。汉字是我们中国人重要的文化瑰宝，是联系民族情感、凝聚民族认同的关键。不仅如此，对于日本、朝鲜半岛、越南、琉球的语文而言，汉字也曾有过十分深远的影响。

汉字是个独一无二的文字体系，长久以来，英文都称之为 Chinese character，无论是在语言文字的专业领域还是在非专业的篇章话语中，这都是标准答案，我也一直视为理所当然。

作为“汉字”的英译，这个 Chinese character 行之有年，大家都用惯了，其实也没什么大问题，可是后来因为种种因素，我开始有了不同的思考。

汉字的英文 Chinese character，字面是“汉字字符”的意思，不过它可能还有其他的解读，如“中国人的性格”“中国的人物”“中国人的角色”“中国的特色”等，不一而足。是吗？我们不妨先看看以下的例证：

（1）For Smith the Chinese character was defined by a ‘Contempt for Foreigners’ and ‘The Absence of Public Spirit’. -*Jardine Matheson and Chinese Migration in the British Empire,1833-1853*, by Stan Neal.【对史密斯而言，中国人的性格就是“鄙视外国人”和“缺乏公益精神”——《怡和洋行和大英帝国里的中国移民（1833—1853）》，斯丹·尼尔 著】这里的 Chinese character 不是汉字，而是中国人的性格。

（2）...particularly the evil Fu Manchu, the most recognizable

Chinese character in Western books and movies before [Charlie] Chan came along. –*From Fu Manchu to Kung Fu Panda: Images of China in American Film*, by Naomi Greene.【……特别是那个邪恶的傅满州，在陈查理出现之前，他就是西方书籍和电影里识别度最高的中国人物——《从傅满州到功夫熊猫：美国电影里的中国形象》，娜奥米·格林　著】此处的 Chinese character 也不是汉字，而是中国的人物，或中国人的角色。

（3）**sinicize**<v.trans.> To invest with a Chinese character. –*Oxford English Dictionary*【**使中国化**〈及物动词〉赋予中国的特色——《牛津英语词典》】这是权威英文词典给 sinicize（使中国化）下的定义，定义的文字 To invest with a Chinese character 不是"用一个汉字投资"，而是"赋予一个中国的特色"。

看完例证之后，想法是否有所不同？Chinese character 不见得是我们认为理所当然的"汉字"，何以至此？原因在 Chinese 和 character 都是多义词，二者语义合情合理的搭配，造成了潜在的不同解读。Chinese 是"中国的""中国人（的）""中文（的）"，可兼指国家、人民、语言。character 最初的本义是"印记"，也就是在物体表面按压或凿蚀的痕迹，此义仅存于早期的文献。这样的印记如果用在人类的语言文字，就是表音或表意的"字符"。用在事物，就是不同于他者的"特色"。用在个人，就是有别于他人的"性格"，或是道德方面的"品格"，由此，character 也可回过头来，转指作为主体的"人物"或"角色"。

词语有歧义乃语言之常态，此时上下文是个关键，有助于厘清语义。在论及语言文字时，Chinese character 应不至于产生误解，然而若是语境不清，Chinese character 所指为何？是汉字？是中国人的性格？是中国的人物？是中国人的角色？还是中国的特色？根据语料库统计，character 作“字符”解是个相对低频的意思，“性格”“特色”“品格”“人物”“角色”等义，与之相较更为普遍。因此，许多英语人士看到或听到 Chinese character 时，第一反应恐怕不会是汉字，而是中国人的性格、中国的人物、中国人的角色或是中国的特色吧？

许多人跟我一样，长久以来都认为汉字的英文就是 Chinese character，英文的 Chinese character 就是汉字，现在这个认知是否开始有些松动了？

汉字在世界舞台上具有独特性，然而其英译 Chinese character 却存在着不同的解读，背离了独特性之所以独特的单一本质。因此，汉字的英译 Chinese character 虽广泛使用，但事实上并不理想。

我是个词典研究者（lexicographer），经常翻查权威词典，希望能从中了解语言的现状，体察语言的变化，借此鉴往知来。这个 Chinese character，我遍查英美出版的各大英文词典，发现居然只有美国的 *AHD* 一部加以收录，连英语世界最大最全的 *OED* 也未收，令人感慨。

OED 是有 Chinese character（或其复数形态 Chinese characters）的踪迹的，然而这个词组却仅担任辅助性的角色，出现在其他“词目”（lemma，或称 headword）的词源、定义或书证里，用以解释说明，地位边缘，像是个未词汇化（non-lexicalized）的自由搭配（free collocation）。未词汇化的自由搭配，用白话文说，就如同“中国的文字”这个短语给人的感觉一样，结构松散，可任意代换（如换成“日本的文字”“中国的历史”），而不是“汉字”这个词汇给人的那种语义清晰的紧凑感。*OED* 对 Chinese character 这样的处理方式，也同为其他的英文词典所遵循。

唯一的例外是*AHD*，它“词汇化”了 Chinese character，以 Chinese character 为词目，提升了 Chinese character 的词汇地位。定义分两条，第一条指的是中国的汉字，第二条指是其他语言（如日文）的汉字：

> **Chinese character** <n.> 1.Any of the set of symbols used to write Chinese, each of which represents a single, usually monosyllabic word or morpheme.2.Any of these symbols used to write the words, morphemes, or sounds of other languages, as one of the kanji of Japanese.【**汉字** < 名词 > 1. 用来书写中文的一套符号之一，每个符号都代表单一的、通常是单音节的词或语素】2. 这些符号之一，用来书写其他语言的词、语素或发音，比如日本汉字】。

读到第二条定义，看到文字里的 kanji（日本汉字），不免让人感慨万千。日本的文字源自中国，其汉字（kanji）照搬自中国的汉字，平假名（hiragana）仿制自中国书法的草书，片假名（katakana）源于中国汉字楷书的偏旁，而这三个以罗马字母转写的 kanji、hiragana、katakana，更是早为英文所收，中大型以上的英文词典均有收录，三者作为英文词汇的地位无比清楚。

书写韩文 / 朝鲜文的表音文字“谚文”，15 世纪发明时借鉴了汉字方块的形态，迄今仅 500 余年，其音译 Hangul 也已经为多部大型的英文词典所收。

青出于蓝而胜于蓝，这无可辩驳的明证，就如此不留情面地横在我们眼前。

作为日本文字源头的中国汉字，作为朝鲜民族“谚文”参考对象的中国汉字，至今依旧在使用一个语义模糊的 Chinese character，英文词典基本不收，即使现身词典的字里行间，似乎也只是个跑龙套的角色。

美索不达米亚的苏美人使用的楔形文字，英文是 cuneiform（字面为 wedge shape“楔形”）。古埃及人使用的象形文字称为“圣书体”，英文是 hieroglyph（字面为 sacred carving“圣凿”）。汉字亦是远古时期的一大文字体系，相形之下，英文仍缺乏一个专属的名字，有的只是隔靴搔痒、不痛不痒的 Chinese character（汉字字符）。汉字的传统英译 Chinese character 给人的感觉，就好像把 cuneiform（楔形文字）称为 Sumerian letter（苏美人的字母），把 hieroglyph（圣书体）称为 Egyptian symbol（埃及的符号）一样。

前有人类文字先驱的楔形文字（cuneiform）和圣书体（hieroglyph），后有中国汉字子孙辈的日本汉字（kanji）、平假名（hiragana）、片假名（katakana）、谚文（Hangul），我们中国的汉字，是否也该赋予它一个与之匹配的英译了？行不更名，坐不改姓，用汉语拼音转写的 hanzi 如何？

13. 英文里的中国人名地名怎么念？

2017 年 6 月，虚构的“双鸭山大学”爆红，原因是中山大学的英文校名 Sun Yat-sen University 用的是孙中山的英文名字 Sun Yat-sen（孙逸仙），而在某些人听来，Sun Yat-sen 宛如“双鸭山”，始作俑者因此刻意加以挪用，成了他小圈子里流传多年的一个梗。这个“双鸭山”事件，不免让人想起多年前因误译 Chiang Kai-shek（蒋介石）而名噪一时的“常凯申”事件。

Sun Yat-sen（孙逸仙，英文音似“孙亚仙”）、Chiang Kai-shek（蒋介石，英文音似“强凯雪”）这样的拼法、读法存在已久，有其时代背景，目前仍通行于英语世界，在英文的语境下，宜沿用其固有之发音（“孙亚仙”“强凯雪”），似无必要以汉语拼音一刀切，改拼、改读为 Sun Yixian 和 Jiang Jieshi。

英文里的中国人名，存在着因方言、拼写系统而产生的历史遗留，可能会让人栽跟头，译者宜多方查询，小心求证。然而眼下我比较关心的是，现在中国的人名放到英文的脉络里，究竟该怎么念为宜？

首先是顺序的问题。众所周知，英文的名（first name）在前，姓（last name）在后，如现任的美国总统 Donald Trump（唐纳德·特朗普），前面的 Donald（唐纳德）是名，后面的 Trump（特朗普）是姓。长久以来，国人在说写英文、把自己的姓名转写为罗马字时，几乎总是迎合英文的习惯，刻意加以颠倒，自己说得别扭，别人听得也别扭。如“孔乙己”写成 Yiji Kong（乙己孔），本来姓“孔”名“乙己”的，换了英文，却似乎成了姓“乙”名“己孔”。自古以来，中国人讲究“行不更名，坐不改姓”，这个原则碰上英文就转了个大弯，令人费解。

事实上，英文媒体在提及中国的人名时，反而是尊重我们“姓在前，名在后”的顺序，提及领导人如此，讲到平民百姓亦复如此，几无例外。英语世界肯定我们的姓名传统，而我们却缺乏文化自信，扭曲自己迎合他人，这是何苦来哉？

其次是发音的问题。在英文的语境下念中国人的名字，许多人念得洋腔洋调，我觉得没有必要。中国人的名字外国人不会念，念不准，以他们的方式念，念得洋腔洋调，这很自然，可以理解。然而我们自己念中国人的名字，即使在英文的语境下也该要有中国人的样子。最理想的情况是，字正腔圆的普通话，Kong Yiji 就念“孔乙己”。退而求其次，由于声调对外国人来讲太难，把四声拿掉，融入英文的语调（如 Kong Yiji 念“空伊纪”），这可以接受，但个别汉字的发音则不应迁就。最不理想的情况是，中国人的名字完全按英文拼读的规律来念，这样的发音从我们的嘴巴出去实在不妥，有失中国人的身份。

当然，当事人若有英文名字，按英文的顺序、发音办事，顺理成章，不在此限。

无独有偶，人名是一，地名是二。

在“双鸭山大学”事件之后不久，我受上海外国语大学郑教授之邀录了一段英文音频，由他的助理汇集整理，上传到他个人的学术微信公众号上。我念了一小段罗伯特·弗罗斯特（Robert Frost）的名诗《未选择的路》（*The Road Not Taken*），再用英文说出自己的姓名、工作单位及其所在地。我在东吴大学工作，学校在台北，孰料我认为理当如是念的英文地名，却引发了我俩之间热烈的讨论。

东吴大学于1900年创建于苏州，英文校名Soochow University（即“苏州大学”之意），Soochow乃“苏州”早期的邮政式拼音（postal romanization）。我把Soochow念成“苏州”，却引来郑老师不同的看法，他认为应按拼字念成“苏超”，否则就会与历史读音产生断裂。

台北在国际上的英文名字是Taipei，此乃循传统的威妥玛拼音简化拼写而成。旧版的完整拼法是T’aipei，T右上角的撇号代表送气（简言之，威妥玛的p’=汉语拼音的p，威妥玛的t’=汉语拼音的t，威妥玛的k’=汉语拼音的k），后来系统简化，撇号省略。此外，威妥玛拼音的p/t/k分别对应到汉语拼音的b/d/g（亦即威妥玛的p=汉语拼音的b，威妥玛的t=汉语拼音的d，威妥玛的k=汉语拼音的g）。是故，台北的英文虽然拼成Taipei，但我认为，理当按照它威妥玛拼音原先设定的音值读为“台北”，而不宜按如今省略的拼法读为“台培”。

在Taipei的发音上，郑老师的看法同Soochow，一样与我有所分歧。他认为我的做法就像把古城老屋全拆了，建上新的，然后跟人家说这就是老城，但事实上古风与人文已消失殆尽。

是吗？这的确是个值得探讨的问题。不过我认为，Soochow、Taipei 虽是旧的拼法，背后代表的却是这两座城市的官话（或“国语”）发音，不应受其拼字的影响念成“苏超”和“台培”，而就是该反映其官话语音，念“苏州”和“台北”。我的见解，在各家权威英文词典的音标上也都得到了体现。

英文里的中国地名该怎么念？同中国的人名，因方言、拼写系统而产生的历史问题得另外处理。Cathay 为中国的古称，源自古时“契丹”的发音。China 为中国的现名，在耶稣时代就见诸梵文。Peking（北京）的 k 反映的是早期官话的语音，把 p 念成 b 的耶稣会传教士明末来华时，就以此传回欧洲。Hong Kong（香港）源自粤语，在英文里根深蒂固。Kashgar 为喀什的传统称呼，源自突厥语。这几个地名的拼法都有其鲜明的历史积淀，应从其传统的英文发音。

至于一般地名的念法，个人建议比照人名的念法，以字正腔圆的普通话为上选（如 Shanghai 念“上海”），以去四声的普通话为次选（如 Shanghai 念“商嗨”），以迎合英语人士的洋腔洋调再次。外国人的中国地名念不准，我们可以理解。中国人自己念中国的地名，虽然出现在英文的语境底下，应该还是要有一点自己的坚持才是。

文化自信，也应该体现在英文里中国人名和地名的读音上。

14. 双节棍英文探源

大陆与美国同步于 2016 年 1 月 29 日举行动画电影《功夫熊猫 3》全球首映，选在合家团圆的春节档期，遥遥领先同年 4 月 1 日愚人节才上映的台湾，让台湾影迷望穿秋水。电影特别制作了一支 Nunchuck Princess（双节棍女侠）的彩蛋特辑，向已故的功夫大师李小龙致敬。

中国功夫因李小龙而扬名于世，功夫的音译 kung fu 确定成为英文词汇，李小龙的贡献功不可没。

日前因研究所需，看了李小龙的资料，才知道他在 1972 年的电影《精武门》中首度将双节棍搬上银幕，自此之后，双节棍便在全世界造成了一股风潮，连美国警察也开始佩带双节棍作为武器。双节棍的英文，以前看到过意译的 two-section stick（或 two-section cudgel）“两节式的短棍”，但此翻译冗长累赘，后来几乎一边倒，用的都是 nunchaku（或简称为 nunchuck）。

如果有人说，“双节棍”的英文 nunchuck 来自台湾的闽南语，你相信吗?

根据英语世界上最大、最权威的 *OED* 所载，双节棍 nunchuck 缩略自 nunchaku。这个 nunchaku 来自琉球的冲绳日语，原指一种打谷脱粒用的木制农具。*OED* 接着指出，这个 nunchaku 可能来自闽南语，反映的是“两节棍”的闽南语发音。

双节棍的英文源自闽南语？这个观点前所未闻，让我眼睛豁然一亮，大吃一惊。

我赶紧翻查了各大英文词典，发现 *OED* 的论点也得到了 *RHD* 与 *AHD* 两部美国大型权威词典的背书。

这个意外的发现燃起了我进一步追究的兴趣。“两节棍”用闽南语来念，差不多是 neng tsat kun，“双节棍”nunchaku 的日语原作 nunchyaku，两者发音十分接近，*OED* 说 nunchaku 可能来自闽南语，似乎有一定的道理。然而所谓的“可能”，透露出这只是个猜测，词典仍有所保留，还有待进一步的证实。

OED 提到，双节棍脱胎于一种打谷脱粒用的木制农具。我推测，此农具应为“连枷”，日文称之为 rinka。

资料显示，现代形式的双节棍源自琉球，双节棍的英文来自琉球的冲绳日语，合情合理。然而，双节棍实物源头的连枷，日文是 rinka，双节棍名字的源头，却是 nunchyaku，两者差异过大，完全兜不起来，这其中颇值得玩味。

双节棍的英文 nunchaku 在琉球日语里原作 nunchyaku，没有汉字的写法。nun 这个成分在日文里没有意义，chyaku 这个成分除了“着”“嫡”“摘”的汉字音（古汉语的发音）之外，也不曾使用。换句话说，nun 和 chyaku 这两个成分，在冲绳日语里几乎不用，极有可能是个外来成分。然而真如 *OED* 所言，nunchyaku 是来自闽南语吗？

自古以来，台湾与琉球的交流频繁，琉球的文化色彩与台湾接近，琉球的语言也存在着不少闽南语的元素，这个事实似乎可以间接说明，双节棍的英文 nunchaku，有可能来自闽南语“两节棍”的 neng tsat kun。

然而历史亦有明载，在明、清两代，琉球与福建交流密切，琉球的留学生到大陆学习，学的多是带福州口音的明清官话。nunchaku 所反映的，有没有可能是明清时期“两节棍”的福州官话？或者 nunchaku 是直接跟福建的闽南语借用的，并非通过台湾？

台湾的闽南语给英文的影响微乎其微，执世界之牛耳的 *OED* 提出了“双节棍的英文可能来自闽南语”这样的推测，我在台湾看了当然高兴。不过有一分证据说一分话，*OED* 对闽南语的厚爱，还需等待更多的数据，请相关的学者释疑解惑。

15. 武侠的英文是什么？

武侠小说令人着迷，由此改编的武侠片总让人翘首企足。相较于让人血脉贲张的功夫片，武侠片显得更富深度与哲思。

功夫片和武侠片是华语电影的独特类型，两者相似，但同中有异，异中有同，有时也难分彼此。不过一般来说，功夫片似乎把人物情节设定在近现代，以拳脚打斗为主，描述时代的矛盾；而武侠片则多半设定在古代，以刀剑对决为主，历史文化的纵深较为明显。

功夫英文是 kung fu，此乃依传统的威妥玛拼音直接音译，绝大多数中型以上的英文词典均有收录。中国功夫因李小龙而扬名于世，kung fu 作为一个英文词汇的地位明确，李小龙 40 多年前的贡献功不可没。

与功夫类似的“武侠”，其英文是 wuxia，乃依当今主流的汉语拼音转写而成。这个 wuxia 已被大型权威的英文词典所收，然而国人所知者仍少。不同的汉英词典都在既有的英文里摸索，围绕着 swordsman（剑客）、knight-errant（中世纪欧洲的游侠骑士）、martial arts（武术）、chivalrous（骑士的；侠义的）这几个字眼解释。此法体贴英语人士，以熟悉的概念来拼凑陌生的事物，方便他们理解。不过这样做却隔靴搔痒，而且可能会给他们带来不同的联想，难以传达武侠该有的意境。

陈可辛 2011 年的电影《武侠》采用了汉语拼音，将片名直接音译为 Wu Xia。事实上，Wuxia 这个来自中文的音译词早在 2005 年即已厕身大型权威的《新牛津美语词典》（*New Oxford American Dictionary*）第 2 版，正式成为广大英语词汇的一员。2010 年，wuxia 又为同是大型权威的姊妹作《英语牛津词典》（*Oxford Dictionary of English*）第 3 版所收，第一个字母由大写改为小写，定义略有增修调整，其网络版 *ODO* 更是额外收录了 20 条 wuxia 的当代例证。

而最大、最权威的 *OED* 在 2010 年底推出了整合资源、修订更新之后的在线版，第 3 度将 wuxia 纳入，还做了详尽的定义，罗列了相关的书证。至此，wuxia 作为一个源自中文的英文词汇，地位更是屹立不摇。

OED 在 wuxia 这个词条的最后一则书证，引用了美国的月刊杂志《联线》（*Wired*）2004 年 8 月号的一段文字。文中提到了导演李安（Ang Lee）的《卧虎藏龙》（*Crouching Tiger, Hidden Dragon*），说这部电影让西方人第一次见识到中国武侠的魅力：

> Based on the mythical exploits of early swordsmen, wuxia has been a part of Asian cinema since the silent era, but most Westerners got their first taste from Ang Lee's Crouching Tiger, Hidden Dragon.【武侠片根植于对古代剑客事迹的想象，从默片时代起就是亚洲电影的一环。然而一直要等到李安拍出了《卧虎藏龙》，多数的西方人才得以初尝武侠的滋味】。

我交叉比对，认为让一言九鼎的 *OED* 决定允许 wuxia 登堂入室，给其名分的契机，应该就是李安 2000 年的《卧虎藏龙》。这部武侠片的旷世巨作风靡了全世界，让西方重新认识了武侠，不仅得奖无数，还引发了后续大导演、大卡司、大制作的大跟风，也让各级牛津词典的主编再次注意到了 wuxia 这个字眼。如此看来，李安的贡献不只在电影，他的成就也是让 wuxia 正式进入英文的一大助力。

李小龙之于功夫，就好比李安之于武侠。功夫的英文是 kung fu，武侠的英文是 wuxia。由电影艺术的交流扩及中文词汇的输出，双李居功甚伟，我们要在此记上一笔。

16. 背英文单词的那些事

各级学校的学生都要为英文而奋斗，很多人都在为背单词而头疼。背英文单词就像砌砖块，是学英文的基本功，基本功练好了，兴建中的“英文大楼”才能有个样子。

事实上，汉字比英文单词更难记。此话怎讲？常用汉字有好几千个，每个字我们都得单独记忆，即使把字拆成部首或更小的成分，也有好几百个，在方块里做各式的平面组合。而英文就只有 26 个字母，单词只需把字母做由左至右的线性排列，因此难度比汉字低得多。这么复杂的汉字我们都能搞定，英文单词有什么大不了的？

常有学生问我英文单词怎么背，我觉得只要掌握基本原则，当可迎刃而解。

背英文单词的头号原则，就是从“音”着手，我手写我口，千万不要死背字母。英文是个拼音的语言，每一个字母或字母组合都有着相对应的音，每一个音都有着与之对应的字母或字母组合，怎么念就怎么拼。在这一点上，汉语拼音跟英文类似，只是汉语拼音简单而规则，而英文拼字却是例外连连，一音多拼、一拼多音的情况俯拾皆是。

这个部分一言难尽，语音到拼字的对应复杂，同样也困扰着英文母语人士。自古以来，改革英文的呼吁不曾少过，然而英文的韧性太强，所有的尝试统统以失败告终。这是无法改变的事实，无奈之余也只能接受。

背英文单词的第二个原则，就是死记硬背。死记硬背？没错，就是死记硬背，且听我细说从头。“任意性”（arbitrariness）是语言的重要特质之一，任意就是随性，就是想怎样就怎样，没什么道理，找不出任何关联。英文的 tree、中文的 shù，都和自然界的实物没什么关联，也就是说，英文把它称之为 tree、中文把它称之为 shù，根本就没有道理可讲，完全是偶然。既然本无道理，没有关联，我们硬要找出个所以然，肯定徒劳无功。所以，要背 tree 这个单词，只有把它的音 [tri:] 念出来，把它的意思“树”连结上去，在拼字的时候留意 [i:] 这个元音拼成 ee，而不是 e（如 be）、ea（如 dream）、ei（如 receive）、ey（如 key）、i（如 ski）、ie（如 field），如此而已。

死记硬背貌似原始，不过对于初阶学生与基础词汇而言，确实是必须花时间强练的基本功，没有快捷方式。背 apple（苹果）时，把单词念对读准，意思必须死记，拼字还得注意，词中有两个 p，词尾是 le 而不是 el。打个比方，这就像记人名，长相和名字毫无关联，只能死记，名字的写法就像单词的拼法，相同的音有不同的写法，也需留意。

背英文单词的一个进阶的方法，就是派生法。基本功练好了，才有资格变换招式，派生法就是基础词汇加头加尾的变化。以 forest（森林）为例，这就是一个必须死记硬背的基础词汇，熟记了之后，forest 前面加个表“去除”的前缀 de，就能构成另一个词汇 deforest（砍伐森林），deforest 后面再加个表名词后缀的 ation，就能构成动词的名词形式 deforestation。派生法常见的前缀、后缀有限，在我们学英文的过程只要稍加留意，就能逐渐掌握。

背英文单词更进阶的方法，就是通过词源。词源法可以说是派生法的加强版，类似中文的“六书”，就是说文解字。兹举汉字为例，“妇”（繁体字作“婦”）的本义为“女持帚”，是个会意字。“女”字为象形字，描绘的是女性婀娜的身形，“帚”是个指事字，指的是手中拿着的扫帚，手中拿着扫帚的女性，代表已婚持家的妇女。

英文的词源法，除了词首、词尾之外，还必须熟悉词根，如此一来，我们不只能举一反三，还能举一反十，甚至举一反百。举例来说，“汽车”automobile 可以拆成 auto（自己）和 mobile（移动的），所以 automobile 的本义就是“自己能动的”。知道了 auto 是“自己”，那么 automatic（自动的）、autograph（亲笔签名，即“自己”写）、autonomous（自治的）便可轻易解决。知道了 mobile 是“移动的”，mobile phone（移动电话）、mobilize（动员）、demobilize（复员）也就容易理解了。

坊间有各种单词记忆法，我只有片面耳闻，没资格评论。我这篇背英文单词的论述中规中矩，有当代语言学的根据，经历数百年来的反复验证，应该是个可长可久之计。

单有方法理论不足以成事，还必须反复练习，努力实践。发音准了，拼字留意了，词首、词尾、词根也有了充分的掌握，还必须花时间下苦功努力背诵，在不同的语境、不同的时间，跟单词多见面多接触，方能长记于心。

我这个过来人的心得，或可供大家参考。

17. 最长的英文单词

我上初中才学英文，一开始从字母学起，就这么 ABC 地一路念下去，背下去。有时同龄的邻居碰面，就会互考字母表，看谁背得对、背得顺、背得快。

那时听说，英文有个“美丽”的单词叫 beautiful，让十二三岁的我充满了想象。我的学习才起步，不知道怎么写，只知道英文单词要用字母来拼，于是我整天都在琢磨这个 beautiful，想要“参透”它的拼法，有一天终于琢磨出来了，心想八成是 butfo，因为如果把这 5 个字母连贯而快速地念下去，b-u-t-f-o 听起来就像是 beautiful。

有了这个“天才”的发现，我不免志得意满，沾沾自喜，还拿来跟邻居炫耀分享。他们也只是茫然地听着，无从评论起，只好伺机岔开话题，顾左右而言他，或者要我跟他们打弹珠，射橡皮筋。

直到后来，初中的英文课本终于出现了beautiful，我才豁然开朗，意识到自己当初对于拼字的天真。不过beautiful这9个字母的单词，放在a、in、not、have、black、school这些短小精练的基础词汇里，已经算是有点吓人的长了。单词里的eau拼法还特殊，也让我吃了好一阵子的苦头。这个美丽的beautiful启蒙了刚刚跨进青少年的我，让我对单词有了钻研的兴致，从此单词成了我英语学习上的强项。

年岁渐长，我对英文的接触面也逐渐加广，对英语的内涵也日益加深。本科在台大外文系就读期间，选修了美国老师柯悌穆（Tim Casey）的字源学（etymology）。后来赴美国读研，在伊利诺伊大学香槟校区（University of Illinois at Urbana-Champaign）的语言学博士班就读，师从拉迪斯拉夫·兹古斯塔（Ladislav Zgusta），于其门下专攻词典学（lexicography）。学成返台，任职于东吴大学英文系，开授英语构词法、英语词源学等相关课程。我在个人的学习、教学、研究的路上，累积了不少英语词汇的相关知识与见解，至今还是对此充满了热情。

我接触到的第一个真正的长单词是28个字母的antidisestablishmentarianism（反政教分离，在此简称为A词），是我在台大外文系读本科时自行钻研英文词汇时所识。这个词汇深具英国特色，意思是“反政教分离”，亦即“反对英国圣公会（Church of England）国教地位的废除”。这个A词的核心成分是establish（建立），指的是“建立英国圣公会的官方地位”，加上前缀dis（去除）的disestablish，意为“去除英国圣公会的官方地位；采取政教分离”，于其前再加anti（反对），构成的antidisestablish就是“反对采取政教分离；反政教分离”。A 词的后一半 mentarianism 看似费解，不过其实只是一串名词和形容词后缀的组合（ment + arian + ism），对语义并没有影响。

学生时代我兴致高昂钻研英文词汇，也注意到了另一个 27 个字母的长词 honorificabilitudinitatibus（不胜荣光，在此简称为 H 词）。H 词由 honor（荣耀）派生而来，是英国大文豪莎士比亚作品里最长的一个词。不过严格来讲，H 词是不是英文还有疑义，因为这本是拉丁文的词语，只是因为出现在莎翁的剧作《爱的徒劳》（*Love's Labour's Lost*）之中，因而经常被人引用、拿来讨论。

如果 28 个字母的 antidisestablishmentarianism（反政教分离）已经很长的话，那么这 27 个字母的 honorificabilitudinitatibus（不胜荣光），便可以理解为“很长 -1”，而下面 29 个字母的 floccinaucinihilipilification（轻蔑，在此简称为 F 词），就是“很长 +1”了。

这个表“轻蔑”的 F 词可拆解为 5 个成分，即意义导向的 4 个实词成分，后加功能导向的 1 个虚词成分。4 个实词成分皆为表“细碎虚无”的拉丁文词语：flocci（毛絮）、nauci（琐碎）、nihili（虚无）、pili（毛发），末尾再以虚词成分 fication（动词后缀 fy “化”的名词形态）结束。眼下的人事物既有实体也有重量，如果将之视为无足轻重的毛絮、毛发、琐碎、虚无，那么表现出来的态度，就是视之如粪土的轻蔑与鄙夷。

H 词 27 个字母，A 词 28 个字母，F 词 29 个字母，英文的长词已经到尽头了吗？别急，还早！ supercalifragilisticexpialidocious（棒极了的，在此简称为 S 词）有 34 个字母呢！这个 S 词的来源众说纷纭，迄今尚无定论，不过目前学界的共识是，这个 S 词是基于 super（超级棒）而造，后面冗长复杂的成分组合，或为天马行空之作，任何将之与希腊、拉丁词根联结的尝试，均无任何证据支持。1964 年迪斯尼出品了一部卖座大片《欢乐满人间》（*Mary Poppins*），S 词因出现于电影的歌名而一炮而红，从此广为世人所知。

惊人的 34 个字母，超级长的 S 词，长的让人喘不过气来，应该没有再长的英语单词了吧？且慢！还有个长词天霸王、长达 45 个字母的 pneumonoultramicroscopicsilicovolcanoconiosis（硅肺病，在此简称为 P 词）！

我的妈呀！ 45 个字母，看得眼睛都抽筋了，这是什么鬼东西？抱歉，这不是鬼东西，而是专业的医学词汇，指的是一种因吸入超细含硅火山灰而导致的肺部病变。P 词长归长，却可拆成 7 个主要的构词成分或独立单词：pneumono（肺）、ultra（超）、microscopic（小到要用显微镜“microscope”才看得到的）、silico（硅）、volcano（火山）、coni（灰）、osis（疾病）。

这么长的 P 词真的有人用吗？亦是亦非（yes and no）。事实上，这个 P 词是个为长而长的单词，同样的疾病，一般用 silicosis（硅肺）即可，没有医疗专业人士会使用 P 词。如果真有人使用这个超级长词，多半都是出于“形而上”的目的，也就是把它作为例子举出来讨论。

英语里的这 5 个长词，27 个字母的 H 词，28 个字母的 A 词、29 个字母的 F 词、34 个字母的 S 词、45 个字母的 P 词，多是超大型英语词典会收录的，比如贯穿古今、最大最全的 *OED*，以及专攻当代英语的 *ODO*。

除此之外，还有一个英语世界最长的地名，Llanfairpwllgwyngyllgogerychwyrndrobwllllantysiliogogogoch（兰韦尔普尔古因吉尔戈格里惠尔恩德罗布尔兰蒂西利奥戈戈戈赫），这个长词宛如英国童话《杰克与豌豆》（*Jack and the Beanstalk*）里能通天的豆茎（beanstalk）一般长。这是英国威尔士一个小村庄的名字，由 58 个字母组成（在威尔士语为 51 个字母，因为 ch 和 ll 是视为一个单位的“二合字母”，在此简称为 L 词），这个 L 词是个地理环境的叙述，大致的意思是“湍急漩涡附近白榛树林山谷中的圣玛利亚教堂和红岩洞附近的圣田西路教堂”。由于名字太长，反而成了观光胜地。在实际使用时，L 词一般都会缩写（如 Llanfair PG）。

严格来讲，L 词虽称不上是个英文单词，也不见收任何的英文语文词典，不过却也是长词爱好者的搜奇目标之一。

完了吗？还没！生物化学领域的肌联蛋白（titin）是最大的已知蛋白质，它英文的化学名称以 m 字母开头（简称为 M 词）、ine 结尾、总长 189819 个字母，这根本是天文数字！进入 M 词 *Wiki* 的条目，看到的是占满屏幕、黑压压一片、一页一页无穷无尽的字母。在恍惚中，我仿佛看到了电影《黑客帝国》（*The Matrix*）的计算机原始码，仿佛穿进了浩瀚无垠的宇宙。这已经完全超出了英语词汇的范畴。

18. 人肉搜索的英文怎么说？

作为一名英文教师，一个难以回避的问题，就是学生时不时都会问“老师，××× 的英文怎么说？”中翻英的问题特别棘手，学生感兴趣的，又大多是少有标准答案的文化特色词或热门流行语。这些词语的英译，要不从缺，要不毫无头绪，要不连各路专家都莫衷一是。对于学生这方面的提问，我们无从准备，无法照本宣科，每一次都是惊奇，每一次也都是挑战。

学生总认为老师无所不知，然而事实远非如此。在师生面对面的场合，当教室里众多的眼睛凝视着我们、渴望着我们嘴里能吐出标准答案之时，如果我们脑袋一片空白，支支吾吾甚至哑口无言，责在解惑的老师居然自己落得也跟学生一样茫然无知，那种颜面尽失的尴尬与难堪，对我们而言无疑是个沉重的打击。

清楚地记得 2017 年 9 月刚开学，一个硕士研究生在第一堂课就给我抛出一个问题，让我接得踉跄，接到手之后胆战心惊。

“老师，请问‘肉搜’的英文怎么说？”

台湾的“肉搜”就是大陆的“人肉”，是“人肉搜索”的简称。

这发生在东吴大学英文系硕士班的选修课《词典与翻译》，我给翻译方向的研究生讲授词典与工具书在翻译实践时的应用。我一进教室，开门见山就澄清几个观念，其中之一就是“No one is omniscient”（没有人是全知的）。我跟他们说，世界何其大，学问何其多，即使再天才、再博学的人，也不可能无所不知，因此掌握找答案的方法，比知道答案更关键，更具竞争力。

还好，他们已经先让我打了预防针，对标准答案的渴求相对免疫，不会对我有过高的期望，所以手上这个“肉搜”的烫手山芋才得以慢慢处理。关于“肉搜”，我没有答案，心里也没有任何线索，脑袋可以说是一片空白，只能深呼吸一口，见招拆招。

西谚有云，Actions speak louder than words（行动胜于空谈），在这个节骨眼上，我不能光说不练，我就借此让他们知道，老师并非尽知天下事，也常有不知道的时候。我打算以实际行动，带领同学一起走进寻找答案的迷宫。

“肉搜”我是知道的，但是英文该怎么说，当时还真是没个底，心里的忐忑，只有自己知晓，背脊上冒出的冷汗，也只有自己感觉得到。我启动教室里的电脑，登录上网，打开投影机，降下大屏幕，好让大家看明白，一个不知道答案的老师是怎么找答案的。

我上了谷歌，键入“肉搜”，搜索框自动向下延展，跳出相关的搭配，其中之一的“肉搜英文”吸引了我的目光。我本能地点进去，迅速跳出了相关的页面，置顶的是来自翻译软件“谷歌翻译”的答案“meat search”。这个逐字翻译的结果让人狐疑，或恐是机器自动生成，我觉得可信度欠佳，先置一旁，暂不理会。

往下看，看到了几条 cyber manhunt（网络搜捕）的建议，似乎比较合理，也可供参考，不过出现的网站权威性略显不足，不是个人脸书就是个人博客，而且与肉搜的内涵似乎有些差距，我也先搁一边，稍后再说。

再往下移动一些，*Wiki* 的“人肉搜索”就闪进眼帘。过去，《大英》独霸传统的知识界。近十余年来，*Wiki* 取而代之，成为网络时代的不二选择。柳暗花明，有来源可靠的网站，我心中窃喜。

“肉搜”是“人肉搜索”的简称，维基的词条内对人肉搜索的名词由来、发展简史、肉搜流程、法律问题、著名事例等，做了精简扼要的说明，让我们在短时间之内，对此就有了全面而深入的掌握。

Wiki 另一大亮点就是语言切换，这对翻译实践有着莫大的帮助。在“人肉搜索”这个词条的页面左下方，“其他语言”的区块罗列了众多的语言选择，“English”赫然在目。中翻英的答案，几乎只剩一键之遥，呼之欲出。

我毫不迟疑，点击“English”，页面立即切换到英文的“human flesh search engine”，词条正文第一行就开宗明义，以汉字、拼音为注，说这个英文词语就是中文的“人肉搜索”。这个词语在内文又作“human flesh search”，文中所述，全是人肉搜索的方方面面，且似乎偏重大陆的情况。

然而“human flesh search（engine）”的这个条目是“人肉搜索（引擎）”的直译，性质跟之前的 meat search 相仿，这样的逐字翻译还是启人疑窦，我的心又凉了半截。我往下续读几行，看到了 It is similar to the concept of doxing（它与 doxing 的概念类似），眼睛顿时为之一亮，声音也随之高亢了起来。更令人欣喜的是，doxing

这个词有个超链接，点进去之后，是个详述西方世界“肉搜”的英文词条。我难掩内心的激动，转身惊呼 Eureka（我找到了）！我这一叫，同学纷纷面面相觑。

为了双重确认，避免仰赖单一来源，我打开另一个网页，再利用当代英语权威的 *ODO* 求证。我在词典的搜索框键入 doxing，敲下回车键，屏幕出现了动词原形的 dox，定义如下：

> Search for and publish private or identifying information about（a particular individual）on the Internet, typically with malicious intent.【在互联网上搜索特定个人的私人资料或个人可识别信息并加以公开，通常是怀着不良的意图】。

没错，英文的 dox 就是中文的“肉搜”，有维基和牛津的双重保证，确认成功。

牛津在 dox 的词源里进一步解释，说这个 dox 由 docs 转写而成，docs 是 doc 的复数，而 doc 则是 document（文档）的截短形式，也就是说，追本溯源，dox 的本义就是“众多文档”。英文的“肉搜”，重在当事人的各种档案，中文的肉搜，强调的是方法手段（早期是仰赖人工搜索），殊途同归。

答案乍现，皆大欢喜。原来，“肉搜”不是中国的网络文化所特有，在英语世界也可能铺天盖地。肉搜的英文，地道的说法是 doxing（动词为 dox）。短短的 10 分钟，我摸着石头过河，试着解决问题，最终顺利达阵。同学跟着我一起探索，学到了方法也得到了答案，可谓双赢。

四、习俗篇

——并怡然自乐

1. Happy New Year 的幸运密码

送旧迎新。许多人已经习惯在跨年的倒数声中，迎来崭新的一年。Happy New Year！新年快乐!

曾几何时，我们讲的还是传统的“新年好”，而今已逐渐让位给洋味十足的“新年快乐”，“新年好”的踪迹似乎越来越难觅得。

这个“新年快乐”是个舶来品，应当是译自英文的 Happy New Year，其他类似的“××快乐”（如“生日快乐”），想必也是依循着类似的轨迹来到中文的。

大家或许有所不知，happy（快乐）是由 hap（运气；好运）加上形容词后缀 y 构成的，之所以重复一个 p，乃是此类的英文音节（短元音 + 单辅音）对拼字的要求。是故，happy 的原意就是“幸运的；运气好的”，一个人幸运，运气好，内心当然“快乐”。

从英文的“发生”（happen），我们也可以看到类似的思维。happen 与 happy 有关，也源自 hap（运气），因为在异教徒的眼里，“发生”就是“运气”的展现。这里多一个 p 的道理同上，也是基于发音拼字（短元音 + 单辅音）的要求，en 则是英文动词的后缀。

英文的“或许”（perhaps）也有运气的成分。前缀 per 的意思是 by（通过；凭借），haps 是 hap“运气”的复数。通过运气，凭借着运气，就是不确定但有机会，也就是“或许”。

从 hap（运气）派生出来的，还有两个略有深度的字眼，不过比较负面，都是我们想要极力避免的。其一是 hapless（不幸的），后缀 less 代表否定，为“没有”之意，没有运气就是不幸。另一个是 mishap（不幸事故），前缀 mis 意为“不好”，运气不好，厄运来临，就会导致不幸的事故。

每一年的新年伊始，且让我们彼此祝愿，这一年“运气”（hap）常伴，“快乐”（happy）相随，好事“或许”（perhaps）就会接连“发生”（happen）。“不幸事故”（mishap）少来为妙，因为没人想当“不幸的”（hapless）人！

2. 英文里的春节

春节是中国人和海外华人最重要的节日。对许多中国的邻国而言，春节也有着类似的地位。

“春节”的英文怎么说？Spring Festival！相信不少人都能脱口而出，因为英文课本里就有，从小背到大。然而，真实的情况未必如此单纯直接。

翻开复旦大学杰出教授陆谷孙先生主编的《中华汉英大词典》，我们查得“春节”有三个英文的对应，居首位的，就是大家认为的“标准答案”Spring Festival，此乃“春节”二字的直译。名列第二的是Lunar New Year，字面为“农历新年”之意，排名第三的是Chinese New Year，也就是“中国新年”。

一物多名是语言的常态，Spring Festival、Lunar New Year、Chinese New Year这三者大抵皆可，就像同一个春节，我们中文也可说农历新年、过年以及其他林林总总、不一而足的说法。

然而，问题就此结束了吗？当然不是。

还记得2010年年初，正值虎年春节之际，媒体报道了“春节”英文的争议。报道说，美国某些机构组织以“春节”的传统用语Chinese New Year来给当地的亚裔族群致上节日的问候，此举引来韩裔团体的激烈抗议。部分单位迫于压力索性改名，采用了貌似中性却冗长拗口的Asian Lunar New Year“亚裔农历新年”。

英文的 Chinese New Year 因为冠上了 Chinese，所以某些族裔对此特别敏感，能轻易挑起他们的民族情绪。我是个语言工作者，愿从语言的视角出发，比较客观地对此加以探讨，让证据说话。

春节源自中国，在全世界的华人社会和韩国、越南都是最重要的传统节日。春节的英文有不同的说法，若能登堂入室，收录于权威的英文词典之中，则意味着词语通过了专家的层层认证，地位已经稳固确立，有其象征性的重要意义。

英文的 *Wiki* 与陆谷孙的《中华汉英大词典》见解略有不同，*Wiki* 的“春节”只收 Chinese New Year 和 Spring Festival 二者，未收 Lunar New Year。由于 Lunar New Year 许多亚洲文化都有，*Wiki* 因此另列词条，附上“互见”（cross-reference）的超链接，让有兴趣的读者前往参照了解。

我遍查多本英美出版的大型权威词典，发现 Chinese New Year 的收录率最高，其次为中文直译的 Spring Festival，许多文化都有的 Lunar New Year 竟无一收录，这个结果与英文维基不谋而合。我估计，英文词典做出这样的判断，可能是英语世界认为目前的 Lunar New Year 还属于自由搭配（free collocation），与词汇化（lexicalization）完备、适合收录于词典的固定搭配（fixed collocation），仍有一段距离。

故事还没结束。在我查阅各家词典的过程当中，赫然发现“春节”的音译 Chunjie 居然获得一本权威英文词典的收录：

> **Chunjie**【春节】an annual Chinese festival marking the（lunar）Chinese New Year.It can last over three days and includes the exchange of gifts, firework displays, and dancing.Also called: Spring Festival.Former name: Yuandan.【标志着（阴历）中国新年的年度中国节日，可持续三天以上，期间要互赠礼品，有烟

花爆竹的施放，还有舞蹈的演出。又名Spring Festival。旧称Yuandan。】

在这本英国备受尊崇的柯林斯*CED*里，以汉语拼音转写的Chunjie享有完整定义和百科全书式的介绍，虽然内容我们不见得完全同意。各家英文词典收录率最高的Chinese New Year在这本词典缺席，没有单列词条，反而降格隐身为Chunjie定义的一部分。Spring Festival虽另立词条，却只落得“又名”（also called / another name）的陪衬角色。“春节”的旧称“元旦”少人知道，竟也以音译的形态Yuandan出现在词条里。*CED*对“春节”的处理独树一帜，性格鲜明，在我的心里留下了深刻的印象。

我上网通过谷歌搜索，发现Chinese New Year有高达2600万笔以上的网页数据，使用频率远远超过“春节”的其他英译：Spring Festival仅50万笔出头，Lunar New Year略多，但也不及60万笔。多年前喧腾一时的Asian Lunar New Year，只有微不足道的2万多笔，仅为Chinese New Year的千分之一，几可忽略不计。

春节的英文，英语世界明显偏好Chinese New Year，而不是我们英文课本的Spring Festival。其原因，可能是对英语人士而言，Chinese New Year浅显易懂，马上就能联想到中国的（Chinese）新年（New Year），而Spring Festival则否，它容易让人望文生义，脑里浮现的是不明所以的“春天节”。

单就数据来看，“春节”英文的首选是Chinese New Year，但也由于这种说法冠上了Chinese，引起了某些族裔的反感与排斥。然而在谷歌这个无与伦比的超大型语料库里，客观数据一翻两瞪眼，英美世界的权威词典也以其收录与否表态，在在都说明了不容辩驳的语言事实。

我们英文课本给“春节”提供的标准答案是 Spring Festival，虽然在数量上屈居劣势，但却有其重要的价值。Spring Festival 以直译的方式体现了咱们文化的主体性，同时又符合了英文内部的语言规律，兼顾了异化与归化，在中英双语间取得了一个良好的平衡。

至于 Lunar New Year 和 Chunjie，虽然都是“春节”的英文对应，但我们或应有所保留。前者 Lunar New Year 稍显笼统，也适用于其他的农历文化，除非我们说 Chinese Lunar New Year（中国农历新年），但此词语偏长，并不理想。后者 Chunjie 以音译的形态现身，是中国文化主体性的充分展现，不过放在英文的脉络里，异化较深，与英文的差异较大，目前英语人士的接受度偏低，其前景有待进一步观察。

一个春节，一些词语的思考。

3. 狗年说 dog

鸡年落幕，狗年登场。狗年的英文是 Year of the Dog，大家对于“狗”的英文殆无疑义，直截了当就是 dog。

横跨英语词汇千年史、英语世界最大最权威的 *OED*，在 dog 这个词条的第 11 个主要义项，以 25 个词叙述了生肖狗：

> In Chinese and East Asian astrology: (the name of) the eleventh sign of the zodiac.In later use also: a person born under this sign.【在中国和东亚的占星术中：第 11 个生肖（之名），后来也用于指称这个生肖的人。】

其他 11 个生肖的英文名，则未见 *OED* 如此高规格的处理，仅述明该动物的本义及其在西方文化脉络下的各种引申义。*OED* 独厚

dog，没对同一组的概念事物做平衡处理，是编辑无心的疏漏或有心的偏爱？还是有其词典学的专业考虑？以我对 *OED* 的了解，恐怕是疏漏、偏爱的成分多一些吧！

除了生肖狗的定义之外，*OED* 还收录了与之相关的 7 条书证，第 1 条出现于雍正元年（1723），第 2 条出现于道光二十三年（1843），第 3 条出现于光绪十五年（1889），第 4 条出现于民国二年（1913），另有 1988、2002、2006 年的书证各一条。其中 2002 年的一条颇有意思，引自《白痴版风水完全指南》第 2 版（*The Complete Idiot's Guide to Feng Shui, Second Edition*），恰好呼应了我"疏漏偏爱论"的合理怀疑：

> Famous Dogs: Sir Winston Churchill, Harry Houdini, Elvis Presley...Of all the signs in the Chinese zodiac, the dog is the most likeable.【著名的狗年生人：温斯顿·丘吉尔（二次大战时英国首相，译注），哈利·胡迪尼（匈裔美籍魔术师，译注），埃尔维斯·普雷斯利（美国摇滚歌手"猫王"，译注）……在所有的生肖中，狗最讨喜。】

综合看来，"生肖"的英译借用了西洋占星术的说法。作为一套系统，一个统称，英文可以说 Chinese zodiac（字面"中国的黄道 12 宫"），至于个别的生肖，就用 sign（原义"黄道 12 宫之一"）。

狗年前的"鸡年"，英文常说的是 Year of the Rooster。"鸡"的英文，除了雄赳赳气昂昂的 rooster（公鸡）之外，也有用统称的 chicken（鸡）的，但却没人用 hen（母鸡），可能因为形象不对，气势矮了一截。cock 虽也是公鸡，但却用得越来越少，因为 cock 亦为男性生殖器官的禁忌语，粗俗难听，用了不仅会让人窃笑，还容易引起误解。

再早几年的羊年，其英译还引发了各界的高度重视。中国羊年的羊究竟是什么羊？当时许多英文媒体都为此纠结不已，因为英文里的羊有很多种，常见的起码就有 sheep（绵羊）、goat（山羊）、和 ram（牡羊，即“成年的公绵羊”）。英文媒体下标题做报道，总要择一而用，因此有的直接用 sheep，有的直接用 goat，有的直接用 ram。

当年的“羊年事件”轰动一时，部分英文媒体发挥科学精神，找了各种专家，做了不同的研究，追根究底也无法得出一个具体的结论。美国有线电视新闻网（CNN）进行了调查报道，就下了这样一个充满疑惑的标题：Is it the Year of the Sheep, Goat or Ram?（这究竟是绵羊年、山羊年、还是牡羊年？）。

12 生肖和生肖年的英译，我综合各家的说法，采较常见者胪列如下，仅供参考，有不同译法者从略：

鼠／鼠年生人 Rat，鼠年 Year of the Rat
牛／牛年生人 Ox，牛年 Year of the Ox
虎／虎年生人 Tiger，虎年 Year of the Tiger
兔／兔年生人 Rabbit，兔年 Year of the Rabbit
龙／龙年生人 Dragon，龙年 Year of the Dragon
蛇／蛇年生人 Snake，蛇年 Year of the Snake
马／马年生人 Horse，马年 Year of the Horse
羊／羊年生人 Goat，羊年 Year of the Goat
猴／猴年生人 Monkey，猴年 Year of the Monkey
鸡／鸡年生人 Rooster，鸡年 Year of the Rooster
狗／狗年生人 Dog，狗年 Year of the Dog

猪／猪年生人 Pig，猪年 Year of the Pig

讲到生肖，就难以回避“本命年”。本命年是中国文化特有的概念，是个文化特色词，英文里没有这种元素和说法。不过如前所述，中国生肖系统的英译 Chinese zodiac 借用了西洋占星术的 zodiac（星座图），个别生肖的英译 sign 借用了西洋占星术的 sign（星座），如果顺着这个精神与做法，那么“本命年”或可译为 zodiac year（生肖年），若是不够清楚，甚至可在前面加个 Chinese，以 Chinese zodiac year（中国生肖年）行之。

生肖的概念受到西方世界的关注，欧美人士也会想知道自己的生肖，谈论自己的生肖。从语音切入，把文化特色词加以音译，成为英文的新词语，这是跨文化词汇翻译的常态，有许多前例可循。若是相关概念受到西方更进一步的喜爱，甚至追捧，那么将来以汉语拼音转写的 sheng xiao（生肖）和 ben ming nian（本命年）进入英文，就是件再自然不过的事了，我们无须觉得奇怪。

英文里与狗（dog）相关的词语值得一提。

dog 是通称，公母皆可，但若要较真，dog 是公狗，母狗是 bitch。英文里的动物是有潜在的性别的，而我们常以其中的一个性别来做通称。相关的例子有许许多多，兹举二例：horse 是马也是公马，母马是 mare。duck 是鸭也是母鸭，公鸭是 drake。

dog 可以用来描述人，一般带有负面色彩，给人的感觉是让人讨厌、可怜兮兮，如：lazy dog（懒虫）、worthless dog（废物）、dirty dog（脏鬼）。dog 若用来描述女人，则是具有冒犯意味的“丑八怪”，如 She’s a real dog.（她是个丑八怪）。在戏谑调侃的语气中，dog 也可以用来表达怜悯或祝贺之意，如 dull dog（无趣的家伙）、You lucky dog!（你真是个幸运儿！）。

dog 可以用来描述事物，指的是质量差劲的烂货，如：a dog of a movie（大烂片）、a dog of a bill（鬼法案）。

dog 也是 hot dog（热狗）的简称，如：Would you like another dog?（你想再来个热狗吗？）。

dog 可做动词，有尾随、纠缠、困扰之意，如：He dogged her every move.（他对她步步紧跟）、Reporters kept dogging her for information.（记者不断纠缠，想从她那里获取信息）、an athlete dogged by injuries（受到伤病困扰的运动员）。

dog 衍生出许多常见的词语和习语，我整理条列如下，以此作为总结：

a dog's breakfast 一团糟

a dog's life 艰苦的日子

（as）sick as a dog 病得很厉害

dog and pony show 盛大而花哨的活动

dog days 三伏天（酷暑期间）

dog-eared（书页）有折角的

dog-eat-dog 竞争残酷的

dogged 顽强的

doggie 狗狗

doggie bag（剩菜）打包袋

dog-paddle 狗爬式（游泳）

dogsled 狗拉雪橇

dog tag 军人身份识别牌

dog-tired 筋疲力尽的

every dog has its day 人人皆有得意时

go to the dogs 衰败

let sleeping dogs lie 不惹是生非

put on the dog 摆阔

You can't teach an old dog new tricks. 老狗学不了新把戏

4. 红包有五种说法

中文“红包”的英文居然有 5 种说法获得权威的认证，在词典泰斗登录有案，你相信吗？

2016 年，世界权威的 *OED* 一下子增收了三个红包的英文。连同原本就收录的 2 个，中文的红包一词就有 5 个英文翻译获录 *OED*，荣登这座英文词汇的至尊宝殿。

英文词汇广纳世界诸语言，数量惊人，为全球之最，不过在屈指可数的中文借词中，单单红包就占了 5 席，令人诧异。

传统上，红包多逐字翻成 red packet（红色小包）或 red envelope（红色信封），此二者均早已收录于 *OED*。*OED* 的书证显示，red packet 在 1890 年首度出现，有完整的词源和定义，至今还在使用。而 red envelope 略晚，首度出现于 1923 年，仅被标注为“= red packet”，至今也还在通行。

一物多名乃语言常态，一个红包有 2 个英文受到 *OED* 的肯定已属不易，想不到 2016 年又暴增了 3 个：ang pow、hongbao、lucky money。

OED 在 1989 年出版完第 2 版的 20 大册之后，就逐渐迈向电子化，目前是以数据库的形式挂在网上，定期更新，有偿使用，非订户无法查阅。

OED 在 2016 年 12 月公布了最新一次的修订，收录了红包的闽

南语音译 ang pow 和国语音译 hongbao，加上同年 3 月修订公布的 lucky money（幸运之钱），一年之内就增收了 3 个红包的英文，意义非比寻常。

ang pow 和 hongbao 这两个英文的新词跌破了许多人的眼镜，特别值得一提。传统的 red packet 和 red envelope 所采取的翻译策略偏向归化，也就是向英文靠拢，在英文里打转，手段相对温和保守。新加入的 ang pow 和 hongbao 全以音译呈现，采取的翻译策略是异化，也就是远离英文的常轨。在 ang pow 和 hongbao 这组例子中，异化策略虽然极大限度地保留了中文的原汁原味，但是“不像英文”的特质会让绝大多数的英文使用者一头雾水。

虽说如此，然而 *OED* 也罗列了 ang pow 和 hongbao 历年的众多书证，让证据说话。闽南语音译的 ang pow 和普通话音译的 hongbao 确实有许多英文人士在用，使用的情况经久不衰，ang pow 的首条书证甚至早至 1926 年。

OED 表明，闽南语的 ang pow 会进到英文，不是来自中国大陆，也不是来自中国台湾，而是来自以英文为第一官方语言的新加坡。新加坡的华人比例极高，许多华人都讲福建话（Hokkien，即闽南语），闽南语和英文的碰撞产生了这个 ang pow。

至于红包的另一个英文 lucky money，*OED* 推测，此乃意译自广东话的“利是”，通过香港的英文而为世界所知。事实上，利是的音译 lai see 在香港英文里也广为流行，或许 *OED* 已在密切观察，考虑近期将之收录，成为红包的第 6 个英文。

一个中文的红包 *OED* 居然收录了 5 个英文，红包的魅力究竟何在？令人好奇。音译的力量在此也得到了展现。

5. 元宵节说元宵

“元宵”有双重含义，其一为元宵节的简称，其二为球形的糯米制品，常作为元宵节的特别食品。

作为节日的元宵，英译已约定俗成，长久以来多作 Lantern Festival（字面“灯笼节”）。食物的元宵，英文怎么说？答案很简单，直接音译，依汉语拼音转写为 yuanxiao。不久前，我手机才安装了一个《新世纪英汉汉英大词典》的 APP，打开来测试一下，就是这个答案。

英语世界最大、最全、最受尊崇的词典是 *OED*，它大约收录了 300 个直接源自中文的词汇，其中也包含了食物元宵的音译 yuan hsiao。此 yuan hsiao 乃传统的威妥玛拼音，1986 年始为 *OED* 所收，30 余年来未曾增减一词，倘若日后修订，则毫无疑问地，必将以新式的汉语拼音改为 yuanxiao。

根据 *OED* 的定义，yuan hsiao 是“（阴历正月十五）中国元宵节所食之一种糯米汤团甜品”【a sweet rice-flour dumpling made for the Chinese Lantern Festival（15 January in the lunar calendar）】。*OED* 收录了 3 条书证，最早的一条时间落在 1956 年，出自赵元任夫人杨步伟所写的英文书《中国食谱》（*How to Cook and Eat in Chinese*），讲的是做元宵用什么材料、加多少分量的分步做法：

> Orange soup with yüan-hsiao...Knead the glutinous rice flour with 1/ 2 cup hot water.Then make into globules of about 3/ 8 inch in diameter.These are the yüan-hsiao.【橙汁元宵……糯米粉加二分之一杯的热水揉捏，再做成直径约八分之三英寸（约一厘米，

译注）的多个小团，这就是元宵】。

阅读这个食谱时，我心中的困惑油然而生。橙汁元宵，这种未曾听闻的搭配，不晓得是哪里的特色？杨步伟是南京人，赵元任是常州人，难不成这是当时他们记忆中的江南做法？还是他们到美国之后自己的创意？抑或是中间出了什么差错？这我们就不得而知了。此外，直径一厘米不带馅的糯米小团，只有成人指甲盖的大小，似乎与我们心中典型的元宵有明显的不同，这会不会是江南的“小圆子”？

对元宵食谱的疑惑，我暂时无解，只能留待专家考证释疑。

话说回来，这本 *How to Cook and Eat in Chinese*，名义上虽为杨步伟所作，不过一般相信，背后有很大一部分实乃赵元任代笔。英文的《中国食谱》举足轻重，影响广泛，受到美国知名的美食记者与烹饪史学家安妮·门德尔松（Anne Mendelson）的高度评价，称其为“第一本真正有深刻见解、以英文撰写的中国菜谱”（the first truly insightful English-language Chinese cookbook）。英文里有几个常见的中餐烹饪词汇，如 stir-fry（炒）、pot sticker（锅贴）、red-cooking（红烧），据闻皆为赵元任所翻译，也都首见于此书，其影响力可见一斑。

据传统习俗，元宵节吃汤圆，所以汤圆又称元宵，大型权威的《辞海》《汉语大词典》也说，元宵是汤圆的别名。我在英文的 *Wiki* 搜索 yuanxiao（元宵），敲下回车键，页面却跳转到 tangyuan（汤圆）。看来，元宵和汤圆似乎真的难分彼此。

汤圆和元宵的关系是有点复杂，有人认为是同物异名，也有人认为有所不同。认为彼此不同者，其看法大致是，传统上制作元宵时，是把素的固体甜馅料放在铺有糯米粉的竹篮上，再用双手摇晃，使糯米粉均匀黏在馅上，如此重复数次而滚成圆球。汤圆的做法、口味都不同，馅料有荤有素，先把糯米粉加水和成面团，再像包饺子一样将馅包入揉圆，也有无馅的汤圆。

在我的家乡台湾，汤圆为冬至的应景食品，也常在婚宴、团聚的场合现身餐桌，取其“团圆”的谐音。元宵则为元宵节所吃食品。

汤圆和元宵的纠葛，我们姑且放在一旁。大陆有些地方，元宵节吃的就叫汤圆。汤圆的英文，英语世界没有已出版的词典收录，不过网上的英文《维基词典》（*Wiktionary*）则以拼音的 tangyuan 加以收录。

元宵、汤圆都是文化特色词，英文里找不到现成的对应，只能加以解释，然而解释并不是翻译。词汇翻译强调精简，因此在不可译之时诉诸语音，是个常见的做法，放诸四海皆准。

6. 端午节，粽子飘香

端午节是中国传统节日之一，曾经有学者主张把“端午节”译为音义结合的 Duanwu Festival。英文的 *Wiki* 一度也以 Duanwu Festival 作为词目（headword），后被并入行之有年的 Dragon Boat Festival（字面意为“龙舟节”）。

世界最大、最权威的英文词典 *OED* 收录了“端午节”的英文 Dragon Boat Festival，定义如下：

> The dragon boat festival, believed to have been celebrated for over 2,000 years, takes place on the fifth day of the fifth lunar month of the Chinese calendar throughout China and in Chinese communities worldwide.It commemorates the death of Qu Yuan

(c340–278 B.C.), China's first known poet, who drowned himself when his home state of Chu was overthrown; the dragon boat races traditionally represent the search for his body.【端午节在农历五月初五，一般相信已有2000多年的历史，中国各地和全球的华人社区均有庆祝。这个节日纪念的是中国首位已知的诗人屈原（约公元前340—278年），他因故土楚国灭亡而投江自尽。传统上，龙舟竞渡代表的是搜寻他的遗体】。

美国最大、地位最崇高的英文词典韦氏*W3*也收录了Dragon Boat Festival，不过定义却精简、模糊了许多：

> A Chinese festival held just before the summer solstice that has as its chief event a race among long narrow boats resembling dragons.【夏至前的一个中国的节日，主要活动是划着像龙的长形窄船竞速】。

传统的英译Dragon Boat Festival行之有年，大家早已习惯，牛津*OED*、韦氏*W3*这两部执英文词典牛耳的权威巨著也都收录。而Duanwu或Duanwu Festival的新译虽也有不少的使用证据，不过目前仍属绝对少数。中国的整体国力日渐强盛，音译这种展现文化自信与影响力的直接翻译，也似有逐渐增多的趋势。将来会如何发展，且让我们拭目以待。

端午节吃粽子。现在粽子一年四季都有，不过端午节一到，这应景的节日美食随之浮上台面，成为众所关注的焦点。讲到英文，"粽子"该怎么说？

多年前我为此查阅了权威的汉英词典，看到的是一长串的描述，我现在还能倒背如流：pyramid-shaped dumpling made of glutinous rice wrapped in bamboo or reed leaves（糯米做的角锥形团子，以竹叶或芦苇叶包裹）。这样的英文是解释，不是翻译，无法满足翻译时语言转换的需求。

我们用英文介绍粽子时，首先得推出一个精简的对应词（equivalent），讲究的是可作语篇插入（text-insertable）。讲得白话一点，就是粽子的这个英文，必须是个现成的替代品，能马上派上用场。翻译不同于解释，解释只能当后卫，不能打前锋，翻译冲在前面，进一步说明时才轮得到解释。

那么，粽子的英文，到底是什么呢？

其一，zongzi。这是粽子的音译，当今国际上重量级的英文媒体，如美国的有线电视新闻网（*CNN*）和《纽约时报》（*The New York Times*），也都用 zongzi 来介绍粽子，不过主流英语世界出版的词典，至今仍未收录。

虽然如此，英文的 *Wiki* 就收了 zongzi，词条里图文并茂。2017 年 *OED* 的第 1 季更新，在 sticky rice（糯米）这个词条底下，引用了知名华裔美籍作家谭恩美（Amy Tan）1989 年的名作《喜福会》（*The Joy Luck Club*），里头就出现了分开写的 zong zi：“编织筐里装满了粽子——荷叶包裹的糯米”（a woven hamper filled with zong zi—the sticky rice wrapped in lotus leaves）。此外，知名的在线英文词典《词人》（*Wordnik*）也收录了 zongzi，并附上了 10 条例句作为佐证。

其二，rice dumpling（米团）。这是粽子的意译，虽然笼统含糊，倒也成为许多人用英文介绍粽子的首选，且是英文 *Wiki* 推荐的 zongzi 替代说法之一。rice dumpling 的两个词都是基础的英文，浅显易懂，不过单看英文，如何与珍珠丸子区分？

其三，sticky rice dumpling（糯米团）或 glutinous rice dumpling（糯

米团）。与上述的粽子英译 rice dumpling（米团）相较，此二者略为讲究，说明了米的种类：sticky rice 和 glutinous rice 都是糯米，惟前者重在“黏”（sticky）的特性，后者强调“胶”（glue）的本质。虽也是英文 *Wiki* 推荐的替代说法，不过却有着和 rice dumpling 类似的问题：粽子如此意译，与元宵、汤圆、麻糬的传统的英译雷同，彼此何以区分？

其四，Chinese tamale（中式墨西哥粽）。墨西哥菜广受美国人欢迎，有一道 tamale（墨西哥粽，或译“塔马利”），是以玉米叶或香蕉叶包裹，内为带馅调味的玉米粉，蒸而食之，乍看之下颇像我们的粽子。介绍中国的粽子却通过墨西哥菜，而且 tamale 的地域性比较强，出了美国知名度便骤降。

其五，traditional Chinese rice pudding（传统中式米布丁）。英语世界的米布丁（rice pudding）是一种完全不同的甜品，加奶、加糖，甚至加香料，即使冠上 traditional Chinese（传统中式），也很难让人联想到粽子。另外，台湾、闽南有种“碗粿”的米食小吃，是将大米制成的粉与开水搅拌均匀，加入馅料装在碗里，再将这些碗放进锅里蒸制而成。碗粿也有人这样英译，单看英文，难辨彼此，且此译偏长。

语言难有标准答案，这些粽子的英文也都各有拥护者。一物多名是语言的常态，粽子的英文也是，不足为奇。但如果只想挑一个用，我建议粽子的英文就用汉语拼音转写而成的 zongzi。

粽子极具文化特色，文化特色词的翻译多以音译为之，放诸四海皆准，如中国的馄饨（wonton）、日本的的寿司（sushi）、韩国的泡菜（kimchi）都是。这音译的做法极为常见，例子俯拾即是，无须列举。当然，粽子的英文除了 zongzi 之外，还可用 rice dumpling（米团）、sticky/glutinous rice dumpling（糯米团）、Chinese tamale

（中式墨西哥粽）来做补充说明，加速理解，以免初见者不懂，或与 zongzi 交替使用，避免重复。

关于端午节和粽子的英文，大家以为如何？

7. 中秋节，月亮节，月饼节

中秋节的英文怎么说？ Mid-Autumn Festival！相信许多学过英文的朋友都能不假思索就脱口而出，毕竟这是我们课本里的标准答案，而且英文又紧贴着中文的词序（中 “mid” + 秋 “autumn” + 节 “festival”），背过之后就不容易忘掉。

是的，中秋节的英文可以是 Mid-Autumn Festival，不过在英语世界里，Moon Festival（月亮节）似乎用得更为普遍。世界最大、最权威的英文词典 *OED* 收录了 Moon Festival，却没有收录我们认为理所当然的标准答案 Mid-Autumn Festival，*OED* 对中秋节的定义如下，中译为我所做，本文他处亦同：

> **Moon Festival**（in China and Chinese communities elsewhere）a festival celebrated in mid-autumn on the fifteenth night of the eighth moon of the Chinese year, originally a family gathering after completion of the harvest.【**中秋节**（在中国及其他地方的华人社区）一个在农历八月十五晚上仲秋时分庆祝的节日，原本是庄稼收成后的家族聚会】。

OED 收录了一条书证，讲的是杭州西湖的三潭印月，摘自美国百余年的知名杂志《大西洋》（*The Atlantic*）：Candles are placed inside three pagodas on the main lake for the Moon Festival.【中秋节时，

主湖上的三个塔里放有蜡烛】。

牛津另一部现代英语权威的 *ODO* 同样收录了 Moon Festival，却也不见 Mid-Autumn Festival。这个情况，在以英语学习者为诉求、中型的牛津高阶 *OALD* 里，也是如此。

唯一收录 Mid-Autumn Festival 的英文词典，据我所知只有柯林斯 *CED*。它同时收录了 Mid-Autumn Festival 和 Moon Festival，不过 Moon Festival 只是个“参见”（cross-reference），要读者前去 Mid-Autumn Festival 以获取更多的信息，而 Mid-Autumn Festival 才是个有完整定义的词条：

> **Mid-Autumn Festival** a Chinese festival that is held to celebrate the end of the summer harvest, when the crops have been gathered.
> 【**中秋节** 庄稼收割后，庆祝夏收结束的一个中国节日】。

由西方世界观之，中秋节的英文以 Moon Festival 最为常见，焦点在月亮，许多牛津家族的大小词典均有收录。国人的标准答案 Mid-Autumn Festival 也行，侧重的是时节，不过收录的词典要少得多，仅见于 *CED*。

过中秋，月饼是必不可少的节庆美食。月饼的英文就是由中文直译的 mooncake（或拼作 moon cake、moon-cake），许多英文词典均有收录，并清楚交代了这个中文的源头。兹举美国的 *AHD* 为例：

> **mooncake** a small dense pastry filled with bean paste, ground lotus seeds, or other ingredients, traditionally eaten during the Chinese moon festival. [Translation of Mandarin *yuèbǐng*（*yuè*, moon+*bǐng*, flatbread, cake）and its equivalents in other varieties of

Chinese.]【月饼　一种小而紧实的糕点，有馅，包豆沙、莲蓉或其他成分，传统上在中国的中秋节前后食用。［译自普通话及其他汉语方言的“月饼”］】

月饼的馅（filling）花样繁多，令人眼花缭乱，不过常见的几种及其英译，我综合各家，归纳建议如下：

豆沙 bean paste
莲蓉 lotus seed paste（或 ground lotus seeds）
枣泥 jujube paste
五仁 five kernel（或 five smashed nuts）
蛋黄 yolk（或 egg yolk）
豆沙蛋黄 yolk and bean paste（或 bean paste with yolk）
莲蓉蛋黄 yolk and lotus seed paste（或 lotus seed paste with yolk）
枣泥蛋黄 yolk and jujube paste（jujube paste with yolk）
五仁蛋黄 yolk and five kernel（five kernel with yolk）
鲜肉 minced pork

月饼馅多是甜的（sweet），如豆沙、莲蓉、枣泥，也有咸的（savory，或拼为 savoury），如上海的鲜肉月饼，吃起来的感觉就像是酥皮肉包子。蛋黄月饼一般只有一个蛋黄（a yolk），不过也有双黄（two yolks 或 double yolk）的，甚至还有胆固醇可能爆表的四黄（four yolks 或 quadruple yolk），令人咂舌。

月饼是深具中国特色的美食，英文翻译难有定论，经常因人而异。对外，我建议先以汉语拼音转写，再适度地逐字翻译。以“双黄莲蓉月饼”为例，可先转写为 shuanghuang lianrong yuebing，既彰显了文化主体性，也能精确传达信息，减少因英文字词接近而产生的误读误解。音译之后，再附上意译，如 double yolk and lotus seed paste mooncake。当然，如上下文清楚，月饼的 mooncake 在此可以省略，double yolk and lotus seed paste 就可代表双黄莲蓉月饼，如“I' d like a double yolk and lotus seed paste”（我想要个双黄莲蓉）。

常有人把五仁翻成 five kernel，文法似有问题（kernel 为可属名词，复数却没加 s），不过这个业界似已约定俗成。若要说“我不喜欢五仁的”，英文不妨说“I hate five kernel”。

月饼的饼皮英文说 crust，最常见的是广式（Cantonese-style）月饼的浆皮，口感软绵（chewy）。另外，苏式（Suzhou-style）月饼的酥皮也比较有特色，口感酥松（flaky）。

当然，中秋节不只有吃月饼（eating mooncakes），赏月也是重头戏。赏月的英文有不同的表达，可用 enjoy the moon、admire the moon、watch the moon，倘若要特别强调赏的是“满月”，可以在 moon 之前加个 full：enjoy the full moon、admire the full moon、watch the full moon。

中秋节这一天月亮满圆，象征团圆，也是家庭团圆（family reunion）的日子。天涯共此时，千里共婵娟。

8. 赏英文里的月

“中秋节”的传统英译 Mid-Autumn Festival 并不是唯一的标准答案，英语世界更习惯称之为 Moon Festival（月亮节）。

月饼，这项中秋节的应景美食，也以直译的 mooncake 进入了许多英语词典，更凸显了单词 moon 在英语人士心中的重要地位。

moon 是绕着地球运转的“月球”，也可以是绕着其他行星运转的“卫星”（satellite）。月球绕行地球一周费时约 28 天，即阴历一个月，所以 moon 在某些时候，特别是在文学的语言或幽默的场合里，也可以指 month（月），如 four moons ago（四个月以前），甚至可由一个月引申为很长的时间，如 many moons ago（很久很久以前）。

而 month，就是由 moon 演变而来。怎么说呢？ mon 是 moon 的异体，词尾的 th 是名词后缀（例子众多，如 grow → growth、wide → width），一个月的长度，是计算“月相”（月亮的阴晴圆缺）的周期而得的，故名。

moon 的这个异体 mon，也出现在 Monday（星期一）里。Monday 的本义为 moon's day（月亮日），译自拉丁文的 lunae dies（day of the moon“月亮之日”），这就是中国古代与当今日本的“月曜日”。

回到 moon 本身。由于地球大气层的烟雾或尘埃粒子之故，观月时若月亮呈现罕见的蓝色，谓之“蓝月”（blue moon）。因其罕见，英文的短语 once in a blue moon（字面“碰到一次蓝月才有一次”）就有了“难得一次”之意。英文的蓝月还有另一个常见的意思，虽然这其实是源自对美国“农民历”（Farmers' Almanac）的误解：一个“日历月”（calendar month）若有两次阴历十五，出现了两个满月，该月的第二个满月就称为蓝月。

moon 还有几个短语，值得我们了解学习。月亮远在天边，看得到却够不着，所以 to ask for the moon（字面“要月亮”）就意味着“幻想得到无法得到的东西”。如果连无法得到的月亮都纳入袋中，能在天边的月亮上跳跃，那简直就是让人“乐坏了”，to be over the moon（字面“在月亮上”）。

moon 也有动词的意思。其一，moon 可指躬身脱裤子“亮屁股”，用以侮辱他人或开玩笑，源自圆圆的屁股就像满月。其二，月亮是许多人渴望之物，看得到却永远够不着，所以 to moon over... 就有了“痴迷于……”的意思。其三，古时西方认为，月亮有种神秘的力量，会让人变傻变疯，因此 to moon around 或 to moon about 也就意味着疯疯傻傻四处活动，亦即“无精打采地瞎混”或“漫无目的地闲逛”。

moon 的几个复合词也挺有意思的。moonlight 是“月光”，做动词时却有“兼职”意思，可能是因为白天下班以后，晚上顶着月光偷偷工作，不想被相关部门知道进而课税。

moonshine 也是“月光”，不过现在这个意思多半出现在诗歌里。moonshine 在美国英语里指的是“私酿酒”或“走私酒”，因为这种勾当多半是趁着夜晚就着“月光”进行的。moonshine 在英国英语有“蠢话”或“不切实际的想法”的意思，因为水中的月亮是倒影，水中捞月不仅愚蠢，而且不切实际。

moonstruck 字面是“被月光打到的”，现在转而意为“疯疯癫癫的”或“被爱冲昏头脑的”。如同 moon around/about 的原因一样，中古时期西方人迷信，认为月亮能够左右人的心智状态，人之所以精神失常，不按常理出牌，都是月亮惹的祸。

英文的“月”是 month，拉丁文的“月”是 mensis，此二者看似无关，但其核心词根 mon 和 men，皆来自原始印欧语（Proto-Indo-European）的共同祖先，都有“测量”的意思（单词 measure“测量”的祖先亦同），月之所以和测量有关，实乃因远古的先民是以月相来测量时间长短的。

拉丁文的“月”是 mensis，其复数 menses 用作英语单词，指的是女性周而复始、月月轮回的“月经”。此 menses 为医学用语，一般用 period（字面“周期”“期间”）即可。相关的医学词语还包括 menstrual（月经的）、menstrual pain（痛经）、menstrual cycle（月经周期）、menstruate（行经 / 月经来潮，作动词）、menstruation（行

经 / 月经来潮，作名词）、menopause（绝经，即女性更年期）。

拉丁文的月亮是 luna，源自罗马神话的月神 Luna，由此也派生出了相关的词语说法。lunar（月亮的）是其一，如 lunar eclipse（月食）、lunar calendar（阴历）、lunar month（朔望月）、lunar module（登月舱）等。lunatic（疯狂的）是其二，这个单词背后的文化脉络同上述的 moonstruck，不再赘言；lunatic 也可转作名词，意为“疯子”；lunacy 是抽象名词，即“疯狂”；loony 为 lunatic 的变体，形容词“疯狂的”和名词“疯子”二者兼具。

希腊文的月亮是 selene，源自希腊神话的月神 Selene，由此派生的词汇比较专业，如 selenography（月面学），也就是测绘月球表面的月球地理学（lunar geography），以及 selenology（月质学），也就是研究月球地质（geology of the moon）的月球科学（lunar science）。

从浪漫的 Moon Festival 讲到疯狂的 lunatic，从美味的 moon cake 讲到干涩的 selenology，我这个弯转得有点大，赶紧就此打住，以免坏了大家的兴致，成了节日、美食的破坏者。

9. 从清明节的英文谈起

清明节的英文，许多人都翻成 Tomb Sweeping Day（扫墓节），然而这个能彰显节日内涵特色的词语，并未收录于英美出版的权威英文词典。

是否收录于英美出版的权威英文词典，在汉英翻译的研究上，是个极具参考价值的评判标准。中文的词语翻成英文，常会有各种不同的译法，这些译法各有其拥护者。然而若能登堂入室，获纳英美的权威词典，意味着这些英译的词语更进一步，通过了专家层层的考核认证，地位在核心的英语世界已经稳固确立，有其象征性的重要意义。

美国最大、最权威的英文词典是韦氏 *W3*，这部重量级的巨著以 Ch'ing Ming（清明）的形式收录了清明节，此乃传统的威妥玛拼音。该条目的词源载明，这个词语来自（北京话）中文的“清明”，字面义为“清且明”【Chinese（Pekingese）ch'ing$_1$ ming$_2$, literally, clear and bright】。

W3 接着给清明节下了定义，言其为“中国的一个春天的节日，是时要整理坟墓，还要给亡者献上特别的祭品”（a spring festival in China when graves are put in order and special offerings are made to the dead）。*W3* 是语文词典，不是百科全书，对清明节的处理精简到位，已属难得。这部词典已有多年没有修订，收录的 Ch'ing Ming 是个旧拼法，放在今日的大环境底下，以汉语拼音的 Qing Ming（或 Qingming）转写，顺理成章。

中国主要的传统节日，有春节、端午、中秋“三大节”之说，以春节为首。春节常见的英译有三。其一为英语世界最常用、收录词典最多的 Chinese New Year（中国新年）。New Year（新年）为既有的英文单词，冠上 Chinese（中国的）加以修饰，浅显易懂，或许因此最为普及。其二为逐字翻译的 Spring Festival（春节），这也是国人对此的标准答案。虽然 Spring Festival 一样收录于权威词典，不过收录的词典较少，英语世界的使用率也较低，可能因其语义模糊，容易让人误解，以为是 *W3*“清明节”定义里小写的 spring festival（春天的节日），或是其他文化的节日。其三为 Chunjie（春节），这个汉语拼音的“春节”仅见于英国的柯林斯 *CED*，是个令人惊喜的孤例。Lunar New Year（农历新年）颇为常用，却不见收于任何词典，让人诧异。

元宵节是广义春节的终曲乐章，节日以灯笼或花灯为主角，因此元宵节的英文一般都译为 Lantern Festival（灯笼节）。然而此 Lantern Festival 只出现于在线牛津词典 *ODO*，指的却不是中国的元宵节，而是日本的“盂兰盆会”（相当于“中元节”的日本佛教节日）。由于二者存在着混淆的可能，也可能与其他文化的 Lantern Festival 难分彼此，因而现行常见的做法是，日本的节日常改用源自日文的 Bon（盆）或 O-Bon（御盆），中国的节日或强势维持现状的 Lantern Festival，或冠上 Chinese，以 Chinese Lantern Festival（中国灯笼节）行诸英语世界。这个 Chinese Lantern Festival 间接收录在世界最权威的 *OED*，是食品 yuan hsiao（元宵，威妥玛拼音）的定义组成部分：“为（农历正月十五）元宵节而做的一种糯米汤团甜品”【A sweet rice-flour dumpling made for the Chinese Lantern Festival（15 January in the lunar calendar）】。

三大节之二是端午节。端午节的英文以 Dragon Boat Festival（龙舟节）行之有年，*W3* 收录在案，其他几部大型词典虽无直接收录，但也借着 dragon boat（龙舟）的形式，或在定义、或在例证、或在常见搭配，间接带出 Dragon Boat Festival 这个词语。有人建议半音译半意译的 Duanwu Festival，唯不见诸词典。

三大节之三是中秋节。中秋节的英文以 Moon Festival（月亮节）最为常见，以 *OED* 为首的许多牛津家族大小词典，均收录了这个 Moon Festival。国人的标准答案 Mid-Autumn Festival（中秋节）也行，不过收录的词典要少得多，仅见于柯林斯 *CED*。*OED* 也能找到 Mid-Autumn Festival 的踪迹，但此说法却隐藏在 fullness（满）这个条目讲中秋赏月的书证中，很难察觉。

英美出版的权威英文词典所收录的中国传统节日，有音译的，如清明节（Qing Ming）、春节（Chunjie）。有逐字翻译“借译”的，如春节（Spring Festival）、中秋节（Mid-Autumn Festival）。有取其特色意译的，如端午节（Dragon Boat Festival）、中秋节（Moon Festival）、元宵节（Lantern Festival）。有在既有节日冠上 Chinese 的，如春节（Chinese New Year）、元宵节（Chinese Lantern Festival）。

鉴往知来，其他中国传统节日或文化特色事物的英译，或不脱此四大模式：音译、借译、取特色意译、既有词汇冠上 Chinese。中国的整体国力日渐强盛，中国文化的影响力在世界舞台上日益显著，音译和借译这两个直接的翻译策略，是展现民族自信心的表征，将来应该会越来越多才是。

10. 国色天香话 moutan

二十四节气里，清明过后就是谷雨。公历 4 月 20 日左右，农历三月，时值春末，天气趋暖，雨水增多，有利于谷类作物的生长。雨生百谷，是谓谷雨。

宋·欧阳修《洛阳牡丹记》有云，“洛花，以谷雨为开候”。谷雨前后，为洛阳的牡丹花季，繁花盛开，芳华缤纷。“唯有牡丹真国色，花开时节动京城”，唐·刘禹锡笔下的《赏牡丹》，总让人想千里赴花会，一睹这撼动京城的天香国色。

当代英国知名的艺术家学者马克·哈沃斯－布斯（Mark Haworth-Booth），也曾有过深厚的牡丹情缘。他是 1944 年生人，1970 年至 2004 年长期担任伦敦“维多利亚和艾伯特博物馆”（Victoria and Albert Museum）的馆长，方值弱冠之年，就出版了轰动西方艺术圈的《牡丹，一曰木芍药》（*The Moutan or Tree Peony*）一书。他于书中记述了艺术家眼中的牡丹，其中有一句写道，“中国艺术里，每个月份都有其代表花，牡丹就是 3 月的花”（In Chinese art each month is represented by a flower, and Moutan is specifically the flower for March.）。

这3月，就是农历三月，就是谷雨花的3月。暮春孟夏之交，牡丹花开之时。“有此倾城好颜色，天教晚发赛诸花”，刘禹锡的《思黯南墅赏牡丹》，似乎又在催人动身前往洛阳，到南郭伊水头的归仁里，去欣赏那瓣瓣层叠的洛阳花。

关于牡丹的英文，马克·哈沃斯－布斯用了 moutan，此乃音译自中文的“牡丹”。这个 moutan 的拼法有着传统威妥玛拼音的痕迹（以t代d），且首音节 mou 疑似是“牡”字的旧读（音“某”，《广韵》莫厚切）。

或者，moutan 的英文拼法受到了法文的影响（ou=u，t=d）。这样的臆测并非空穴来风，150年前法国词典学家埃米尔·李特雷（Émile Littré）的《法语词典》（*Dictionnaire de la langue française*）就有迹可寻，定义里的植物分类与现行者有异：

> 牡丹（moutan），木本芍药，原产中国，芍药属牡丹种，俗称木芍药，毛茛科（pivoine ligneuse originaire de la Chine, poeonia moutan, Sims, dite vulgairement pivoine en arbre, renonculacées.）。

马克·哈沃斯－布斯在书名使用 moutan 之时，似乎担心英语世界不够熟悉，便以 tree peony（木芍药）训释，补充说明。在他的眼里，牡丹的英文以音译的 moutan 居首为主，以意译的 tree peony 居次为辅，这也是牛津英语词典 *OED* 的做法。

1933年第一版的 *OED* 就以正常规格的主条目（main entry）收录了 moutan，1989年的第二版加以增补，持续编纂中的第三版于2003年将词条全面修订。目前这个 *OED* 的 moutan 提供了充分而完整的信息，发音、词频、词形、词源、定义、书证无一不备。相形之下，*OED* 的 tree peony 只是个列在主条目 tree（树）底下的副条目（subentry），除了书证之外其余从缺，仅以简短的“即牡丹”（= moutan）一笔带过。moutan 为主、tree peony 为次的态势，在此一览无遗，不言自明。

OED 在 moutan 的定义最后指出，牡丹“亦称牡丹芍药”（Also moutan peony）。是故，牡丹的英文名 *OED* 给出了三个，按主次先后，依序为 moutan、tree peony、moutan peony。

翻开市面上的汉英词典，牡丹的英译鲜少例外，几乎全是 peony（芍药属），这并不理想，因为芍药属是一类，包含了芍药和牡丹，并不专指牡丹。

我手机里有两个常用的词典 APP，一个是《新牛津英汉双解大词典》，一个是《新世纪英汉汉英大词典》，应该是“唯二”的例外。我键入“牡丹”搜索，两个词典 APP 都返回了 moutan 这个英译。原因很清楚，这两个词典 APP 的英汉部分都是英文词典的双解版，原版词典就收录了 moutan，进行双解加工时出版社将之译为“牡丹”，先进的逆向检索利用数据加标（tagging），让我们能够通过中文的译文轻松反查英文的原文。

牡丹当今的拉丁文学名是 Paeonia suffruticosa（字面“灌木状芍药属”），这是个分类学上标准的二名法（binomial nomenclature）。前面的 Paeonia 为“属名”，指的是一个类别，意为“芍药属”，这个 Paeonia 是英文 peony 的来源，最早出自希腊神话“众神的医生”之名。二名法后面的 suffruticosa 是“种名”，是个修饰前面属名的形容词，意为“灌木状的”。

生物若无常见的英文俗名，习惯以拉丁文学名做英文名。二名法的学名偏长，挪做英文名时常加以简化，只取第一个词以属名行之。

然而牡丹并非如此。牡丹有英文的俗名，即音译的 moutan（牡丹），意译的 tree peony（木芍药），音义结合的 moutan peony（牡丹芍药）。

英国的园艺举世闻名，最权威的当属 1804 年成立于伦敦的皇家园艺学会（Royal Horticultural Society，简称 RHS）。RHS 的历史逾 200 年，是世界最大的非营利园艺组织，长年致力于推动园艺园林方方面面的发展。RHS 出版了为数众多的书籍杂志，其中包括英文园艺的辞海——《皇家园艺学会园艺植物百科大全》（*The Royal Horticultural Society A-Z Encyclopedia of Garden Plants*）。这本英文的园艺百科图文并茂，介绍了 100 种左右芍药属植物，在介绍牡丹时，拉丁文学名 Paeonia suffruticosa 之后就以括号加注了英文的俗名 moutan，随后在形态描述中，又以 tree peony 强调牡丹的木本，有别于芍药（herbaceous peony，字面“草本芍药”）的草本。

在 RHS 的另一本《皇家园艺学会园丁植物花卉百科》（*The Royal Horticultural Society Gardeners' Encyclopedia of Plants and Flowers*）里，牡丹也得到了类似的待遇，拉丁文学名后立即加注英文俗名 moutan，描述形态时以 tree peony 突出其木本特征。不一样的是，这本园丁百科有个《植物词典》（*The Plant Dictionary*）的附录，牡丹的英文只收 moutan，未收 tree peony。

《汉语大词典》是这样释牡丹的：“著名的观赏植物。古无牡丹之名，统称芍药，后以木芍药称牡丹。”由统称的芍药（peony），进而析出木芍药（tree peony）为牡丹，后以牡丹（moutan）之名通行天下，汉英两个语言在牡丹名称的发展上，展现出了诸多相仿之处。

宋·周敦颐在千年前曾谓，彼时“世人甚爱牡丹”。他口中富贵、宜乎众的牡丹，在经盛而衰，由衰复盛的起伏之后，如今又重获世人的喜爱。“花开花落二十日，一城之人皆若狂”。白居易的《牡丹芳》，有如刘禹锡的《赏牡丹》，让人闭起双眼，脑中尽是绝美的想象。何妨谷雨时节奔赴洛阳，在绿叶丛中探访甲天下的朵朵牡丹，自是天香扑鼻，盈衣满袖。

11. 谷雨与二十四节气

4月20日前后，节气进入谷雨，为期15天，直至5月5日左右的立夏。谷雨，标志着采摘茶叶的重要分水岭。

谷雨之前采摘的绿茶称“雨前茶”，由细嫩的芽尖制成，被视为茶中上品。从前谷雨后就不再采茶，但如今为了提高产量，追求利润，茶农还会采到立夏，不过质量已经一般。

这个中国茶文化的“雨前”，也影响了爱喝茶的英国人。他们用的英文不是音译，也不是意译，而是突出“新嫩”这个概念的young。

单词young的本义为“年轻”或“幼小”，权威的*OED*还收录了一个“雨前”的意思：

> In use with reference to tea often rendering Chinese *yǔqián*, lit.‘before the rain’, used to denote leaves picked before the solar term (half-month) *gǔyǔ* ‘great rain’, corresponding to a period in late April and early May.【用于茶叶相关的领域，常可译为中文的“雨前”，用以指称“谷雨”节气之前采摘的茶叶。谷雨相当于4月下旬至5月上旬这半个月的一段期间。】

*OED*的原文把“谷雨”释为great rain（大雨），这应当是grain rain（“谷雨”的传统英译）之误。另外，在行家眼里比“雨前茶”

更受珍视、有茶中极品之称的“明前茶”，却不见 *OED* 收录，个中原因让人玩味。

雨前的谷雨，明前的清明，都是二十四节气的组成部分，表明了气候的变化和农事的季节。远在公元前 2 世纪的西汉，中国就已经用二十四节气来指导农业生产，迄今已逾 2000 年。节气是我们重要的文化遗产，不只影响了周边的日、韩、越等东亚诸国，就连半个地球外的英国，其茶文化也都见证了谷雨的魅力。

2016 年年底，联合国教科文组织核准了中国申报的“二十四节气”，正式决议将之列入“人类非物质文化遗产代表作名录”。

“节气”的英文是 solar term（字面“阳历时段”），指的是依照阳历 365 天划分出来的 24 个时段。二十四个节气的传统英译诉诸语义，读起来画面感鲜明，兹举陆谷孙先生主编之《中华汉英大词典》的数译为例。“立春”是 Beginning of Spring（春天之始），“惊蛰”是 Waking of Insects（惊醒蛰虫），“清明”是 Pure Brightness（清澈明亮），“谷雨”是 Grain Rain（谷物之雨），“小满”是 Grain Full（谷物丰满），“芒种”是 Grain in Ear（谷物结穗），“处暑”是 Limit of Heat（暑热之限）。

节气原本有些语义难以参透，英文的意译让人豁然开朗，相关的景致在脑中油然而生，我们仿佛顿入时令的递嬗中。

英文的 *Wiki* 多少反映了联合国教科文组织的观点与态度，“节气”持续译为传统的 solar term，除此之外，二十四个节气的英译就都以汉语拼音行之。

关于文化特色词的翻译，放眼世界，音译都是常态，除了直截了当，也能让外国人抛弃望文生义的定见，过来亲近、熟悉我们的文化传统。然而鱼与熊掌不可兼得，原本意译给人的想象，也不免就烟消云散了。

12. 夏至，凤凰花开时节

端午去，夏至来。台湾地处亚热带，四季更迭不明显，节气的概念相对淡薄，儿时的我甚至误以为端午也是节气之一，现在回想起来都觉得羞愧。

夏至之“至”做何解？南朝·梁的崔灵恩在其《三礼义宗》有云：“夏至为中者，至有三义：一以明阳气之至极，二以明阴气之始至，三以明日行之北至。故谓之至。”崔灵恩乃公元6世纪之训诂学家，亦以礼学研究闻名于世，“至”字集此三义于一体，殆为定论矣。

夏天的英文是summer，这是个基础词汇，学过英文的人应该都知道，不过大家或许有所不知，古时候的summer跟现在的概念有明显的差距。

此话怎讲？根据学者考证，在“古英语”时期（Old English，约公元450—1100年），一年只有两季，即夏季和冬季，夏季指的是一年中较暖的半年，约莫是现在的春夏两季，而冬季指的是另一个半年，相当于现在的秋冬两季。后来这个体系与一年四季的另一个体系接触、碰撞，才纳入了由夏过渡到冬的秋季以及由冬过渡到夏的春季。

夏至的英文作summer solstice，然而solstice只是“至”字三义一体的其三，乃天文历法上的“二至点”之一，即黄道上的极北（南）点，夏（冬）至时太阳行经此点。英文solstice的词源本义是“太阳静止”，前一半的sol是拉丁文的“太阳”，派生而来的solar（太阳的）是个常用词。后一半的stice同样来自拉丁文，与英文的stand（站立）有着原始印欧语（Proto-Indo-European）的同源关系，站立，不跨步，引申为静止不动。夏至时北半球的白昼最长，夜晚最短，太阳仿佛忘了前进，原地踏步，永不落山。

每年 6 月的夏至前后，在宝岛台湾也是凤凰花开的时节。凤凰花是凤凰木开的花，原产非洲的马达加斯加，花红如火，中国南方的热带及亚热带地区也多有栽种。

凤凰木这个名称，明显有着希腊神话“不死鸟”（phoenix，音“菲尼克斯”）的典故。据说这不死鸟每隔 500 年便会引火自焚，最后浴火重生，从灰烬中再现幼鸟，如此周而复始，长生不死。凤凰为中国传说中的百鸟之王，长久以来，其英译均挪用西方的 phoenix，尽管凤凰与 phoenix 的背景截然不同，但皆为各自文化中的神鸟。凤凰花盛开时成片的焰红色，仿佛引燃了树木，让树木着了熊熊的烈火，令人联想起西方的浴火凤凰“菲尼克斯”。

也正因此，凤凰木的英文俗名或作 flame tree（字面“火焰树”），或作 flamboyant（字面“熊熊燃烧”）。另一常见的俗名 royal poinciana（字面“皇家普昂西”），则是凤凰木学名的英译，用以纪念 17 世纪法国的殖民总督“德·普昂西”（de Poincy）。

凤凰花开正值毕业季，歌手林志炫有一首《凤凰花开的路口》，近几年来在台湾已成为许多学校的“毕业歌”，毕业生听着、唱着，离别的思绪，不禁让大家泪眼婆娑，哭成一片。歌词中写道：又到凤凰花朵开放的时候，想起某个好久不见的老朋友……脑海之中有一个，凤凰花开的路口，有我最珍惜的朋友。

夏至凤凰花开艳，烈日高悬不落山，树梢蝉鸣震天响，骊歌一曲断人肠。

13. xiaoshun（孝顺）能进入英文吗？

首届“孝亲奖”的颁奖典礼在上海举行，台湾某大媒体集团的董事长在致词时语重心长地表示，中国人有“孝顺”一词，可是在英文中却几乎找不到对应。他期勉大家，现在中国人有钱有实力，将来龙行天下，英文也会造出一个“孝顺”的新词。

真是如此吗？

音译的 xiao（孝）、xiaoshun（孝顺）或是其他不同的拼法，目前的确没有，起码尚未广泛受到英语人士的认可，更别说得到权威词典的背书收录。不过事实上，英文里早就已经有“孝”这个词了，就是 filial piety。这个 filial piety 字面的意思是“子女对父母的崇敬”，filial 是“子女的；子女对父母的；身为子女应当做的；孝顺的”，piety 是“虔诚；崇敬”。

这个“孝”的 filial piety 在英语世界行之有年，而且正式收录于美国英语最大、最权威的韦氏 *W3*。这部权威的大词典给 filial piety 单立词条，说 filial piety“翻译自中文（北京话）的‘孝’”（translation of Chinese（Pekingese）*hsiao*），并把它定义为“对父母的崇敬，在中国的伦理中被视为首要的德行，是一切人伦关系之本”（reverence for parents considered in Chinese ethics the prime virtue and the basis of all right human relations）。

OED 素有“英语词典的圣经”之称，虽然没有把 filial piety 这个组合独立成词，不过却在 piety 的书证里提供了众多相关的书面证据。*OED* 指出，piety 本是个基督宗教的字眼，指的是对上帝的崇敬与顺从，也就是有着坚定不移的宗教信仰，后来也转指对父母亲人的类似之情，“特指对父母深情的忠诚与尊重”（affectionate loyalty and respect, esp.to parents）。*OED* 的书证显示，filial piety 作为一个固定的说法，早在 18 世纪的 1730 年就有书面记录，19 世纪、20 世纪也都有使用的证据，最近的一条书证出现于 20 世纪末的 1997 年。

英文里会不会吸收中文音译的“孝”，谁也无法预测，不过 filial

（孝顺的）、filial piety（孝）、filial obedience（孝顺）、filial duty（孝道）、filial affection（孝心）都是现成的词语。因为文化不同，这些说法在英文里用得比较少，出现的频率比较低。

话说回来，将来如果孝顺成为西方社会认同的价值，那么除了上述既有的词汇之外，新造的音译词 xiao（孝）或 xiaoshun（孝顺）就有可能被英文吸收，进而收录于权威的英文词典，我们不妨拭目以待。

14. paraskevidekatriaphobia，13 日星期五

2015 年 11 月 13 日星期五，法国巴黎遭受了恐怖组织“伊斯兰国”的连环恐怖袭击，造成 130 人罹难，368 人受伤，震惊全球。

13 日星期五（Friday the 13th）又称“黑色星期五”（Black Friday），是个被西方迷信者视为不吉利的日子。此迷信的重要来源之一，就是《圣经》里提到的“最后的晚餐”（Last Supper）。加略人犹大（Judas Iscariot）是耶稣的 12 使徒之一，相传他为了 30 个银元而出卖耶稣，让耶稣被钉十字架。《圣经》记载，耶稣赴死前与 12 个使徒共进最后的晚餐，当天即是星期五，而加略人犹大则是最后的晚餐的第 13 个客人，13 日星期五因此有了负面不详的联想。

英文里有所谓的“13 恐惧症”，拼作 triskaidekaphobia，各大词典均收，字面为“3（tris）加（kai）10（deka）恐惧症（phobia）”之意。

对于眼前这个对“13 日星期五”的恐惧，英语世界有人以希腊文为本，造出了 23 个字母的 paraskevidekatriaphobia，字面意为“星期五（paraskevi）13（dekatria）恐惧症（phobia）”。据考证，这个字眼由美国的心理治疗师达诺·达西（Donald E.Dossey）首创于 20

世纪 90 年代初，他专攻恐惧症和压力管理，声称只要能把这个长字念对，13 日星期五恐惧症必可不疗而愈。

这个 paraskevidekatriaphobia（13 日星期五恐惧症）虽未见诸任何已出版的英英词典，然而权威的麦克米伦 *MED* 网站却在“时髦用语”（BuzzWord）的专栏刊载分析了这个字眼，并附上了近十余年来《卫报》（*The Guardian*）、《观察家报》（*The Observer*）、*MSNBC* 等主流媒体的报道以为佐证，看来收进最高词汇殿堂的 *OED* 已是指日可待。

15. 天灯飞进牛津

2017 年 3 月下旬，来自宝岛台湾的“天灯”悄然升起，灯罩上写着“孔明”两个大字，承载着我们近 2000 年的文化，缓缓地由东到西，飞进了英语世界的天空。

此为何谓？请听我道来。

天灯是近 30 年来台湾的新说法，其实就是孔明灯。孔明灯是利用热空气原理制成的一种纸灯笼，相传为三国时期诸葛亮（字孔明）所发明，或谓因其外形似诸葛亮所戴之帽，因而得名。北台湾的小山城“平溪”为了发展观光，以天灯之名重新包装孔明灯，逐渐成了近悦远来、扬名国际的盛事。每逢元宵节，平溪的天灯更是汇集了万人的祈愿与祝福，在夜空中冉冉升起，画面之美，蔚为奇观。

天灯的英文 sky lantern 由中文直译，源自宝岛，虽频见诸海内外的英文媒体，却始终没能为英文词典所收，不过这个情况终于改观。

牛津英语词典 *OED* 是当今世上最大、最权威的英文词典，素有“英文词典的圣经”之美誉。*OED* 从 2000 年的在线版启动以来，每季定期更新，每年的春分、夏至、秋分、冬至前后，都会发布新词新义，成了词语爱好者翘首引领的时刻。在 2017 年第 1 季的新词榜中，译自中文“天灯”的 sky lantern 赫然在列，与台湾的渊源清晰可辨，令人欣喜。

OED 是部基于历史原则编纂的特大型语文词典，它按时间先后依序收录了 sky lantern 的三个意思，前两个（天窗、天光）属于早期，现已罕见，第三个就是天灯，这也是 sky lantern 最新、最常见、最主要的意思。*OED* 用了 51 个英文单词加以定义，说天灯是“点燃灯芯之后就能浮起升空的一种灯笼。一般的结构是米纸灯罩包覆竹框或金属丝框，由置于底部开口的小蜡烛或其他的裸露火焰提供光源。火源加热灯罩里的空气，也能让灯笼上升”（A lantern designed to float up into the air when lit, typically consisting of a rice paper shell over a bamboo or wire frame, illuminated by a small candle or other naked flame at its open base which also causes the lantern to rise by heating the air inside the shell.）。*OED* 定义的篇幅大方，且把天灯的材质结构与物理原理做了精简扼要的解释，宛如英文版的《辞海》，殊属难得。

OED 在词源里指出，sky lantern 可能直译自中文的“天灯”，此义直至最近才有证据支持，更常见的意思是悬挂于高竿上、有不同用途的灯笼（perhaps after Chinese *tiāndēng*, although this has only recently been attested in this sense and more usually denotes a lantern placed on a high pole for various purposes）。《汉语大词典》附证详载，言“天灯”有二义。旧时新年前后，民间有在高处悬挂灯盏之俗，此灯彻夜通明，谓之“天灯”，此其一。旧时寺庙、商店门前常年悬挂的灯盏，此其二。《*OED*》的总部设于英国，对于中国天灯的研究如此到位，浓缩总结了这两个传统的意思，令人赞叹。

《*OED*》的词源进一步指出，能飞天的纸灯笼，传统上中文称之为“孔明灯”，之所以有如此称呼，乃源自公元三世纪的政治家孔明（诸葛亮），一般认为此灯为其所发明（The traditional Chinese word for a paper lantern rising into the air is *Kǒngmíng dēng*, so called with reference to the 3rd cent.statesman Kongming（Zhuge Liang）, who is credited with its invention.）。*OED* 提到了“天灯”的传统称呼“孔明灯”，并参考了主流的见解，把源头上推至三国名相诸葛亮，历史的纵深因而在此得到了展现。这部英文词典对中国文化的研究非比一般，绝非浪得虚名。

OED 不愧是英文词典的第一把交椅。它不是百科全书，却在定义与词源里，对半个地球外另一个文化的天灯不吝给予篇幅，解释得宛如微型的百科全书，看了我都不禁点头称是。

OED 经过层层筛选，去芜存菁，给年轻的 sky lantern 胪列了 3 条书证，以有源有本的书面资料作为佐证。根据书证，天灯的英文 sky lantern 最早出自台湾的《光华》杂志，时间为 1989 年 4 月：We've been sending up sky lanterns here at the Yuan Hsiao Festival for more than a hundred years at the least.【我们元宵节在这里放天灯，起码已有百年以上的历史】。

天灯的第 2 条书证，引自香港的英文报纸《南华早报》，时间为 1994 年 5 月 30 日，讲的是台湾的天灯：A number of traditional Taiwanese ‘sky lanterns’（paper hot air balloons）bearing wishes for a non-nuclear Taiwan were set aloft.【若干传统的台湾‘天灯’（纸制热气球），带着非核台湾的愿望飞向空中】。

第 3 条书证，也是最近的一条，来自英国的《每日电讯报》，时间是 2011 年 1 月 31 日：Revellers are being urged not to release sky lanterns during Chinese New Year celebrations this week as figures show that firemen are called out once a week to put them out.【当局呼吁，要

狂欢者本周春节期间别放天灯，因为数据显示，消防队员每周都要为此出勤灭火】。

英文里源自中文的词汇不多，经过权威认证、收录于英文词典的，估计也就 300 个左右。宝岛台湾的天灯做出特色，把古老的孔明灯推向世界，成为全球知名的观光资产。从中文直译的 sky lantern，终于获得“英文词典圣经”*OED* 的肯定，值得海峡两岸的中国人同贺。

16. 英语世界的禅

长久以来，英语世界若是提到“禅宗”，其所用的关键字眼，几乎都是源自日文的 Zen（禅，全称为 Zen Buddhism“佛教禅宗”）。大多数的西方人也都认为，禅宗是日本精神文化的产物，鲜少例外。

日本的禅宗于“镰仓时代”由南宋的中国传去，自此之后在东瀛发扬光大，对日本的生活与文化产生了深远的影响。这在我们中国人看来，可以说是几分欣喜几分无奈。欣喜的是，汉传佛教强大，丰富了日本文化的精神面貌。无奈的是，青出于蓝而胜于蓝，世界只知学生而不识老师。

上个世纪初，有“世界禅者”之誉的日本佛教学者铃木大拙开始向西方传播禅宗思想，所传播的是一种生活哲学，适合大众的口味。他数十年的辛勤耕耘在上个世纪的下半叶开花结果，西方世界对日本禅宗的兴趣大增，Zen 也成了一个时髦的名词。对于一般的西方人而言，Zen 意味着接受现状，意味着内心平和。

词典反映现状。在英语世界里，禅宗广为人知，禅思维、禅生活随处可见。中型以上的英文词典，基本都收录了 Zen，同时还会提及日本的源头。这代表的是，东方的 Zen，已经横越了大半个地球，来到西方，走进群众，飞入了英美的寻常百姓家。甚至，原属宗教范畴的 Zen，在英文里也由名词转兼形容词，用以描述一种以禅为本的人生态度。

兹举权威的中型词典剑桥高阶 *CALD* 为例，Zen 的本义，在此得到了浅显清晰的阐述：

> a form of Buddhism, originally developed in Japan, that emphasizes that religious knowledge is achieved through emptying the mind of thoughts and giving attention to only one thing, rather than by reading religious writings.（佛教的派别之一，最初发展于日本，强调的是对宗教的认识必须通过排除心中杂念，并专注一境，方可达成，而不是凭借研读宗教典籍。）

同样在 *CALD* 里，这个源自日本的 Zen 还有个形容词的义项，指的是把禅宗哲理内化后，展现出来的一种入世的特质：

> relaxed and not worrying about things that you cannot change（心情放松、对无法改变的事物不去忧虑）。

CALD 附上了一条例句，展现了“禅”生活化的一面。作为非专名的一般形容词，首字母因而也可以小写：There's nothing you can do to change the situation so you just have to be a bit more zen about it.（你做什么都改变不了这个状况，所以对此你就得多想开一点）。

Zen 丰富了英文，丰富了英语世界。然而日本禅宗贡献给英文的词汇，却远远不止于此。

除了 Zen 之外，禅宗的许多专业术语，也都系统地通过日文进入了英文，并为大型的英语词典所收，比如roshi（老师，即“禅师”）、koan（公案）、mondo（问答）、satori（悟）、mu（无）、mushin（无心）、wabi（侘，音 chà，孤寥失志貌）、sabi（寂）、zazen（坐禅）、Rinzai（临济宗，日本禅宗的三大派别之一）、Soto（曹洞宗，日本禅宗的三大派别之一）、Obaku（黄檗宗，日本禅宗的三大派别之一）。英文里起码有上述这 13 个源自日文的禅宗词汇，日本禅宗的影响力如此强大，令人惊讶赞叹！

中国禅宗，相传由天竺高僧菩提达摩（Bodhidharma）东渡来华，于公元 5 世纪的南北朝时期创立，经几代传人发扬，开枝散叶，流行日广，唐宋时极盛，公元 12 世纪末南宋时东传日本，于清初逐渐没落。作为师辈的中国禅宗，在英文的情况究竟如何？

2018 年 10 月初，*OED* 发布了年度第 3 季的新词新义，共有 1400 余项。中国禅宗以汉语拼音的 Chan 现身词表，让我眼前一亮，心中感叹，有此等分量的词典加持，这可是迟来的正义啊！ *OED* 对 Chan 的定义如下：

> a Chinese school of Mahayana Buddhism which emphasizes the value of meditation as a means of finding spiritual insight and enlightenment, and which gave rise to the development of Zen in Japan.（中国大乘佛教的一个宗派，强调禅定乃觉悟之法，催生了日本禅宗的发展。）

OED 所谓的新词新义（英文原文作 new words, senses, and subentries“新词、新义和新副条目”），其实绝大多数并不新，只是因为过去漏收，现在补遗，或者经过一定时间（起码 10 年）的观察之后，发现证据充分，才决定纳入。

事实上，早在半个多世纪前的1961年，美国最大的韦氏*W3*就已经以威妥玛拼音的Ch'an收录了中国禅宗：

> a Chinese school of Mahayana Buddhism founded in the 6th century A.D.by the Indian teacher Bodhidharma that emphasizes meditation and higher contemplation as a method of salvation—the Chinese equivalent of the Japanese Zen or the Indian Dhyana.（中国大乘佛教的一个宗派，由印度禅师菩提达摩于公元6世纪创立，强调以禅定与高层次的冥想作为修行的方法——中国的Ch'an相当于日本的Zen或印度的Dhyana。）

虽然*W3*比*OED*早50多年收录，不过当时的时空环境不同，*W3*的一个Ch'an字空有翔实的定义，却缺乏其他软硬条件的配合与支撑，就这样养在深闺人未识，侘寂至今，除了专业人士之外，罕为外界所知。

*W3*和*OED*都收录了Chan，然而英文的“禅宗”一直还都是日文Zen的天下。*OED*的书证表明，Zen于1727年首见于世，而Chan得迟至1901年才有文献记录，前后差了近200年！而且，中国禅宗的Chan在英文里形单影只，不似日本禅宗的Zen还有12个相关词语围绕做伴，众星拱月。

礼失求诸野，现在的世界通过日本来了解禅宗，这让作为老师的中国怎能不感慨万千？再往前推，中国的禅宗来自印度，名称也来自印度：Chan（禅）为channa（禅那）的简称，而channa则译自巴利语（Pali）或普拉克里特语（Prakrit）的jhana，最初源于梵语的dhyana。由始祖印度观之，这个禅更是彻底的礼失求诸野了。

在*OED*这一季的更新里，中文只给英文贡献了一个Chan（禅宗），而日文的词语却有 4 个：butoh（舞踏，日本一种狂野的现代舞）、butsudan（佛坛，日本供奉神佛和祖先牌位的柜子）、kaiju（怪兽，日本特摄电影的一种类型）、kaiju eiga（怪兽映画，即怪兽电影）。这 4 个词有传统，有现代，色彩纷呈，活力十足，其中的“佛坛”和“怪兽”，或为唐朝以前就有的词汇，疑是日文直接借自中文的。

日本文化的魅力，让欧美着迷，相关的日文词汇，英文自然也就吸收了。这一切我们看在眼里，可真是五味杂陈啊！罢了，那就怀抱着禅心，设法看开一点吧！

五、饮食篇

——设酒杀鸡作食

1. 意式咖啡的魅惑

台湾街头巷尾咖啡馆林立，就连便利店都抢着卖平价的现煮咖啡，从大城市到小乡村，从山巅到海滨，到处都可闻到咖啡香。

放眼当今全世界的咖啡文化，主流的当属意式咖啡（caffè），连名字都飘散出浓浓的意大利口音。

拿铁很多人喜欢喝，奶香味十足。拿铁的英文是latte，来自意大利文，本义为“牛奶”，完整的说法是caffè latte（咖啡牛奶）。拿铁在英文里的拼法有好几个版本，除了标准的全称caffè latte和简称latte之外，è上面的那一撇也经常省略，成了英文化的caffe latte。有人甚至还法文、意大利文混搭，拼成café latte，或是在latte这个词上矫枉过正，拼成错误的latté或lattè。拿铁的英文，可真是一个乱字了得！拿铁上面还可以“拉花”（latte art），字面为“拿铁艺术”之意。

有件事一直困惑着我，拿铁这两个字总给我铁匠的联想，跟粉领小资轻啜香醇咖啡的画面，简直是天南地北毫不搭调，真不晓得当初大家怎么会钟情于这样的翻译？

一个跟拿铁类似的意式咖啡是卡布奇诺（cappuccino），这个词不好拼，中间先两个p再两个c。卡布奇诺跟基督宗教有些关系，因为咖啡的颜色让人联想到天主教圣方济会修士（Capuchin）的道袍，因而得名。

拿铁、卡布奇诺都是加了牛奶或奶泡的咖啡，所用的咖啡是以浓缩咖啡（espresso）为基底。这个espresso跟英文的express同源，本义是“压出来”。浓缩咖啡的原理，是以接近沸腾的高压水流通过磨成细粉的咖啡，用高温高压把咖啡给逼出来，故名。浓缩咖啡另有个常见的异体字 expresso，不过许多专家都视为不正确。

另有一种玛奇朵（macchiato），全称是 caffè macchiato（玛奇朵咖啡），本义是“有污渍斑点的咖啡”。玛奇朵是浓缩咖啡加上少量的牛奶或奶泡，如此制成的咖啡饮品，感觉好像沾上了白色的斑点。

还有一种较为老式的康宝蓝（con panna），全称为 espresso con panna，意思是“浓缩咖啡加奶油”，con 是意大利文的“加”，panna 是意大利文的“奶油”，这里特指“鲜奶油”（whipped cream）。康宝蓝就是在浓缩咖啡上覆盖一层厚厚的鲜奶油而成。

近年来有一种 affogato 的新产品很受欢迎，有人翻成“阿芙佳朵”，也有人翻成“阿法奇朵”，此乃咖啡和冰淇淋的混搭，介于饮品和甜点之间。阿芙佳朵的做法，是把浓缩咖啡淋到香草冰淇淋上，让冰淇淋被咖啡“淹没”，这就是冰淇淋咖啡 affogato 意大利文的本义。

制作浓缩咖啡以及拿铁、卡布奇诺、玛奇朵、康宝蓝等相关饮品的师傅，英文称之为 barista，中文不妨翻译为“咖啡师”。这个词同样来自意大利文，原指“咖啡吧师傅”，barista 的 bar 透露出工作地点在咖啡吧（coffee bar），ista 相当于英文的 ist，指人。

2001 年台北的建宏出版社出版了《建宏 e 世代英汉辞典》，此乃在大陆畅销多年、北京外研社出版的《建宏多功能英汉辞典》第二版。身为副主编的我当时体会到意式咖啡的魅力，强烈建议主编收录许多与咖啡相关的词条，可是大概是主编不喝咖啡，判断与我不同，我的建议全遭否决，让我遗憾至今。

讲意式咖啡就不得不提星巴克（Starbucks）。星巴克是全球最大的咖啡连锁店，创始于美国华盛顿州的西雅图，它成功普及了意式咖啡，其他业者也纷起仿效。星巴克有一款特色冻饮“星冰乐”，英文名为 frappuccino，这个 frappuccino 是个混成词，就是由法文

frappé（加碎冰的；冻成冰沙的）和意大利文 cappuccino（卡布奇诺）接合而成。

喝意式咖啡，最好搭配着听意大利歌剧，不管是普契尼（Giacomo Puccini）还是威尔第（Giuseppe Verdi），不管是在咖啡馆还是在家里，悠闲地无所事事（dolce far niente），那才叫人生一大享受。

2. 吃意面，学英文

20 世纪 80 年代，我在台大外文系读本科，课余兼家教给人补习，学生在台北某国际学校就读，有时补习结束碰到用餐时间，家长就会热情地留我吃饭。记得有次学生跟我说，一会儿下课吃 pasta，我一头雾水，问她是什么，她一脸诧异地说，就是 Italian pasta 啊！我没听懂，直到美食上桌，才知道是意大利面食。

现在回想起自己的意面初体验，虽然因孤陋寡闻而在学生面前出糗，不过数十年前台湾的饮食还没那么西化，我这个乡下孩子到台北初见世面，也算情有可原吧！

曾几何时，汉堡、比萨、炸鸡如雨后春笋，原先少见的意面，也逐渐布满了台湾各地的街头巷尾。我到大陆开会、讲学、旅游，发现情况也大同小异。没吃过意面的，现在应该不多了吧？

意面种类繁多，据说有近 200 种，而一般餐厅、超市所卖的品项却寥寥可数。

事实上，意面（pasta）是个统称，指的是意大利面食。这个词跟英文的 paste（糊）有关，本指谷类淀粉和水充分混合而成的面团。

意面有不同的形状，大家最熟悉的 spaghetti（意大利面条）为其一，是意大利式的细面条。它的本义是"细绳子"，外形细圆如绳，平淡无奇。

另一个意面的基本款是 macaroni（通心粉）。这款意面又称“通心面”，名如其物，面条又肥又短，中空微卷，像婴儿的小胳膊，颇具喜感。

千层面（lasagna，或拼为 lasagne）也很常见，宽大的方形面皮层层相叠，面皮间铺上各式馅料酱汁，送入烤箱烤制而成，与有“千层酥皮”之称的拿破仑蛋糕神似，一咸一甜，触动我们不同的味蕾。

有一种细版的意大利面叫 vermicelli（细面），跟线一样细。它的本义是“小蠕虫”，类似的东西台湾叫面线。一个生物视角，一个缝纫观点，给人截然不同的联想。

另有一种扁版的意大利面叫 linguine（扁面），本义是“小舌头”，是一种细细扁扁的面条。把意大利面条压扁，差不多就是这种扁面的外观。

扁面的放大版叫 fettuccine（宽面），本义是“小缎带”。其经典菜色是 fettuccine Alfredo（白酱宽面），因餐厅老板 Alfredo 首创而得名，做法是宽面拌上帕尔马干酪（Parmesan）和奶油，口感浓郁滑顺，让人吃得满嘴白酱。

penne（斜管面）也很常见。把圆珠笔粗细、有沟纹的直管面斜切成段，大约是两节手指的长度。这个字眼与英文的 pen（笔）同源，因此有人也翻成“笔管面”。享用斜管面，总让我有吃笔吞墨之感，对我来讲是种最有学问的意面。

意大利人也吃饺子，不过形状以方形为主，内馅跟我们的饺子馅大相径庭，吃时还要佐以特殊的意式酱汁，这种“意大利饺”称之为 ravioli，我们吃的饺子英文叫作 jiaozi，已经进入世界最大、最权威的 *OED*。意大利人也吃馄饨，形状是头尾相接的环形，内馅与我们的馄饨不同，吃时一般也放在汤里吃，这种“意大利馄饨”叫作 tortellini，我们的馄饨英文是 wonton，来自广东话。

还有一些常见的意面，外型充满了童趣，给了我们“卡哇伊”的幸福感。贝壳面（conchiglie）像海螺（conch），蝴蝶面（farfalle）本义为“蝴蝶”但更像领结，螺旋面（fusilli）像把螺旋钻子，车轮面（rotelle）像只会旋转（rotate）的小轮子。

英文对这些面食的意大利文俯首称臣，来者不拒照单全收。我们中国的各式面食，论种类论美味均不在其下，然而推广到全世界时，却总是怯于直接音译，老在冗长的英文翻译里打转，给自己裹小脚穿小鞋，令人嗟叹。

吃意面有如喝意式咖啡，也要沉浸在意大利歌剧里才过瘾。一边吃浓郁烫嘴的意面，一边听热情澎湃的意大利歌剧，人生有此，夫复何求？

3. 如果鸡排的英文是 jipai

台湾夜市的“鸡排”远近驰名，“鸡排比脸大”的广告词让人印象深刻，大陆各地也多能看到类似的鸡排摊。一想到这好吃不贵的炸鸡排，不少人肯定都会垂涎三尺。

餐馆、小吃摊要迎外国游客，菜单上的美食最好要有英文。鸡排的英文怎么说？chicken“steak”（厚切肉排）？chicken“chop”（厚切带骨肉排）？chicken“fillet”（无骨肉片）？chicken“cutlet”（肉排）？如果有人不按常理出牌，把鸡排直接音译成 jipai，不晓得社会大众是不是一阵调侃讪笑？且慢，请听我道来。

2017 年 3 月，在线牛津词典 *ODO* 公布了一批英文的新词，tonkatsu（日式炸猪排）以 tonkatsu sauce（猪排酱）的形式赫然在列。这个 tonkatsu 的日文作“豚カツ”，日文的“豚”就是中文的“猪”，“カツ”（katsu）截短自“カツレツ”（katsuretsu），就是英文 cutlet（肉

排）的日文音译。也就是说，日本料理的猪排，英文没有按照字面翻成 pork cutlet（猪肉排），而是以它日文的说法 tonkatsu 直接收录。

在同一批发布的英文新词里，我也看到了 takoyaki（章鱼烧）。这个 takoyaki 的 tako 日本汉字写作“蛸”，就是“章鱼”的意思，yaki 的日本汉字写作“焼”，也出现在诸如 teppanyaki（铁板烧）、teriyaki（照烧）、sukiyaki（寿喜烧）等借自日文的英文词汇里。章鱼烧的英文没有意译为 octopus ball（章鱼丸），而是以日文的音译 takoyaki 直接进入英文，为牛津词典所收。

日本人把看似简单的食品做到极致，做出价值，做成品牌，让英语世界眼前一亮，难怪 tonkatsu（日式炸猪排）和 takoyaki（章鱼烧）会进入牛津的殿堂，成为英文词汇的一分子。

中国各地的美食何其多，只要秉持精益求精的精神，努力打出品牌，好好营销，鸡排（jipai）以及种种的特色小吃，相信也能以音译的形式进入英文，为权威词典所收。

4. 林语堂吃的 popiah 是啥？

在台湾，有些家庭习惯在清明前后吃润饼。润饼类似春卷，但一般不油炸，包好了就冷着吃。这个习俗的来源，据说是以前清明扫墓时，田里插完秧，农忙告一段落，一家人便趁着祭祖吃润饼。

年代更久远的寒食节落在清明节前一两日，古人值此节日习吃冷食，润饼冷食的传统可能与此有关。

我是台湾的乡下人，在中南部的云林县虎尾镇出生长大，直至十有五的志学之龄才搬到台北。儿时家里总要在春天时节择日围桌，自制润饼。大伙儿人手一张皮薄 Q 弹的润饼皮，桌上摆满了丰富多样的内馅，如豆芽菜、高丽菜（卷心菜）丝、红萝卜丝、豆干丝、笋丝、香菜、蛋皮丝、焢肉（红烧肉）、虾仁。我们就在满桌或荤或素的菜色中，挑选自己想吃的馅料，丰俭由人，即兴创作，用筷子夹到饼皮中，最后撒上点花生粉和糖粉，再紧紧地卷起快要爆馅的润饼，用双手牢牢握住，张大嘴巴，一口一口地咬下。

台湾的润饼，在厦门也叫薄饼，“幽默大师”林语堂的二女儿林太乙在其《林家次女》中就写道：“我们每天进进出出地忙碌，有一晚姨母在桐姐家里做薄饼，请我们吃。厦门的薄饼，在我所看过的书和食谱里都没有人好好地赞颂过。”林语堂的家人提到家宴，总不忘说起薄饼。

大家或许有所不知，这个美食有个英文名字 popiah，是个借自闽南语的词汇，汉字写成“薄饼”。英语世界最大、最权威的 *OED* 有收，简单把它定义为 a spring roll（一种春卷），说是出现于新加坡和马来西亚的菜肴（in Singaporean and Malaysian cuisine）。

星马的菜肴？许多人肯定满腹狐疑。不过这个星马的渊源，事实上与当地来自闽南的华人移民有关，只是 *OED* 并没有深究下去。根据 *OED* 的书证，popiah（当时拼作 popia）于 1986 年见诸举足轻重的美国《纽约时报》（*The New York Times*）：

> I was hooked by the very first menu, one for the Chinese New Year, consisting of red-cooked chicken wings, spicy Sichuan cucumbers and a type of spring roll called Amoy popia.（我一下就被第一份菜单所吸引，那是份春节的菜单，上面有红烧鸡翅、川辣黄瓜，还有一种叫作厦门薄饼的春卷）。

如今社会变迁，台湾人在家包润饼的习俗已逐渐远去，令人感叹。反而是台湾各地夜市总会有那么一摊，坚守卖润饼的本分，成为夜市小吃多元特色的重要一员。而这润饼的英文，就是依闽南语“薄饼”音译的 popiah。

我去过厦门，却没吃过厦门的薄饼，不晓得滋味是否相仿？

5. 莲雾、蜡果、铃铛果

我常到大陆开会、讲学、旅游，2016—2017 年还在上海生活了一年。有时逛菜场、超市，看到水果摊上摆着莲雾，总觉得惊喜。

莲雾原产南洋，300 多年前由荷兰人引进台湾，普通话的“莲雾”由闽南语的 lenbu 转写而来，最初则源自印度尼西亚语、马来语的 jambu（或拼为 jambo），这个 jambu（或 jambo）也通行于印度尼西亚、星马一带的英文。台湾的莲雾不仅“栽培品种”（cultivar）繁多，外形、口感更是迷人，私心以为青出于蓝而胜于蓝，反而成了台湾水果的一大亮点。

我在台湾时，若有外国学者朋友来访，除了招待他们品尝中华美食与台湾小吃之外，特色水果当然也不可少，莲雾的出现每每引起话题。

莲雾的英文怎么说？英文 *Wiki* 以莲雾学名（scientific name）的 Syzygium samarangense 加以收录，字面为“三宝珑蒲桃”之意。学名前一半的 Syzygium 是“蒲桃属”，此乃分类学上的属名（genus name），第一个字母大写，词性是名词，指的是特性接近的一小类生物（此指“蒲桃”类的植物）。后一半的 samarangense 是“三宝珑的”，为“三宝珑”（Semarang，旧拼 Samarang，印度尼西亚爪哇岛的大城）拉丁文的形容词，后位修饰前面的属名，用以缩小范围，明确品种。

我们不是植物学家（botanist），也很少用学名来谈论生活中的日常事物，我们需要的是俗名（common name）。英文维基还提到了莲雾的许多俗名，有些太专业，不适合我们非专业人士；有些源自东南亚诸语言，地域性较强；有些错把冯京当马凉，积非成是；有些罕见，现已鲜少使用。

我们在中国用英文介绍莲雾，不妨先采普通话的音译 lianwu，让外国人知道莲雾在此地的读法。音译不仅清楚直接，方便沟通，更能彰显文化主体性。

当然，音译的 lianwu 不是英文，现在充其量起的只是个标音的功能，我们也没有想要强行推销，硬把它塞进英文词汇里。不过话说回来，在英文词汇不断扩增的进程里，这种音译的做法，在深具文化特色的词汇里倒是屡见不鲜，不乏先例。我们不妨看看几个极具中国特色的常见水果 / 果实，如 litchi（荔枝，或作 lychee，其他拼法从略，可能源自广东话）、longan（龙眼，源自广东话）、kumquat（金橘，源自广东话）、loquat（枇杷，广东话“栌橘”的音译）、goji（枸杞，源自台湾不规范的拼法）等。哪天中国的莲雾也行销全世界，在国际上广受欢迎，音译的 lianwu，说不定就在不知不觉中也成了英文词汇了。

一厢情愿（wishful thinking）也好，痴人说梦（pipe dream）也罢，眼前亟待解决的现实问题是，莲雾有没有常见的英文俗名？

有的。首先，rose apple（字面义“玫瑰果”）就是一个。这个 rose apple 是莲雾的英文俗名里相当常见的，也为各大英文词典所收。严格来讲，rose apple 本指另一种近似的“蒲桃”，然而语言在变，rose apple 现在也可用来指称莲雾。这里的 apple 不是苹果，而是圆形果实的通称（pineapple “菠萝；凤梨”应是最常见的例子），前面的 rose（玫瑰）形容的是果树的花色与果实的味道。

另外，莲雾的英文也可用 bell fruit（字面义“铃铛果”）。这个 bell fruit 虽不见诸词典，正式的地位尚未确立，不过文字浅显易懂，形象地传达了莲雾的铃铛状的外观，也是英文文献里经常见到的。

最后，另一个说法 wax apple（字面义“蜡果”，描述其光滑似蜡的外皮）也有许多支持者，在中文世界或恐是知名度最高的莲雾英译，其地位不容忽视。

一物多名乃语言常态。很多时候，标准答案只是个伪命题。莲雾一例可见一斑。

6. 火龙果的英文译自中文？

某天，台北书林书店的店长给我打电话，说我请国外部经理帮我从美国订购的英文词典 *AHD* 已经到货，问我是不是确定要，因为这本新词典很热门，上架不久就会有客人买走。

我求书心切，当然说确定要，于是下午回家的路上就顺道过去付钱取书。这本 *AHD* 严谨权威，装帧漂亮，让人爱不释手。*AHD* 的旧版我有，最新版我犹豫了许久才决定要买，因为它没有附赠我习惯用的光盘，只提供平板电脑以及智能手机的 APP。我是个老古董，也是个科技的低能儿，没有流行的时髦玩意儿，更不知道怎么下载安装，只能先翻翻纸质词典过过干瘾了。

新词典到手的头几天是关键的蜜月期，要翻要查都得趁这段期间，因为再过几天，新鲜感逐渐淡去，我的词典就要上架归位，在那里静静地伫立守望，等待不知何时的再见了。

我在家里和研究室各摆了一本，都放在伸手可及之处，随时查阅。有天我闲来无事，随性所至，把词典翻到 dragon（龙）那一页，读读 dragon 的定义，看看 dragon 的图片，浏览一下 dragon 前后的条目，意外让我瞄到了 dragon fruit（火龙果）：

dragon fruit 火龙果 n. 1.A night-blooming climbing cactus (*Hylocereus undatus*) native to Mexico and Central America, cultivated in tropical regions for its edible fruit.【一种夜间开花的攀缘性仙人掌（学名"量天尺"），原产墨西哥和中美洲，栽培于热带地区，果实可食。】2.The fruit of this plant, having red skin covered with large scales and white or pink flesh containing small black seeds.In both senses also called pitahaya.【该植物的果实，表皮红色，覆以大型鳞片，果肉白色或粉红色，内含黑色的小籽。此二义亦称为 pitahaya。】

定义底下附有词源，经专家推定，dragon fruit"可能部分译自中文的火龙果，之所以会有如此称呼，源自垫片的外观和仙人掌的果实。"【Perhaps partial translation of Chinese terms such as Mandarin *huǒlóngguǒ*, fire dragon fruit (so called from the appearance of the pads and fruit of the cacti): *huǒlóng*, fire dragon (*huǒ*, fire+*lóng*, dragon) + *guǒ*, fruit.】

记得差不多20年前，这个原产于中南美洲的水果刚引进台湾，中文名称还在"火龙果"与"红龙果"之间摆荡，描述的就是这种状似龙麟、色近红火的外观。几年后，我在台湾开了一门《用英文简介台湾》的课，因教学所需，遍览相关的英文书籍与网络数据，就注意到文献上出现过 fire dragon fruit（火龙果）和 red dragon fruit（红龙果）这两个逐字翻译的借译词（calque，或称 loan translation）。

这个水果的中文名称几经拉锯，后来"火龙果"似乎占了上风，英译也逐渐简化为 dragon fruit。我经历过这段水果引进、词语演变的过程，如今在 *AHD* 意外看到 dragon fruit，十分惊喜。细读词源，接近我的认知。

英文里早有来自西班牙文的火龙果（pitahaya），如今又收了个来自中文、形象传神的 dragon fruit。一物多名，英文词汇海纳百川，在此又新增了一例。

7. 夫妻肺片与史密斯夫妇

2017 年上半年，中国名菜“夫妻肺片”出了风头，荣登美国知名的时尚杂志 *GQ*。美食专栏作家布雷特·马丁（Brett Martin）在休斯敦（Houston）的双椒川菜馆（Pepper Twins）品尝后大加赞赏，把它评为年度开胃菜（Appetizer of the Year），称其是“唤醒味蕾”的凉菜。

不只夫妻肺片这道川味凉菜引人瞩目，连菜名的英译 Mr.and Mrs. Smith 也别出心裁，让人眼前一亮，灵感据说来自布拉德·皮特（Brad Pitt）与安吉丽娜·朱莉（Angelina Jolie）主演的 2005 年电影《史密斯夫妇》（*Mr. & Mrs. Smith*）。

长久以来，夫妻肺片的英译各行其是，令人眼花缭乱。有逐字直译的 husband and wife lung slice（丈夫和妻子肺脏切片），有短版意译的 beef and beef offal（牛肉和牛内脏），有长版意译的 popular Sichuan cold dish made of thinly sliced beef and beef offal（由薄切牛肉和牛内脏做的人气四川凉菜），有机器翻译的 married couple lungs piece（已婚伴侣肺脏碎块），甚至有“指牛为猪”的 pork lungs in chili sauce（辣椒酱泡猪肺脏），不一而足。

2008 年北京奥运前夕，为了终结过去的翻译乱象，为了给百家争鸣的中菜英译定调，北京市政府公告出版了《北京市餐饮业菜单英文译法》，夫妻肺片当时译为 Sliced Beef and Ox Tongue in Chilli Sauce（辣椒酱泡牛肉片和牛舌片），如今看来似嫌累赘，也不够精确。陆谷孙主编、复旦大学出版社出版的《中华汉英大词典》，以汉语拼音转写的 fuqi feipian 收录了夫妻肺片，随后在括号里加以解释补充，提供了精简实用的背景知识。音译的 fuqi feipian，也是英文 *Wiki* 推荐的译法。

Mr.& Mrs.Smith 是夫妻肺片的新译，是美国休斯敦双椒川菜馆的发明，译法跳脱了传统的窠臼，另辟蹊径，令人耳目一新。然而能否从此一锤定音，群起效法，成为夫妻肺片诸译的新共主？抑或只是一家之言，引不起共鸣，最后落得昙花一现？语言问题难以铁口直断，且让我们拭目以待。

中华美食驰名全球，讲得出来的品项成千上万，然其英译有共识者如凤毛麟角，绝大多数菜名的英译都莫衷一是。我在台湾担任过政府部门美食英译的审定委员，看过许多材料，参加过许多讨论，也为此写过不少文章。总体的感觉是，学者理想，字斟句酌，讲理论重体系，三句不离信达雅。而业者务实，力求菜名的英译能有助于销售，并希望明确成分以减少纠纷。学者与业者的立场经常壁垒分明，学者之间的路线见解也可能南辕北辙。

鉴往知来，这一直是我探索语言的基本态度。放眼过去，把经验做个归纳总结，或许就能借此展望未来，看到一个粗略的方向。

英美出版的权威英文词典，如牛津与韦氏家族，约莫收录了 20 来道中餐菜肴或点心小吃，如 chop suey（炒杂碎）、subgum（炒什锦）、chow mein（炒面）、char kway teow（炒粿条）、dim sum（点心）、char siu（叉烧）、siu mei（烧味）、egg drop soup（蛋花汤）、egg foo young（芙蓉蛋）、pidan（皮蛋）、beggar's chicken（叫花子鸡）、moo goo gai pan（蘑菇鸡片）、Peking duck（北京烤鸭）、moo shu pork（木须肉）、bao（包子）、mantou（馒头）、wonton（馄饨）、jiaozi（饺子）、potsticker（锅贴）、yuanxiao（元宵）、mooncake（月

饼）、popiah（薄饼；润饼）等。

另有几道尚未收录于词典，但广为流传，名列海外中餐馆的知名菜色，如 beef chow fun（干炒牛河）、Kung Pao chicken（宫保鸡丁）、General Tso's chicken（左宗棠鸡）、Mapo tofu（麻婆豆腐）、twice cooked pork（回锅肉）、sweet and sour pork（咕咾肉）、hot and sour soup（酸辣汤）、xiaolongbao（小笼包）等。

这 30 道美食，或收录于权威的英英词典，或广泛通行于英语世界的中餐馆，全用英文命名的仅有 7 道，不及四分之一，全部音译或半音半义的有 23 道，比例超过四分之三。菜名的字数方面，每道美食最多就 4 个字，且只占 3 例，即 moo goo gai pan（蘑菇鸡片）、sweet and sour pork（咕咾肉）和 hot and sour soup（酸辣汤）。

由此可见，广为英语世界所接受的中菜英译，以音译为主流，菜名的字数 4 个字到顶，且最为罕见。数字会说话，这个小小的发现或可供各界参考。

8. 吃力不讨好的中菜英译

2016 年年中，台北市政府观光传播局隆重推出了“百大小吃双语菜单”，希望外国游客来台北品尝美食之时，能与小吃店家的沟通更加顺畅。

类似的工作，其实许多单位和个人都尝试过，网上的相关资料更是不知凡几。但由于多数美食小吃的菜名英译并无标准答案，翻译同行间的见解或有不同，小吃业者与翻译工作者的立场更可能南辕北辙，因此要拿出一份大家都满意、无可挑剔的英译菜单，几乎是一项不可能的任务。

英国麦克米伦的 *MED* 在台湾出了英汉双解的繁体版，我受邀编写了一个中菜英译的小附录。数年前，台湾的经济主管部门曾将各式的中餐菜肴外包英译过，我忝为这份清单的审定委员之一。这类文化特色词的英译向来是我的研究兴趣，我发现近年来英文媒体若有报道中华美食或台湾小吃，采取的主要策略，绝大多数都是音译。

兹举一例。2013 年，具有全球关键影响力的美国有线电视新闻网（CNN）介绍了亚洲 10 大街头美食城（Asia's 10 greatest street food cities），台北和西安也入选其中。在每个城市中，CNN 又精选了 10 种街头美食，共计 100 种。

我统计了一下，这 100 种当中有 83 种采取完全音译，有 8 种采取部分音译部分英文，只有 9 种全是英文。事实摆在眼前，CNN 记者在介绍异国美食时，音译的使用率奇高，超过 9 成。

台北和西安的 20 种美食小吃，更是全以音译呈现。台北的有生煎包（sheng jian bao）、臭豆腐（chou doufu）、蚵仔面线（oa misua，闽南语）、刈包（gua bao，闽南语）、胡椒饼（hujiao bing）、牛肉面（niu rou mian）、豆花（douhua）、肉圆（ba wan，闽南语）、葱油饼（cong you bing）、大肠包小肠（da chang bao xiao chang）。西安的有麻酱凉皮（majiang liang pi）、羊肉串（yang rou chuan）、柿子饼（shi zi bing）、烤鹌鹑蛋（kao anchun dan）、熏肉大饼（xun rou da bing）、八宝玫瑰镜糕（babao meigui jing gao）、肉夹馍（rou jia mo）、灌汤包子（guan tang baozi）、煎饼果子（jian bing guo zi）、刀削面（dao xiao mian）。

大到对美食城市的选择，小到对小吃的挑选与地域的归属，大家对这份 CNN 的名单肯定存在许多意见甚至批评的声音。是的，有些部分我也不以为然，甚至误把冯京当马凉，不过我们若是单纯地只看 CNN 的翻译策略，就会发现这 20 个名称全部都是音译，无一例外。

CNN 这样做不无道理。这些小吃极具文化特色，在翻成英文时，国际惯例就是音译，就像日本的寿司（sushi），韩国的韩式拌饭（bibimbab）。音译不仅自然直觉，最大限度保留原汁原味，又能彰显当地文化的主体性。除此之外，音译对外国人也有一定的吸引力，因为音译不只方便当地店家理解，对外国游客充满了异国情趣，更是让他们展现当地语言能力的机会。

2016 年台北市政府公布的“百大小吃双语菜单”，以及 2008 年北京奥运前北京市政府公告的“北京市餐饮业菜单英文译法”，难免都存在着讨论空间，见仁见智，在此不议。但我觉得，我们英译中餐菜单，多是以解释为主，解释不是翻译，而且音译比率明显过低，实有检讨的必要。重要的英文媒体如 CNN 都以全数音译来肯定我们了，而我们却还是怯于使用音译，这是何苦来哉？

我的具体建议是，我们的双语菜单除了图片之外，文字部分先以汉字呈现，再提供音译方便沟通，随后辅以简短的英文翻译加深理解，如：臭豆腐 chou dou fu（stinky tofu）、肉夹馍 rou jia mo（Chinese hamburger）、棺材板 guan cai ban（Taiwanese bread bowl）、小笼包 xiao long bao（soup dumpling）。有需要时，其后可以再附上更为详尽的英文解释。至于 chou dou fu、rou jia mo、guan cai ban、xiao long bao 等音译，将来能不能为英文所吸收，正式成为英文词汇的一员，这我们无法预测，最后得由英文母语人士共同定夺，不是哪个人、哪个单位说了算。

9. 文化特色词宜原汁原味

2017 年 12 月 1 日起，国家相关部门研议多年的《公共服务领域英文译写规范》（以下略作“英译规范”）正式实施。这份涵盖交通、旅游、文化、教育等13个领域的英文译写标准，提供了常用的3500余条规范译文。

新闻发布后不久即刷爆微信朋友圈，新闻媒体、微博网站也都争相报道，“永别了，神翻译”“别了，神翻译！麻辣烫、拉面都有了规范英文名了，好有趣”“今日起，麻辣烫、拉面、烤串有国家标准的英文名啦！再见，夫妻 lung slice”，纷纷现身标题，显示这个议题众所关切。

2017年6月20日，国家质检总局、国家标准委、教育部、国家语委在北京联合发布了“英译规范”，多名研究专家一致推荐，以汉语拼音译写源自中国、深具中国特色的词汇，如围棋（weiqi）、豆腐（doufu）、拉面（lamian noodles）、馄饨（huntun）等。这则新闻当时就已经红遍了大半的微信、微博和媒体网站，其纸质版的《公共服务领域英文译写指南》，也于发布会前数月就由外研社出版。

我出身词典学，研究汉语文化特色词的英译多年，发表过一些相关的学术论文与科普文章，长年来主张的，就是这样一种向“异化”倾斜、朝我们语言靠拢、展现本族文化自信的翻译策略。

讲得浅白一点，在把中国特色的词语翻成英文时，我们无须过度迁就英语人士的接受程度，可以尽量顺应我们中文的语言特点，具体操作的方法就是通过音译（汉语拼音）与借译（逐字翻译），来传达汉语词汇的原汁原味。

这样的做法并不是盲目的自我膨胀，更非唯我独尊，而是客观地体察语言现状之后所得致的通则与规律。

先以“春节”为例。春节是个深具中国特色的节日，传统上，英语世界用得最多、最广的翻译，是采取“归化”策略的 Chinese New Year（中国新年）。所谓归化，就是向他们靠拢，以他们的语言为主要依归，译文要尽可能地道。英语世界本来就有 New Year（新年）的说法，冠以 Chinese（中国的）修饰，新构成的词组 Chinese New Year（中国的新年；中国新年），对英语人士而言，就是一个几乎感觉不到外国味的归化词。

然而，“春节”的英译在国内的标准答案却并非如此，而是个“中度异化”的借译词 Spring Festival（春天的节日）。“春”的英文是 spring，“节”的英文是 festival，“春节”逐字翻译而成 Spring Festival。英文的 Spring Festival 借译自中文的“春节”，此即中度异化的展现。也就是说，个别的单词，都是英文既有的词语，全新的组合，却因向我们中文的概念结构倾斜，对英语人士而言，可能存在着些许（中度）的异质感（异化）。

至于重度异化的“春节”英译，就是以汉语拼音转写的音译词 Chunjie 了。绝大多数的英语人士看到 Chunjie，都不会知道是什么意思，这个 Chunjie 给了他们明显（重度）的异质感（异化）。对他们而言，这就是一个不折不扣的外国词语，非得查阅词典或上网搜索，否则无法了解其义。绝大多数的中国人看到了 Chunjie，肯定也不免满腹狐疑：“春节”的英译怎么可能直接诉诸语音、采用汉语拼音？答案是肯定的。这不是无的放矢，而是良有所本。英国的权威词典柯林斯 *CED*，就以主条目（main entry）收录了 Chunjie，并以 26 个单词的篇幅，给 Chunjie 做了精简翔实的定义。

回到 2017 年底正式公告施行的“英译规范”。一些汉语文化特色词的英译，采取的就是如 Chunjie（春节）般、重度异化的音译策略，如围棋（weiqi）、豆腐（doufu）、拉面（lamian noodles）、馄饨（huntun）。

这样的做法，赞成者有之，质疑者相信也不在少数。我们不妨先看一组数据。

近些年来，世界最大、最权威的英文词典*OED*新收录了不少中国文化特色词，词典还附上了实际使用的丰富例证，如 jiaozi（饺子）、bao（包子）、wuxia（武侠）、tui na（推拿）、qipao（旗袍）、guanxi（关系）、goji berry（枸杞）、char siu（叉烧）、siu mei（烧味）、yum cha（饮茶）、milk tea（奶茶）、dai pai dong（大排档）等。除了少数是中度异化的借译词之外（如 milk tea“奶茶”），大部分都是重度异化的音译词（多源自普通话与广东话）。

针对“英译规范”里的这些围棋、豆腐、拉面、馄饨的翻译，或曰，围棋的英文，不是源自日文的 go 吗？怎么会是汉语拼音的 weiqi 呢？豆腐的英文，不是源自日文的 tofu 或行之有年的 bean curd（字面“豆制凝乳”）吗？怎么另创了一个汉语拼音的 doufu？“拉面”的英文，不是源自日文的 ramen 或是英译的 hand-pulled noodles（手拉面条）吗？怎么可能是汉语拼音的 lamian？馄饨的英文，不是早有源自粤语的 wonton，为何还用汉语拼音的 huntun？

的确，围棋、豆腐、拉面、馄饨这几个文化特色词，原本就已经有了固定、常见的英译，“英译规范”的做法，除了延续主流的音译策略之外，还更进一步，把文化主体性列入考虑，借此正本清源。围棋、豆腐、拉面均源自中国，其常用的英译 go、tofu、ramen 也源自中文，当代中国视角的围棋、豆腐、拉面，用的理当是汉语拼音的 weiqi、doufu、lamian。至于馄饨的英译，源自粤语的 wonton 或可保留给“云吞”，汉语拼音的 huntun 就用来指称一般的“馄饨”。

或论，这些概念事物，英文已有现成的词汇，何苦另起炉灶，徒增困扰？非也。英文海纳百川，包容性极强，即使现成的词汇能表达相关的概念和事物，英文还是乐于接受新的同义词。兹举一例。英文里表“少量；些微”的字眼相当多，但它还是向日文借了一个 skosh（“少し”，日文罗马字作 sukoshi），这还是个用得颇为普遍的词语。

OED 和“英译规范”这样的做法，事实上再正常不过。鉴往知来，放眼世界，诉诸音译，是翻译文化特色词常见的策略。文化特色词有其特殊性，在翻成英文时，国际惯例的首选就是音译。音译不仅自然直觉，更能最大限度保留原汁原味。

不过国人对音译的反应，似乎是质疑强过认可，批评多于肯定。许多人认为音译谁都会，简单直白，毫无学问可言，而且音译出来的全新说法，外籍人士不会懂。即使众多证据摆在眼前，质疑否定之声，依旧挥之不去。

文化自信并不是文化自大。过去的我们因种种原因在欧美面前或许自信不足，现在中国的国力日强，文化自信也随之而来，但这并不是文化自大，而是回归平常心，是个本该就有的态度。

我们正视自己的价值，在汉英词汇的翻译上依循语言的规律，顺天应地，不卑不亢。见微知著，在“英译规范”的这件事情上，我们看到了一个可长可久的方向。

10. 珍珠奶茶的词典待遇

东吴大学每年暑假都会举办“溪城讲堂”，这是个面向大陆大学生、为期四周的暑期游学营。我们英文系开授了“跨文化沟通：学英语游台湾”，来自大江南北的学员们先在全英语的课堂上密集学习，接着投身台湾的美食美景与地标展馆去做文化体验。

我们给学员一人一件酒红色的 T 恤衫作为见面礼，衣服前面中间有个特别的图案，是珍珠奶茶堆栈而成的台北 101，他们都非常喜欢。台北 101 曾是世界第一高楼，是台北的重要地标，珍珠奶茶又是台湾的代表性美食之一，二者有机的结合，让人眼前一亮。

台湾小吃的种类繁多，名闻遐迩，近悦远来，每个人或许都有自己的想象。倘若要举出最具代表性的台湾特色美食，珍珠奶茶肯定名列前茅。

的确，从客观的角度来看，珍珠奶茶可以称得上是国际知名度最高的台湾原创美食。此话怎讲？珍珠奶茶原创于台湾，不仅风行全台，横扫大陆，甚至红遍世界，30 年来历久不衰。重要的是，多部重量级的英英词典都收录了珍珠奶茶。

美国第一的韦氏 *W3* 收词量近 50 万，2016 年公告了近几年来增收的 2000 个新词新义。我长期密切关注英文词汇的发展，这回发现，bubble tea（珍珠奶茶）和 boba（波霸奶茶）首度收录其中。

事实上，*W3* 此举落后同行甚久。比它早 10 年，英语世界许多大型权威的英英词典就已经纳入了珍珠奶茶。世界最大、最全的 *OED* 于 2005 年率先收录了 bubble tea，并在作为佐证资料的书证里清楚指出，这个珍珠奶茶的英文 bubble tea 于 1993 年 9 月 24 日首度见诸文字，出现在新加坡的英文报纸《海峡时报》（*The Straits Times*）的生活副刊上，描述的是珍珠奶茶的材料与做法。

OED 乃泰山北斗，风行草偃，旗下的各式大型词典也都陆续跟进，收录了珍珠奶茶。英美两国其他的大型权威词典，如柯林斯 *CED* 和美国传统 *AHD* 也“输人不输阵”，统统收录了珍珠奶茶。

这几部收录珍珠奶茶的权威词典一字排开，阵势惊人。现象造就了词汇，词汇反映了现象，台湾发明的珍珠奶茶受到国际的肯定，毋庸置疑。这些词典或在定义，或在例句，或在词源，都清楚载明珍珠奶茶源于台湾（originated in Taiwan）、为台湾出身（of Taiwanese origin）、最初来自台湾（originally from Taiwan）。

值得注意的是，英语世界把 bubble tea（珍珠奶茶）和 boba（波霸奶茶）混为一谈，视彼此为同义词，后起的 boba 经常被释义为

“bubble tea 的又称”。*W3* 还用了相当的篇幅给 boba 追本溯源，说它来自台湾中文的“波霸”，可能是波霸奶茶里的粉圆较大，因而得名。对于部分人士主张的“boba 讹转自 bubble”，*W3* 列举了证据，加以驳斥。

这些权威的英文词典也记录了珍珠奶茶的其他说法。除了上述的 bubble tea 和 boba 之外，还有 boba tea、pearl tea 这两种登记在案的异体。语言上的一物多名，在此也得到了充分的印证。

11. 英文词语中国茶

我在台湾东吴大学的研究室唤作“不知汉斋”，斋内挂有一幅明·仇英的《松亭试泉图》，是购自附近台北故宫博物院的原尺寸复制品。

画中高山飞瀑，雾气漫天，劲松双立，松枝蔽亭。亭下的文人身着白衫，手执羽扇，席地倚栏眺山望水。一书童傍溪汲泉，另一书童亭内备柴，亭旁树下茶具火炉皆具。我举头凝视，见悠然之闲情，得禅意而忘言。禅茶一味，不禁心驰神往。

中国是茶的故乡。不仅中国人爱喝茶，世界各地许多民众也都为之着迷，各种语言的“茶”也几乎都源自中文。

英文的茶是 tea，源自闽南语，是标准的字眼。英文另有一词 char（亦拼为 chai 或 cha）也是茶，源自普通话或粤语，是口语的说法。近年来星巴克（Starbucks）兼卖茶饮，chai 上了菜单搭上顺风车，这个 chai 的拼法也逐渐时髦了起来。

中国茶的种类繁多，钟鼎山林各有所好，历来所谓的“十大名茶”版本不一。我统计了网上 5 个“十大名茶”的评比，将进榜次数加总后由高而低排列，次数相同者排名不分先后，得到的恰好也是 10

个：洞庭碧螺春、西湖龙井、黄山毛峰、安溪铁观音、六安瓜片（以上各5次）、信阳毛尖（4次）、武夷岩茶、祁门红茶、都匀毛尖、庐山云雾茶（以上各3次）。

英国人爱喝茶是出了名的，他们自己发展出了一套有别于中国的茶文化，英文里的茶词汇自然也就应运而生。除了最基本的统称 tea 和 char 之外，有相当大一部份茶叶的名称直接借自中文，进了权威的英文词典。

让我们意外的是，上述的中国十大名茶只有2个为词典所收，即武夷岩茶（bohea，“武夷”的音译）和祁门红茶（Keemun，“祁门”的音译），此二者均是产地地名的方言读法。

我以权威的 *OED* 为本，对英文里的茶做了调查研究，发现一共有20余个源自中文的茶品种、茶产品或茶文化词汇。这其中除了上述的 tea、char、bohea、Keemun 之外，还有 oolong（乌龙茶）、Pu-erh（普洱茶）、congou（功夫茶）、hyson（熙春）、young hyson（雨前，字面“嫩熙春”）、pekoe（白毫）、pouchong（包种茶）、souchong（小种茶）、Lapsang souchong（立山小种；正山小种）、Twankay（屯溪绿茶）、bing（茗）、imperial tea（御茶，一种上等绿茶）、pearl tea（珠茶）、oopak（湖北茶，一种黑茶）、sunglo（松萝茶）、campoi（拣焙茶）、jasmine tea（茉莉花茶）、boba tea（波霸奶茶；珍珠奶茶）、bubble tea（泡沫红茶）、yum cha（粤式饮茶）。

这些英文，多半源自南方各地方言或早期的拼法，也有少数的意译词，有些在中国甚至罕为人知。

许多中国人喜爱的绿茶，英国人似乎兴趣不大，在中国不是特别主流的红茶、乌龙茶，反而受到他们的青睐。近些年来兴起的台湾新式茶饮和流行于海外华埠的粤式茶楼，也都在英语世界找到了粉丝，成了英文的新词。老干新枝，中国茶对英文的影响力看来仍在持续。

12. 中国面的英文

2016 年 9 月中，素有“英语词典圣经”之称的 *OED* 公布了当年第 3 季的新词新义。这一季新增了 500 多个词汇，我从头逐一浏览，发现了 10 余个来自新加坡与马来西亚的元素，比例之高令人惊讶。

在这些源自星马的外来词之中，char kway teow 让我眼睛为之一亮，念出来的感觉很像我熟悉的闽南语，细读词条，果不出所料。该词的词源明白指出，说 char kway teow 来自中国的福建话（Hokkien，即闽南语），就是“炒粿条”。

粿条又称“粿仔条”，客家人谓之“粄条”，都是先将大米磨成浆之后，再加工制成的宽扁面条。这个闽南语音译的 char kway teow（炒粿条）登堂入室，为权威的 *OED* 所收，正式成为英语词汇的一员，让身为台湾闽南人的我备感亲切。

广东人的“河粉”是一种类似的食品，“炒河粉”更是一道名扬海内外的传统名吃，英语世界多把它音译为 chow fun（炒粉，不是“炒饭”），最有名的 beef chow fun（干炒牛河，字面意为“牛肉炒粉”）早就约定俗成，却迟迟不见诸英文词典。

chow fun（炒河粉）迄今尚未获得词典的背书，然拼字仅一词之差的 chow mein（炒面），却早已为各大小词典所收。“炒面”没有依循稳健保守的做法意译成 fried noodles，反而以广东话的音译 chow mein 行遍天下，令人称奇。

英文词典收录的 lo mein（捞面），同样音译自广东话。捞面是广东人的“拌面”，做法一般是把鸡蛋面（egg noodles）煮熟后沥干，淋上酱汁（多是蚝油），佐以蔬菜（常用菜心或芥蓝）和其他荤菜（如牛、鸡、猪、虾或云吞）食之。

大多数人或许不知，*OED* 还收录了一个中国“面”的音译词 mien，此乃转写自传统的威妥玛拼音，与汉语拼音的 mian 有一个字母之差，与意为“风度、仪表、气质”的常用字眼 mien 来源不同（后者来自法语）。资料显示，这个中国面的 mien 于 1890 年开始有文字记录，一个世纪后的 1992 年还曾出现在英文的文献中。

除此之外，*OED* 也收录了另一个中国面的音译词 mee。这个 mee（面）与 char kway teow（炒粿条）有个共同点，都是源自星马地区华人的闽南语，只不过它们流行于南洋，其他地区可能并不熟悉。

是故，面条的英文并非都要有 noodles（面条数量常多于一，用复数）。“粿条”音译为 kway teow，“（河）粉”音译为 fun，都没有意译为 rice noodles（大米面条）。炒面、捞面也完全音译，面都是 mein，不见 noodles。面的国语音译 mien 和闽南语音译 mee，也已经获得权威的背书，进入了 *OED* 的殿堂。

日本人也吃面，常见的有 ramen（日式拉面）、udon（乌冬面，台湾译“乌龙面”）和 soba（日式荞麦面），此三者皆以如此的音译通行英语世界，并已进入各大词典。比较特别的是，udon 和 soba 都是日文本土的字眼，而 ramen 却是源自中文“拉面”的读音。

意大利是西方世界的面食大国，欧美人吃面，一般吃的都是 pasta（意大利面食）。意面的内容样式丰富多彩，其英文表达均直接挪用自意大利语，不加翻译，也不用 noodles。意大利面条是 spaghetti，意为 little cord（细绳子）。宽面是 fettuccine，意为 little ribbon（小缎带）。扁面是 linguine，意为 little tongue（小舌头）。细面是 vermicelli，意为 little worm（小蠕虫）。

中国面食博大精深，花样繁多，美味可口，比之意大利面食，当不在其下。英文对意面的意大利语照单全收，简单直接。

对照邻国日本的三大面——ramen（日式拉面）、udon（乌冬面）

和 soba（日式荞麦面）——又哪一个不是直接音译？就连我们自己的 chow mein（炒面）、lo mein（捞面）、char kway teow（炒粿条）、beef chow fun（干炒牛河），哪一个不是诉诸语音？而我们在翻译中国面食时，却总是怯于音译，老在英语的文字里打转，隔靴搔痒，令人遗憾。

13. 兰州牛肉面不妨音译

兰州牛肉面红遍大江南北，堪称是全中国能见度最高的面条，并曾获中国烹饪协会评定为“三大中式快餐”之一，享有“中华第一面”的美誉。

遗憾的是，比起另两大中式快餐的北京全聚德烤鸭和天津狗不理包子，兰州牛肉面似乎还没登上国际知名的英文媒体，在英语世界的能见度明显偏低。英文译名方面，北京烤鸭是 Peking duck，包子是 bao（或 baozi），此二者早就约定俗成，并均已收录于大型权威的英英词典。然而，兰州牛肉面的英文译名却是各行其是，权威的英英词典亦尚未收录。

“兰州牛肉面”的英文，常见的有 Lanzhou beef noodle soup（字面义“兰州牛肉面条汤”）、Lanzhou beef noodles（字面义“兰州牛肉面条”）。此外，也有译自“兰州拉面”的，如 Lanzhou hand-pulled noodles（字面义“兰州手拉面条”）、Lanzhou stretched noodles（字面义“兰州抻扯面条”）以及全音译的 Lanzhou lamian（兰州拉面）。英文的 *Wiki* 以 Lanzhou beef lamian（字面义“兰州牛肉拉面”）为条目，收录了兰州牛肉面。

看着这些林林总总的翻译，不免让人心生困惑，这“中华第一面”的英文到底是哪个？还是另有答案？

答案不急，先澄清一个概念：地方美食具有鲜明的文化特色，美食音译向来是国际惯例。单讲面食，各式的意面风行全世界，其英文是直接挪用，相当于音译。就以最常见的 spaghetti（意大利面条）为例，此乃照搬自意大利文，没人按字面翻成 little cord noodles（细绳子面），因为这样不只间接拗口，文化特色丧失泰半，还容易造成理解上的障碍，让人迷失在众多类似的名称中。

远的有意面，近的有中、日两国的面。中国的 chow mein（炒面）、lo mein（捞面）是音译，日本的 ramen（拉面）、udon（乌冬面）和 soba（荞麦面），也是音译，全都是行之有年的固定英文，也早就收录于权威的英文词典之中。

倘若我们依汉语拼音，把“兰州牛肉面”翻成 Lanzhou niurou mian 如何？大家是冷嘲热讽？是存疑理解？还是认同点赞？

请听我细说从头。兰州是地名，音译是唯一的选择，只有拼音系统的不同，没有其他的可能性。但“牛肉”的英语明明是 beef，音译为 niurou，不是让人匪夷所思，笑掉大牙？未必。“和牛”为日本品种的顶级牛，英文直接音译作 Wagyu（Wa“和”，即“日本”+ gyu“牛”），而不是意译的 Japanese cattle（日本牛）或 Japanese beef（日本牛肉），此 Wagyu 是餐饮界的规范用词，早已见诸各大权威的英文词典。谁说有现成的英文就不能另辟蹊径？有前例可循，把“牛肉”音译为 niurou 为何不行？

至于“面”，英文里虽有基本词汇 noodles（面条数量常多于一，用复数），然而与上述的牛（gyu）相同，音译何尝不可？况且，英文里有来自中文的 mein（如 chow mein“炒面”、lo mein“捞面”）与 men（如 ramen“拉面”，日本拉面源自中国）。另外，mien（“面”的威妥玛拼音）和 mee（“面”的闽南语转写，多用于新加坡和马来西亚）一样为英语所用，且收录于世界最大、最权威的 *OED*。准此，孰谓音译的 mian 不可？

综上所述，把“兰州牛肉面”音译为 Lanzhou niurou mian，绝非信口开河，亦非无的放矢，而是体察语言本质，通过鉴往知来，加之深思熟虑后的英译。答案，有时不须拐弯抹角，反而藏在直接的简单里。

地方特色美食采取音译是条正道，“兰州牛肉面”的英文可以是 Lanzhou niurou mian，“兰州牛肉拉面”的英文可以是 Lanzhou niurou lamian，“兰州拉面”的英文可以是 Lanzhou lamian。当然，兰州牛肉面的国际知名度尚未打开前，如此音译，英语人士必不熟悉，需辅以简短的英文解释。

英文词汇海纳百川，只要深具特色，能给英语人士一个全新的认知，甚至是文化上的仰慕，英文是非常乐于吸收外来元素的。意大利挟地缘与文化上的优势，意面早在西方遍地开花。日本面在日本料理的光环加持下，在欧美各地也广受欢迎。

咱们的兰州牛肉面养在深闺人未识，只要做出让人向往的价值，佐以到位的宣传，让人心生仰慕，必能近悦远来，在全球的饮食舞台上逐渐占有一席之地。届时，音译的 Lanzhou niurou mian 也就水到渠成了。

14. bao，来自中文的英文新词

长久以来，从南到北，从东到西，包子在中国各地一直都广受欢迎，不过近几年来，这个平民美食的热度明显升温不少。

还记得 2013 年年底的某个周末，习近平总书记轻车简从，现身北京街头的庆丰包子铺，跟着民众一起排队点餐端盘子。习总书记这次的低调出访却造成了轰动，引发了话题，包子一夕之间翻身爆红，

成了网民口中“高端、大气、上档次”的代名词。

两年后我从台北飞到北京，在北大、北师大、北外等几所知名的高校举办讲座，发现北京街头冒出了许多前所未见的庆丰包子铺，连招牌都出现了英文标识。

我慕名走进了王府井商圈的一家，发现店铺用了两块招牌，一块有企业商标，镶在外墙的显眼处，包子翻成 steamed dumpling（蒸的面团；蒸饺），另一块是木制牌匾，挂在大门的正上方，包子译为 steamed stuffed bun（蒸的带馅小圆面包）。简单的包子，翻译得累赘，有如隔靴搔痒。一样的包子，却在同一家店铺用了截然不同的英文名字，让不谙中文的外籍人士一头雾水，还以为是两种不一样的食品。

包子的英文怎么说？如果您还在用 steamed stuffed bun，那您可就落伍了，因为现在的英语人士都喜欢说 bao（包）！

过去这几年，包子不只在中国声名大噪，在欧美更是异军突起，广为人知，喜爱者趋之若鹜，主流的英文媒体纷纷报道。杭州连锁包子店“甘其食”的第一家海外店 Tom's BaoBao（汤姆的包包），2016 年下半年在美国马萨诸塞州剑桥镇的哈佛广场商业区开业，其精致美味的包子引来了《今日美国报》（*USA Today*）、《波士顿环球报》（*The Boston Globe*）的报道，包子的英文用的就是 bao。

再早些时候，来自台湾移民的后代黄颐铭（Eddie Huang）也让另一种形式的包子“刈（guà）包”扬名美国。黄颐铭是美国的美食名人，后来更以他的自传 *Fresh Off the Boat*（《菜鸟新移民》）以及据此改编的同名情境喜剧，成为美国媒体的知名人物。黄颐铭在纽约市曼哈顿下城（Lower Manhattan）的东村（East Village）开了家 BaoHaus（包之屋），专卖台湾特色的刈包（或作“割包”），《纽约时报》（*The New York Times*）、《滚石杂志》（*Rolling Stone*）都大幅报道，英文或用全称的 gua bao，或用简称的 bao。

bao 这个英文单词很新吗？非也。我上个世纪 90 年代在美国读博，那时美国就有人在卖包子了，我身边的美国朋友都习惯称之为 bao，“（猪）肉包”是 pork bao，“（蔬）菜包”是 vegetable bao，“豆沙包”是 bean bao。

当时我在美国尚不以为意，直到 10 年后的 2005 年，我查阅了英语世界最大、最权威的 *OED*，我才知道包子的音译早已进入英文。

OED 以 pao-tzu 的形态收录了包子，把它定义为 In Chinese cookery: a steamed bread roll with a savoury or sweet filling（在中式餐饮中，一种蒸制的带馅圆面包，馅料可咸可甜）。这个 pao-tzu 的拼法是依传统的威妥玛拼音转写，1927 年就已经正式见诸英文的文献，出现于吉纳维夫·威姆萨特（Genevieve Wimsatt）所写的《一个白人在中国》（*A Griffin in China*）：The pao tzu is a sort of steamed tart, filled not with sweets but with chopped meat and green vegetables.（包子是一种蒸制的馅饼，包的是碎肉与青菜，而非甜品）。

在汉语拼音广为大家接受之前，包子常拼成 pao-tzu，后来才逐渐改为 baozi，这个拼法的演变，也忠实地纪录在 *OED*“包子”条目的词形（forms）、来源（origin）与词源（etymology）解说里。*OED* 引用了一则 1997 年 11 月 14 日《西雅图邮讯报》（*Seattle Post-Intelligencer*）的报道就是明证：Bao-zi, a dry, doughy wheat bun steamed and filled with shredded pork（包子，一种小麦制成的小圆面包，干燥柔软，包碎猪肉馅，蒸而食之）。至此，“包子”的英文已确定由旧式的 pao-tzu 转为新式的拼法 baozi。

2016 年，包子的英文发生了一件值得一提的惊喜事。*OED* 在其年度第 3 季（9 月）的修订中另立条目，以 bao 为词目（headword）收录了“包子”，定义与 pao-tzu 完全相同，并称其“= baozi”，而点击这个 baozi 的超链接，页面跳转到最初的 pao-tzu。也就是说，*OED* 收录的“包子”，其英文最早是威妥玛拼音的 pao-tzu，后来演变为汉语拼音的 baozi，最后再依此简化为单音节的 bao。

OED 关于 bao 的最近一条书证，出自 2004 年 4 月 4 日的《纽约时报》：In the Hong Kong Maxim's, what you get when you ask for bao is a puffy white bun stuffed with pork and scallions, or barbecued meat.（在香港的美心餐厅，你点的包子是种白色膨松的小圆面包，里面包有青葱猪肉馅，也就是叉烧馅。）

OED 是一部依历史原则编纂的超大型词典，古今兼收，纵览英语千年史。而另一部在线牛津词典 *ODO*，则贴紧时代脉动，着力于纪录、描述现代英语。

先于有历史纵深的 *OED* 一步，这部专攻现代英语的 *ODO* 在 2016 年稍早就悄悄地增收了包子的英文 bao，此举并没有引起什么关注，更没有任何的新闻发布会。包子的英文，*ODO* 与 *OED* 的最新修订多所类似，均以 bao 为词目，随即在一旁补充，言其“又作 baozi”（also “baozi”），并摒弃了 *OED* 的旧拼法 pao-tzu。*ODO* 给 bao 下的定义是 a Chinese steamed bread roll with a filling of meat or vegetables（一种中式的蒸制圆面包，以肉或蔬菜为馅）。定义底下还罗列了 10 余条从语料库摘取的例证，拼法以 bao 为最大宗，全称的 baozi 只是点缀。

包子的英文传统上常翻成 steamed bun（蒸制的小圆面包），或是详细一点的 steamed stuffed bun（蒸制的带馅小圆面包），然而这只不过是笼统含糊的解释，难以体现中国美食的特色和韵味。bao 这个音译词的出现，虽然低调，但其使用于广大的英语世界并得到权威英英词典的肯定与收录，让我们中国人都同感欣喜。

中国的包子种类繁多，大家翻译时还在英文里兜圈子吗？还在绞尽脑汁设法意译吗？鉴往知来，有 bao 和 baozi 在英语世界的众多前例可寻，有权威英文词典的收录作为坚实的后盾，这些包子也都以音译的形态面世如何？叉烧包翻成 char siu bao，生煎包翻成 sheng jian bao，小笼包翻成 xiao long bao，汤包翻成 tang bao，灌汤包翻成 guan tang bao，这样简单直接，不也挺好的！

15. 羊羹，何须舍中文就日文！

2017 年年中，我在复旦大学访学，有位沈阳的网友来沪，送了我当地的特产羊肝羹。我没吃过羊肝羹，问他是否就是我熟悉的羊羹，他笑笑说，羊肝羹就是加了少量羊肝的羊羹。我上网求证，赫然发现羊羹居然源自我们中国，而我孤陋寡闻，却一直以为羊羹是日本的点心！

我小时候在台湾常吃羊羹，包装上总有几个日文的平假名，习而不察，难怪会有这样的错觉，也不知道羊羹跟羊有什么关系，直到看了资料才豁然开朗，暗自羞愧。原来最早的羊羹就是用羊肉熬制的浓汤，冷却后结成的冻可以用来佐餐。现在的羊羹，大约是在南宋时由佛教禅宗的僧人传入日本，由于佛教严禁杀生，动物胶以赤小豆或其他成分取代，渐渐演变成现在这个果冻状的豆制品甜食。

OED 于 2016 年底收了日文音译的 yokan（羊羹），说羊羹“源自中国”（originated in China）。羊羹本是中国的食品，那么我们英译羊羹时，是用牛津收录、知名度较高、来自日文的 yokan？是采词典未收、知名度偏低却来自中文的 yanggeng？还是诉诸其他不同的策略？

许多人可能不假思索，答案就是 yokan，因为这毕竟是个获得权威认证的英文单词。然而若由文化自信的视角观之，则未必如此，或可有不同的思考。

2017 年 6 月下旬，国家质检总局、国家标准委、教育部、国家语委在北京联合发布了《公共服务领域英文译写规范》系列国家标准，引起了广泛的关注，其中餐饮词汇更是吸引了众多目光。这套译写国标提到，中国特有的食物名称，如饺子、包子、粽子、馒头、火烧、煎饼、肉夹馍、油条等，可用汉语拼音拼写。国标所揭橥的这个音译原则，事实上就是行之有年的国际惯例。羊羹是个源自中国的特色食品，基于这个肯定自我的精神，用汉语拼音拼写，把 yanggeng 推介给英文，实乃顺理成章。

此外，新发布的译写国标还提到，一些英文词语若源自中文，却在进入英文时取道日文，建议回归中文，如“豆腐”不用日文的 tofu 而用中文的 doufu，“禅（宗）”不用日文的 Zen 而用中文的 Chan，“围棋”不用日文的 go（由 igo“囲碁”缩略而成）而用中文的 weiqi。准此，羊羹的英译虽有现成的 yokan，不过 yokan 来自日文，我们理当回归源头的 yanggeng，才能彰显我们的文化主体性。在强调文化自信的此时此刻，这条准则深具意义。

大家或有不知，权威的英文词典也收有中文的禅、围棋和豆腐。韦氏大词典 *W3* 收录了中文的 Ch'an（禅，威妥玛拼音），*OED* 收录了中文的 wei ch'i（围棋，威妥玛拼音），英文维基词典 *Wiktionary* 收录了中文的 doufu（豆腐），证据在前，我们何须舍中文而就日文！

类似的例子还有不少，兹举二例。同样是美食，英文接纳了日文的 gyoza（饺子，多部英文词典均收，以煎饺为常见），也接纳了中文的 jiaozi，我们用英文谈论中国的饺子时，当然要用 jiaozi，不能用 gyoza，以免混淆了中国菜和日本料理。

传统乐器方面，英文吸收了日文的 shamisen（三味线，或拼为 samisen，即三弦，收于多部英文词典），也吸收了中文的 san hsien

（三弦，威妥玛拼音，收于 *OED*），我们在谈论苏州评弹时，应避免使用日文的 shamisen，从而防止错误的文化联想。在采用中文的 san hsien 时，也当与时俱进，改为汉语拼音的 sanxian。

中国特色的事物可用汉语拼音转写。源自中文取道日文的英文词汇，宜回归根源的中文拼写。我们建立文化自信，在词汇翻译方面，何妨由此做起。

16. 多籽多福的石榴

秋冬之际，是石榴的丰收时节。菜场、超市，石榴随处可见。榨石榴汁的小摊，生意又开始兴隆起来。

上个世纪 70 年代，我在台湾省云林县虎尾镇的安庆“国小”读书，前后三位“级任老师”（班主任）都是 1949 年之后从大陆来台的南方人，低年级的李桂芬老师是浙江人，中年级的章光第老师是江西人，高年级的谈锡宽老师是江苏人。模糊的记忆中，他们都曾在课堂上不只一次地提及大陆的石榴，神情中隐约透露出遥远而无奈的乡愁。那时台湾还没有石榴，要想象，还真无从想象起。

及至稍长，读到了“风卷蒲萄带，日照石榴裙”，幻想着“拜倒在石榴裙下”的浪漫，石榴，仿佛就是朱红的化身，是下凡的仙女。

上个世纪 90 年代，我在美国读博，第一次在超市见着了石榴，活脱像个肚脐前突的大苹果，外形既可爱又逗趣，儿时的记忆突然就涌了上来，立马买回去一尝究竟。美国友人告知吃法，说掰开石榴吃里面的籽。我兴致勃勃，掰开一看，天哪，里头酒红色的籽多如恒河沙数，而且石榴别的不吃就吃籽，我一颗一颗往嘴里送，吃了许久也望不到终点，我的石榴初体验成了一场煎熬，害得我从此对石榴敬谢不敏。

有一天太太从超市买了一个美国进口的红色大石榴回来，说要跟我分着吃，我原先还是推辞再三，述明缘由之后被她四两拨千斤，只好硬着头皮再尝一次。石榴籽艳红欲滴，像是一颗颗的宝石，但吃起来既费时又费劲，我担心我吃完这半个恐怕得个把小时，后来突发奇想，大口将一团籽咬碎吞下，速度竟如秋风扫落叶，三两下就清洁溜溜。

谁教石榴的英文是 pomegranate，词源义为“多籽果”？

石榴 pomegranate 由 3 个成分所组成：pome+gran+ate。第一个成分 pome，也是个独立的英文单词，指的是梨、苹果一类的“梨果”，与法文的 pomme（苹果）有关，双双源自拉丁文的 pomum（词根为 pom），原义为 fruit（果；果实），后才转有 apple（苹果）之义。第二个成分 gran 与英文的 grain（谷粒）同源，来自拉丁文的 granum，意为 seed（籽）。最后一个成分 ate 是个形容词的后缀，亦可做名词使用。因此追根究柢，石榴 pomegranate 的原义，其实就是 seedy fruit（多籽果）。

好一个多籽果！一个男人拳头大的石榴，里头的籽，少说也有好几百个吧？

有趣的是，法文的“马铃薯”（即“土豆”）是 pomme de terre，字面义为 apple of（the）earth（土地的苹果），亦即 ground apple（土果）。土豆，土果，一中一法，却有异曲同工之妙。

古法文的 pomme d’amour，字面义为 apple of love（爱之果），不免让人不明就里地就充满了浪漫的情怀，事实上指的只是再普通不过的“番茄”。英文将之借入，词序稍做调整，love apple 也是番茄旧时的别称，迷人依旧。

我在美国读博时，常听美国同学说 crab apple，由于真实的水果不易见得，在超市、餐厅看到的又多是加工制成的果酱、蜜饯，我只能按照字面的“蟹苹果”来理解，终究无法参透，后来才知道这是种小型的野生酸苹果，跟“蟹”的关系不明，至今似乎尚无定论。

苹果的英文单词 apple，其古义本为“果”，可通指各种果实。这个语言的活化石，还出现在一些常见的复合词中，最知名的莫若 pineapple（凤梨；菠萝）。这个 pineapple 最早指的是“松树的果实；松果”（或“松球”，英文现称 pine cone），后来因为菠萝的外形与松果多所相似，因而 pineapple 指涉的对象产生了转移，语义也就随之改变了。

山楂的英文常用 hawthorn，另有一别名 thorn apple（字面义“刺果”），而这 thorn apple 也是“曼陀罗”（jimsonweed）的别称。一个刺果，两种意涵。

台湾的释迦就是番荔枝，因其果肉软糯，甜度甚高，英文常称之为 sugar apple（字面义“糖之果”）或 sweetsop（字面义“湿软甜果”，sop 意为“湿软的食物”），是台湾的特色水果之一。

台湾的莲雾源自南洋，不过莲雾来台后不仅品种渐多，口味更是益发迷人，青出于蓝而胜于蓝，反而成了台湾的特色水果之一。莲雾的英文一般说 rose apple（字面义“玫瑰果”，因其玫瑰色的外皮而得名），也可说 wax apple（字面义“蜡果”，因其蜡质的果皮），这两个词语都有 apple，指的也是果实而非想当然耳的苹果。

“多籽果”石榴的英文是 pomegranate，从梨果（pome）到苹果（apple），从苹果到果实（fruit），相关词语一路下来，石榴家族倒也真是多子多孙。

六、时事篇

——问今是何世

1. 英文词典里的慰安妇

2017 年是中华民族全面抗战（七七事变）的 80 周年纪念，日军惨绝人寰的南京大屠杀也届满 80 周年。“慰安妇”一词（comfort woman）在此重要的一年为权威的英文词典 *OED* 所收，透露的信息值得我们关注。

OED 是当今世上规模最大、最受尊崇的英文词典，自 2000 年的在线版启动以来，每季都会定期更新，发布甫获审核通过、正式收录的英文词语。2017 年第 1 季的新词于 3 月下旬发布，comfort woman（慰安妇）赫然在列，书证甚至采用了新华社的一则英文报道。

OED 在词源里明载，这个 comfort woman 是由日文词汇“慰安妇”（ianfu）翻译而来，“慰安”（ian）是 comfort（安慰）或 solace（慰藉）之意，“妇”（fu）就是 woman（妇女）。

OED 没有提到的是，由于 comfort woman 翻译自日文的“慰安妇”，词语所代表的当然是日本的观点与态度，亦即美化日本皇军、为自己的丑陋开脱、回避“性奴隶”（sex slavery）的反人道罪行。虽然如此，*OED* 作为语文词典，却也在定义里低调地指出了几个关键点。

OED 在看似平静的定义里，大篇幅地描述日军体制性的龌龊——强征慰安妇、连少女都不放过：a woman or girl who was forced to engage in sexual activity with Japanese soldiers as part of a system of brothels operated by the Imperial Japanese Army during the second Sino-Japanese War（1937–1945）and the Pacific War（1941–1945）.【被迫与日本军人从事性行为的妇女或少女，此乃第二次中日战争（1937—1945，即中国抗日战争）和太平洋战争（1941—

1945）期间日本皇军经营之妓院制度的一环。】

主要的定义底下，*OED* 还以两行小字进一步说明，补充了慰安妇的背景：The majority of these women and girls were from Japan's colonies and occupied territories; many were abducted, though others were entrapped with promises of employment.【这些妇女和少女大多数来自日本的殖民地和占领区，很多人都是被绑架的，其他人则是以工作之名被骗来的。】被绑、被骗，违反当事人的自主性，*OED* 给这个日本的军妓体制清楚地下了个脚注。

OED 给 comfort woman 精选了 4 条书证，前 2 条提到慰安妇是日军随军所不可少，第 3 条讲的是敦促日本向慰安妇赔偿，第 4 条则是报道了一名中国慰安妇的实例：

（1）With the exception of arms and ammunition, sake and comfort women, Japanese ships could not bring anything into the country.【除了武器与弹药、清酒与慰安妇之外，日本船舰不得携带任何东西进入这个国家。】此乃出自 1961 年史料式的学术著作《日本占领缅甸叙事》（*Narrative of the Japanese occupation of Burma*）。文献记载，日军所必备的，除了军事上的武器弹药，就是满足私欲的清酒和慰安妇。

（2）Japan's old imperial army never went into the field without a contingent of 'comfort women' for the troops.【旧时的日本皇军如果没有一群随军"慰安妇"的话，是绝对不会上战场的。】这条书证引自 1990 年 1 月 3 日加拿大最权威的第一大报——多伦多《环球邮报》（*The Globe and Mail*）。加拿大《环球邮报》的地位崇高，相当于美国的《纽约时报》。报纸报道，日军一定要有慰安妇随行，否则就不上战场打仗。

（3）This concurrent resolution urges Japan to apologize for World War II and pay reparations to comfort women.【这个共同决议敦促日本

为第二次世界大战道歉，并向慰安妇赔偿。】这条书证来自 2002 年的一本学术著作——《东京审判：英语书目指南》（*The Tokyo Trial: A Bibliographic Guide to English-language Sources*）。东京审判的决议要日本为发动侵略战争道歉，至今日本仍在设法规避，拒不俯首谢罪。在慰安妇的问题上，日本迫于美国构建东北亚美日韩铁三角军事同盟的压力，首相安倍晋三向韩国"深刻"道歉，但对中国以及东南亚其他国家的慰安妇却只字未提。

（4）Ren Lane was forced to become a comfort woman when she was just 13.【任兰娥才 13 岁就被迫成为慰安妇。】这条书证援引自新华社 2016 年 7 月 8 日的新闻，特别值得我们所有中国人关注。任兰娥老太太在 13 岁的稚龄少女之年沦为二战期间日军的慰安妇，2016 年 7 月 1 日以 85 岁高龄在山西去世，遗愿就是要日本政府"赔情道歉"。日本政府虽然尚未赔情道歉，不过新华社对此的报道吸引了 *OED* 的注意，最终成为书证之一，英文词典的权威 *OED* 有所作为，精简记述了日军的泯灭人性与任兰娥老太太的悲惨遭遇，也算是足堪告慰她些许的在天之灵了。

事实上在 *OED* 之前，牛津词典家族就已经有成员超前一步，先行收录了 comfort woman，不过此举并未引来关注。这部词典是专攻现代英语的在线牛津词典 *ODO*，它对 comfort woman 的定义与 *OED* 相仿，且合并、精简了 *OED* 定义底下的补充说明：a woman or girl who was forced to engage in sexual activity with Japanese soldiers as part of a system of brothels operated by the Imperial Japanese Army in its occupied territories between 1937 and 1945.【被迫与日本军人从事性行为的妇女或少女，此乃 1937 年至 1945 年间日本皇军在其占领区所经营之妓院制度的一环。】

另有一部早于 *OED* 收录 comfort woman 的英文词典，来自美国，是一部规模与 *ODO* 相当、同样权威的 *AHD*，也没有引起关注。*AHD* 对 comfort woman 的定义最为简短，不过却用了赤裸裸的 sex slavery（性奴隶），大胆描述了慰安妇的真实处境：a woman or girl forced into sex slavery by the Japanese military during World War II.【第二次世界大战期间被日本军队强迫成为性奴隶的妇女或少女。】出版 *AHD* 的是美国波士顿（Boston）的霍顿·米夫林出版公司（Houghton Mifflin Harcourt），这是一家民间的出版社，却甘冒触怒日本的风险，不怕其销路在日本受阻、出版品遭到日本的抵制，精神与勇气令人感佩。

时至今日，日本依旧在努力掩盖、粉饰二战期间的罪行，并以篡改教科书的内容来给下一代洗脑，不过我们相信，公理正义总有重见光明的一天。以 *OED* 为首的英文词典，秉持着实事求是的良心，忠实地记录了 comfort woman 的真相，让我们看到了一丝希望的曙光。

2. 英语世界 2017 年的两个年度词汇

2017 年 11 月 26 日，英语世界知名的网络词典《词典网》（*Dictionary.com*）发布了 2017 年的年度词汇（word of the year），雀屏中选的是 complicit（同谋的；串通的；知情的）。

2017 年，特别是 2017 年下半年，美国笼罩在许多阴影底下，如俄罗斯对其总统大选如影随形的影响，接连爆发且日益扩大的性骚扰丑闻，大规模的枪击事件，阿片类药物的泛滥。某些人要不卷入其中，就是有意无意地知情不报。这些政治社会事件，遂合力把 complicit 这个词推向了舆论关注的焦点，使它成了今年的年度词汇。

《词典网》的编辑说，2017 年这一年，社会大众对 complicit 的查阅暴增，增幅近 300%，美国总统特朗普的女儿伊万卡（Ivanka）

则与此密切相关。

英语世界最大、最权威的 *OED* 表明，事实上这个年度词汇 complicit 并不是新词，1855 年就已见诸文献，录于英国的《诺丁汉郡卫报》（*Nottinghamshire Guardian*），160 多年来一直是个平稳的词汇。

《词典网》披露，2017 年 3 月中旬，该词却因美国 NBC 电视台的综艺节目《周六夜现场》（*Saturday Night Live*）而迎来了第一波的关注高潮。节目中，知名影星斯嘉丽·约翰逊（Scarlett Johansson）在短剧中饰演伊万卡，手中兜售一款叫 Complicit 的香水，说“她（暗指伊万卡）漂亮，她有力，她知情”（She’s beautiful, she’s powerful, she’s complicit）。

一个月后的 4 月上旬，伊万卡上了电视节目《CBS 今晨》（*CBS This Morning*），面对主持人的质疑，她说“我不知道 complicit 是什么意思”（I don’t know what it means to be complicit）。伊万卡是名校宾夕法尼亚大学沃顿商学院（Wharton School of the University of Pennsylvania）经济系毕业的高材生，她是真不知道 complicit 是什么意思？还是故意转移焦点？看来只有她自己才知道。不过可以确定的是，由于节目的社会效应，complicit 因而迎来了第二波的关注热潮。

半年后的 10 月下旬，亚利桑那州的共和党参议员杰夫·弗雷克（Jeff Flake）公开宣布他将不再寻求连任，并严词抨击同党的总统特朗普，敦促共和党同志别再缄默地与总统站在同一阵线。弗雷克说，因为“我要向子孙负责，所以总统先生，我不会当你的同谋”（I have children and grandchildren to answer to, and so, Mr.President, I will not be complicit）。这个政治上的宣示，通过媒体的传播，再度把 complicit 推向热点。

有趣的是，11 月初，英国词典柯林斯 *CED* 发布了年度词汇，荣登宝座的是 fake news（假新闻），也与美国的第一家庭脱不了干系。2017 年，这个政治性的词汇几乎无所不在，经常盘踞各家英文媒体的版面，是美国总统特朗普的爱用语。所有针对特朗普的质疑、指控，他一律以 fake news 加以回击。特朗普甚至还讹称，这个 fake news 的说法是他发明的，不过 *CED* 言此并非事实，因为他们的语料库显示，10 年前早已出现过使用的证据。

这两份“年度词汇”都是政治词汇，都由美国第一家庭所囊括，反映了 2017 年英语世界关注的语言热点。

3. 牛津 2017 年度词汇 youthquake（青年震动）

牛津词典 2017 年度词汇（Oxford Dictionaries Word of the Year 2017）于英国时间 2017 年 12 月 15 日公布，摘得桂冠的是 youthquake（青年震动）。

这一年的结果比往年晚了一个月，让许多语言观察者望眼欲穿。我本以为牛津会延续 11 月另两个年度词汇的大方向，然而结果却有点令人意外。

11 月初，英国词典柯林斯 *CED* 发布了他们的年度词汇，荣登宝座的是 fake news（假新闻）。11 月底，知名的网络英语词典《词典网》（*Dictionary.com*）也选出了他们的年度词汇，答案是 complicit（同谋）。这两个年度词汇都和美国的第一家庭密切相关。

牛津走自己的路，选出了 youthquake，这个 youthquake 究竟是什么意思？主办单位 *ODO* 的定义是“因年轻人的行动或影响力而引发的重大文化、政治或社会变革”（a significant cultural, political, or social change arising from the actions or influence of young people）。

ODO 解释，青年震动 youthquake 是个模仿 earthquake（地震，

本义为“地球震动”）的字眼，乃美国《时尚》杂志（*Vogue*）前总编辑、已故时尚教主黛安娜·弗里兰（Diana Vreeland）于1965年所造，当时描述的是上个世纪60年代的伦敦，青年文化百花齐放，时尚变迁迅速，精彩纷呈，震动了社会。

资料显示，到了上个世纪60年代下半叶，时代氛围丕变，这个youthquake的内涵也开始转向，指的是发生于学生与年轻人中一波波激进的政治与文化动荡。

*ODO*指出，youthquake不是新词，今年却在英国异军突起，使用率暴增。然而他们也坦承，美国对此相对无感，或许跌破了部分人士的眼镜。*ODO*说，当今欧美社会的动荡日益加深，他们的神经被摧残耗弱，youthquake这个字眼为他们响起了一个希望的音符。*ODO*觉得，这样的正能量正在敲门，他们需要借由这样的评选活动请它进来。

2017年在英国与欧美多处，常被抹黑的千禧世代（millennial generation）挺身而出，要求政治变革，年轻人的力量集结起来，声援支持反对党，打翻了既有的权力平衡，在这破碎、怀疑、挫折、灰暗的时代氛围中，youthquake（青年震动）的胜出，仿佛乌云骤裂、阳光乍现，给了他们乐观下去的理由。

就在牛津年度词汇发布的前几天，美国的韦氏词典也才发布了他们的年度词汇，雀屏中选的是feminism（女性主义）。韦氏说，2017年年初首都华盛顿有大规模的“女性大游行”（Women's March），年底有反性骚扰的“我也是”（Me Too）运动，女性勇敢地站出来发声，捍卫自身的权益，feminism的查阅量暴增，因而胜出。

牛津和韦氏的年度词汇都不是新词，背后反映出的现象，皆为西方社会相对弱势的反弹与冲撞。英美世界两大词典巨人在其社会脉络下选出的年度词汇 youthquake（青年震动）和 feminism（女性主义），值得我们参考深思。

4. 牛津 2016 年度词汇 post-truth（后真相）

牛津词典 2016 年度词汇（Oxford Dictionaries Word of the Year 2016）依照多年来的惯例，在 11 月中旬的美国感恩节（Thanksgiving）前公布，雀屏中选的是 post-truth（后真相）。这个结果，引发了全球媒体广泛的报道。

牛津词典把 post-truth（后真相）定义为“诉诸情感与个人信仰比陈述客观事实更能影响民意的种种状况”（relating to or denoting circumstances in which objective facts are less influential in shaping public opinion than appeals to emotion and personal belief）。这个 post-truth（后真相）是个形容词，常与 politics（政治）连用，构成 post-truth politics（后真相政治）。从英国举行脱欧公投，特朗普走向美国总统之路，以及各国弥漫着激情盖过理性、立场重于事实的政治氛围，在在都说明了“后真相政治”的到来。

牛津词典的博客解释道，这里的 post-（后）指的是一种“超越”，也就是“所述的某个概念不再重要或不再相关的”（belonging to a time in which the specified concept has become unimportant or irrelevant），这个 post-（后）的新义在上个世纪中叶就已经出现，如 post-national（后国家的，指的是国家认同不再重要的）和 post-racial（后种族的，指的是不再有种族偏见或种族歧视的）。

作为年度词汇的 post-truth（后真相），事实上早在 1992 年就已经现身于美国《国家》杂志（*The Nation*）的一篇文章，2004 年更出现在《后真相时代》（*The Post-truth Era*）这本书的书名里，所以严格来讲，这并不是个全新的词。只不过随着政治情势的演变，这个词由原本无籍籍名的边缘角色，到 2016 年年中之后成为英美政治评论的重要支柱，使用频率瞬间一飞冲天，让牛津词典不得不重新评估它的地位。通过了定量的统计与定性的分析，在质与量的综合评比之下，该词最后脱颖而出，摘下了“牛津词典 2016 年度词汇”的桂冠。

牛津词典的博客还以 2016 年 11 月 1 日《经济学人》杂志（*The Economist*）的一段文字为例，说明什么叫作后真相政治：“奥巴马创建了“伊斯兰国”。小布什是“9·11”事件的幕后主使。欢迎来到后真相政治（Obama founded ISIS.George Bush was behind 9/11. Welcome to post-truth politics.）”。

无独有偶，英国知名的词典柯林斯 *CED* 早牛津词典几个月，率先采纳了网友的新词建议（new word suggestion），把 post-truth（后真相）收入它的在线词典，并引英国《卫报》（*The Guardian*）为证：“在这个后真相时代，只要谎话说得毫不犹豫，就能称王称霸。不诚实地越明目张胆，越不在乎被抓包，就越能壮大成功（In this era of post-truth politics, an unhesitating liar can be king.The more brazen his dishonesty, the less he minds being caught with his pants on fire, the more he can prosper.）”。

牛津词典 *ODO* 是一部当代英语的大型词典，是个整合资源、与时俱进的在线英语词典，它坐拥傲视群伦的庞大语料库，对语言变化的嗅觉极其敏锐，能够第一时间洞察出英语的最新发展。在这个信息传播迅速的全球化时代，我们远在地球的这一边，也必须密切观察，细心留意才是。

一叶可以知秋。信息流通无远弗届，蝴蝶效应不容小觑，牛津的年度词汇值得我们参考借鉴。

5. 台湾的年度英文

岁末年终是个回顾与反思的时节，国内外许多机构、出版社都会盘点这一年的“年度词汇”（word of the year），结果在11、12月陆续揭晓。

英语世界最早发起此项活动者，一般认为是美国方言学会（American Dialect Society），1991年起就持续发布。美国的梅里亚姆-韦伯斯特公司（Merriam-Webster, Incorporated），即出版韦氏大词典*W3*的出版社，自2003年开始发布韦氏年度词汇（Merriam-Webster's Word of the Year）。以出版牛津英语词典*OED*闻名于世的英国牛津大学出版社（Oxford University Press），自2004年开始发布牛津词典年度词汇（Oxford Dictionaries Word of the Year）。

澳大利亚的澳洲国家词典中心（Australian National Dictionary Centre）、麦考瑞词典（Macquarie Dictionary）也有类似的发布，总部设于美国得州的全球语言观察机构（Global Language Monitor）也没有缺席。

英语世界这些年度词汇的发布，取材、方法、目的各异，影响力各有不同，然而最为世人瞩目的，当属牛津词典年度词汇。最近几年，牛津的年度词汇举世关注，引发各界热议，造成广泛的回响，如2017年的youthquake（青年震动）、2016年的post-truth（后真相）、2015年绘文字（emoji）的“含泪大笑的脸”（Face with Tears of Joy），2014年的vape（电子烟）、2013年的selfie（自拍）。

英文是宝岛台湾的全民运动，台媒重视英文，媒体报道经常夹杂英文，许多社会大众也习惯把英文挂在嘴边。几年前我就在想，既然岛内喜欢使用英文、讨论英文，我何不仿效这些英语世界的机构、出版社，在台湾办一个年度英文的活动?

时间回溯到2012年年初，美国NBA的华裔球星林书豪（Jeremy Lin）表现出众，引发了一阵超级旋风，美国媒体特别为此造了一个Linsanity（林来疯）的新词，同样席卷全台。2012年年底，英国的政经杂志《经济学人》(*The Economist*)刊登了一篇评论马英九的专文，题为Ma the bumbler（马瞎忙，台媒多译为“马笨蛋”），顿时岛内都在热议这个bumbler。如今想想，若要票选2012年的台湾年度英文，Linsanity和bumbler肯定高居前两位。

2014年深秋，我开始认真思考台湾的年度英文，不过当年的情况似乎有点混沌，无法让我立即提出类似的代表词语。作为一个长期关注英文词汇发展的台湾学者，我几经思索，首先想到的，竟然是个让我迟疑的冷门字眼: Taiwan macaque(台湾猕猴)。2014年6月，Taiwan macaque正式被*OED*纳入，不过由于没有媒体报道，社会上也不见讨论，连我自己这一关都过不去。

陷入困境之后，我想到了我的学生。我在东吴大学英文系开授本科生二年级必修的英语语言学概论，全班有70多名学生，正好讲到相关的英语构词法，于是我给了他们一个分组报告、额外加分的机会，有兴趣者自由参加。我要他们通过自己的方法，运用熟悉的资源，发挥年轻人的创意，选出他们心目中的2014年台湾年度英文。

70多人的班上最后共有60人参与，2到4人一组，一共分了20组。各组同学用了一个礼拜的时间做头脑风暴，上网找资料，合力撰写报告，制作PPT档案。部分组别上台时唱作俱佳，让全班印象深刻，笑声、惊呼声此起彼落。

报告结束，全班票选，我再以此为据，由深度、广度、强度三个面向着眼，考虑这些英文词汇在台湾的影响力和持续力，综合判断，做出总结。

2014 年的台湾年度英文是 over my dead body（除非我死）。多组同学都建议了这个短语，主要参考的依据，是台湾“Yahoo! 奇摩”网站的“2014 年度十大爆红网络用语”。

这个英文短语的本义是“跨过我的尸体”，意思就是“除非我死，否则想都别想”。岛内“太阳花运动”期间，有黑道背景的“白狼”张安乐率众前往“立法院”呛声，台北市议员王世坚与其战友镇守立法院旁的镇江街，大声回呛说：“他们这些黑帮啊，今天要进入这条路必须踏过我们尸体啊！ Over my dead body!”由于王世坚的表情动作戏剧性十足，网友充分发挥创意，接连恶搞这段长仅 10 秒的短视频，在网上疯狂流传，意外让这个英文短语一夕爆红。

当年的“九合一选举”期间，台北市的选战广告牌还出现了原文的变体，这象征的是语言能量的展现。本尊 over my dead body 派生出了搞笑版的 over my dad's money，借以讽刺市长候选人连胜文是“靠爸族”。后来更进一步融合了社会政治事件，出现了变体的变体 over whose money 和 over whose body。种种现象，在在都说明了 over my dead body 生命力旺盛，能够引起岛内民众广泛的共鸣。

2014 年的台湾年度英文 over my dead body（除非我死）登上了台湾的“《中国时报》”，引发岛内社会的重视。2015 年的年度英文是 MERS（中东呼吸综合征冠状病毒），指的是当年年中引发岛内紧张，媒体铺天盖地报道所用的英文缩写。2016 年则是 steadfast diplomacy（踏实外交），指的是蔡英文当局上台后亟欲推动的“外交”路线，其牛头不对马嘴、在岛内引质疑掀波澜的英文翻译。

2017 年的台湾年度英文是 Seafood（海鲜，挪作“师父”的近音借代），反映的是岛内某位宗教人士引发的社会现象。

法号“妙禅”、自创“佛教如来宗”、本名刘锦隆的刘妙如，因其极富争议的行径而成为台湾媒体追逐的焦点。网友以“师父”

的谐音 Seafood 来暗讽妙禅，让原意为“海鲜”的英语单词 Seafood 增添了一个台湾特有的社会意涵。

至于 Seafood 缘何借作“师父”？原因是 2016 年 3 月 2 日，有网友在台大 PTT（批踢踢实业坊）网站的 joke（笑话）版出题，让大家猜一个谜语，问说：“叶问开海产店，店名要叫什么？”该网友自问自答，随后答道：“叶 Seafood”。这个冷笑话引来了众多网友的跟帖附和，Seafood 遂逐渐演变成“师父”的网络用语。

妙禅的信众身着紫衣，双手合十，簇拥在妙禅身边，对他毕恭毕敬，左一声师父，右一声师父，网友讨论妙禅时，经常沿用之前 PTT 网站的梗，称其为 Seafood，这个借自英文“海鲜”的 Seafood，也随着传统媒体的引用，而在社会上广泛流行了起来。

由于资源欠缺，台湾年度英文的选拔土法炼钢，没有利用大数据，没有专业团队来执行，没有科研机构给予奥援，也没有出版社加以支持。这个活动完全是因我个人的兴趣而起，为的是给台湾的英文留下历史的足迹。

台湾年度英文通过当年流行的英文词语记录了台湾，以不同的方式给台湾留下了历史的足迹，别具意义。

6. Jerusalem，和平的基石

2017 年年底，美国总统特朗普在白宫发表声明，昭告天下，正式承认耶路撒冷为以色列首都，并指示国务院将美国大使馆从特拉维夫迁至耶路撒冷。

特朗普兑现了他竞选时的承诺，巩固了基本盘的选民，赢得了他们的掌声，却换来了国际社会的嘘声，招致阿拉伯世界的强烈反弹。以色列、巴勒斯坦原本就紧张的关系，极可能因此而更加动荡。

区域性的以巴冲突，在不久的未来或恐造成大规模的反美浪潮，成为一颗颗的不定时炸弹。

耶路撒冷是个有着近6000年复杂历史的古城，曾经先后被迦南人、希伯来人、希腊人、罗马人、波斯人、阿拉伯人、十字军、土耳其人、英国人统治过。犹太人、穆斯林、基督徒都把耶路撒冷视为“圣城”，长久以来，其法律地位一直都悬而未决，是以色列与巴勒斯坦的争议核心。

英文有句俗谚let sleeping dogs lie，字面义为“让睡狗躺着”，意思是“别自找麻烦”或“少惹是生非”。一群狗原本睡得好好的，就让它们继续躺着睡，别去惊动，更别去招惹，因为它们一旦惊醒，可能会对你狂吠，甚至会对你群起而攻，让你身陷险境。以巴冲突由来已久，至今仍是个火药库，特朗普此举分明是反其道而行，在火药库里点火。

耶路撒冷，英文作Jerusalem（读如“者如色冷”），源自希伯来文的Yerushalayim（读如“耶路色拉引”），本义是“和平的基石”。“耶路撒冷”希伯来名的后一半shalayim意为“和平”，与希伯来文的招呼语“舍拉姆”（shalom，意为“祝你平安”）密切相关。

耶路撒冷英文名Jerusalem的后一半salem（和平），则被用作世界多处的地名，在美国更是遍地开花。根据英文*Wiki*所载，仅美国就有100多个郡（county）、市（city）、镇（township）的名称含有Salem。我们可以说，“和平”的地名遍布全球，更是全方位地覆盖了美国。

这个“和平的基石”耶路撒冷，如今却在美国的主导下成了冲突的导火线，本来就水火不容的以色列与巴勒斯坦，现在更是剑拔弩张，说来实在讽刺。

以色列与巴勒斯坦的盘根错节，还反映在这个“和平”的字眼里。

现在的巴勒斯坦属于伊斯兰阵营，伊斯兰（Islam）的本意是“臣服”，即臣服于真主阿拉的旨意。伊斯兰教的信徒称为穆斯林（Muslim），意为“臣服者”。阿拉伯文的招呼语是“撒拉姆”（salaam，意为“祝你平安”），是愿平安与对方同在的美好祝愿。这三个词语有个共同点，就是 s-l-m 的“三辅音词根”。

阿拉伯文和希伯来文同属闪语族（Semitic），而“三辅音词根”是个极具闪语族特色的语言形式，此 s-l-m（希伯来文作 sh-l-m）序列的核心意义是“和平”，这样的人生态度深植于绝大多数闪族人民的心中。

犹太教与伊斯兰教有着千年的恩怨纠葛，对以“和平”为信仰核心的闪族人民而言，不免让人喟叹。

Salaam! Shalom!

Shalom! Salaam!

7.《牛津英语词典》里的长征

2016 年是红军长征胜利 80 周年，恰巧东吴大学给我休假一年，我从台湾来上海长住，在复旦大学外文学院担任访问学者，注意到了许多相关的信息与报道，让我眼界大开。

我生在台湾，长在台湾，上个世纪 30 年代的长征我虽有耳闻，但早年在国民党的统治之下，历史对此着墨甚少，知道的非常片面有限。

我读台大时有个与我同样毕业自建中的好友，他参加了台大校内的学生社团“大陆社”，读了不少关于中国大陆和中国共产党的书籍。有一次他跟我分享了红军的长征，说红军不断地被国民党军队强势围剿，以致奄奄一息，末了竟能起死回生，以星火燎原之势将国共的强弱迅速翻转，最后国民党节节败退，丢失了江山败走台湾。他讲述的当时，脸上满是对共产党的赞叹，那个表情，至今依然历历在目。

我的那位好友热爱历史，而我却喜欢英文。多年之后我才知道，原来长征的英文不是Distant Expedition（远征），也不是Long Trek（长途跋涉），而是 Long March（长途行军）。

我研究英文词汇，特别关注英文里的中国元素。*OED* 是英文词汇的圣经，其地位有如泰山北斗，倍受尊崇。它早就收录了“长征”的英文 Long March，然而不知是有意还是巧合，*OED* 在长征 80 年的2016年6月，对Long March做了全面的修订，并把它原先地位次要、信息简略的副条目（subentry），提升到地位核心、信息详尽的主条目（full entry）。

OED 在 Long March 的词源里阐释，说这个英文的复合词是仿照中文的“长征”翻译而成，特指 1934 年到 1935 年间的事件，最初的来源则是“万里长征”。*OED* 对于这个时间段的选择，显然是以中央红军撤出江西瑞金，到达陕北与陕北红军会师为准，并没有考虑一年后在甘肃的另一次会师。

OED 在定义里简述，说长征是“中国共产党军队脱离国民党部队的撤退，始于 1934 年的中国东南，止于 1935 年的中国西北，途经距离逾 6000 英里（约 9600 公里）。”【The retreat of Chinese Communist forces from Kuomintang（Nationalist）troops in 1934–1935 from south-eastern to north-western China, over a distance of 6,000 miles（c.9,600 km）.】

定义底下还有三行小字，以百科信息的方式进一步说明长征的概况：“1934 年 10 月一开始，有 10 万人离开了共产党在江西农村的根据地，到了 1935 年 10 月，大约有 2 万人在毛泽东的领导下活着抵达了陕西。虽然共产党折损惨重，不过此趟撤退确保了共产党的存活，1949 年才有可能终胜国民党。”【At the outset, 100,000 people left the Communist rural base in Jiangxi Province in October 1934; approx.20,000 survived to reach Shaanxi Province in October 1935 under the leadership of Mao Zedong.Despite these losses, the retreat ensured the survival of the Communists and made possible their ultimate victory over the Kuomintang in 1949.】

OED 是一部依历史原则编纂的巨型权威词典，阅读词条就可以了解词汇的演变与发展。除了词源与定义之外，*OED* 还收录了红军长征不同时期的 6 条书证，从 1937 年起至 2007 年止，时间跨度达 70 年，以书面的证据来提供更多的相关脉络。

第 1 条书证出现于 1937 年，这是 Long March 最早的记录，出自埃德加·斯诺（Edgar Snow）的《红星照耀中国》（*Red Star over China*，或译《西行漫记》），因此斯诺应该是把“长征”翻成 Long March 的第一人。这条书证说，“这个历史性的长征有 6000 英里远，他们（红军）跨越了中国的 12 个省份，最后成功存活了下来，在西北建立了一个强大的新根据地。”【The historic Long March of 6,000 miles, in which they crossed twelve provinces of China and triumphantly emerged at last into a powerful new base in the Northwest.】

接下来的 5 条书证，虽然年代、来源各不相同，不过都站在中共的角度，看待当年的这场长征。

第 2 条书证出自 1950 年美国的《生活》周刊（*LIFE*）：“长征之后，就再也没有人质疑中国共产党真正的领导人是谁了。就是毛（泽东）。”【There was never again a question, after the Long March, about the real leader of Chinese Communism.It was Mao.】

第 3 条书证引自英国作家连·迪顿（Len Deighton）1967 年的《昂

贵的死亡之所》（*An Expensive Place to Die*）：“长征意味着国民党杀了250万人。”【The Long March meant the Nationalists killed two and a half million.】

第4条书证是1972年英国《泰晤士报》(*The Times*)的报道：“长征之前，周（恩来）先生担任过若干要职，周游各地。”【Mr Chou held a number of important posts and travelled widely before the Long March.】

第5条书证出自1982年，为英国著名外交官、熟知中国事务的前港督卫奕信（David Wilson）所言，这是他帮《一个共产国际的特务在中国（1932—1939）》（*A Comintern Agent in China, 1932—1939*）写的导读：“他长征后的照片像个小老头，牙龈皱缩。”【The photograph of him after the Long March shows a prematurely aged man with shrivelled gums.】

最后一条书证来自中国学者李小兵，是他2007年用英文写的《现代中国军队史》（*A History of the Modern Chinese Army*）：“李（大妈）年幼的儿子死于长征。”【Li lost her young son during the Long March.】

综观 *OED* 对长征的定义与书证，或可谓“虽不中，亦不远矣”。长征的艰辛惨烈，共产党的浴火重生，中共领导人的确立，都在此得到了重点的记载。

值得一提的是，斯诺当年作为桥梁的角色，把长征的英文翻成 Long March，并以其深入的写作，影响了西方人对早年中国共产党的认识，也让 *OED* 对长征做出如此精简扼要的评价，他的角色至为关键，必须记上一笔。

8.《牛津英语词典》里的红军与延安

牛津英语词典 *OED* 收词逾 60 万个，援引书证近 300 万条，贯穿英语千年史，是英语世界最大、最权威的语文词典，百年来倍受世人尊崇。

OED 的目标宏大，企图收录英语自有文字记录以来的所有词语，将其按字母顺序加以条列，并详载一切词形异体、词义演变及词源递嬗的所有信息，堪称英语词汇的终极宝库。

2016 年 10 月是红军长征到达延安 80 周年纪念，2017 年 8 月 1 日则是中国人民解放军建军 90 周年。红军（Red Army）、长征（Long March）、延安（Yenan）、中国人民解放军（以缩写 PLA）均为 *OED* 所收。上一篇讲的是《牛津英语词典》里的长征，这一篇我们就来了解一下《牛津英语词典》里的红军与延安。

OED 的词源提到，Red Army（红军）的说法源自俄文，出现于 1918 年，是 Workers' and Peasants' Red Army（工农红军）的简称，其他的共产主义国家也依此仿制。*OED* 特别提到了中文的"红军"，说中文的"红"也有"革命"的含意，中文的"红军"可指苏联的军队，也可指中国共产党的军队（即 1927—1937 年间的中国军队，较完整的说法是"中国工农红军"）。【Chinese *Hóngjūn*, with reference to both the army of the Soviet Union and the Chinese communist army（<*hóng* red, revolutionary + *jūn* army; with reference to the Chinese army of 1927–1937 more fully *Zhōngguó Gōng-Nóng Hóngjūn*, lit. "Chinese Workers' and Peasants' Red Army"）.】

OED 在定义里叙述苏联以外的红军时，特别着墨中国的红军。*OED* 说，在中国，共产党的军队于 1927 年的内战之初成立，名为

中国工农红军，其后名称几经更迭，1947 年起正式定名为中国人民解放军（People's Liberation Army），简称为 PLA（解放军）。【In China, the communist army was formed at the beginning of the Civil War in 1927 as the Chinese Workers' and Peasants' Red Army.Following several changes of name, it has officially been called the People's Liberation Army（Chinese *Zhōngguó Rénmín Jiěfàngjūn*; compare PLA）since 1947.】

OED 在 Red Army 的一条书证里，引用了毛泽东《红色中国》（*Red China*）的英译：The Chinese Soviets and their Red Army have grown out of the development of the agrarian revolution, which liberates the masses of the peasants from oppression and exploitation.（中华苏维埃及其红军由农民革命的发展演变而来，解放了农民群众，不再受压迫和剥削）。

另一条 Red Army 的书证，则引用了瑞典作家杨·米尔达（Jan Myrdal）的《来自中国农村的报告》（*Report from a Chinese Village*）：The peasants of northern Shensi set up their own soviet republic and formed their own Red Army.（陕北农民建立自己的苏维埃共和国，组建自己的红军）。

OED 在词源、定义、书证几个方面均对中国的红军做了简要的说明。

至于红色的革命圣地延安，*OED* 是以 Yenan 的拼法加以收录的，此乃源自传统的威妥玛拼音。词典在定义里除了简述其地理位置之外，更重要的是重点勾勒了它的文化含义。

OED 是这样定义延安的：中国陕北的一座城镇，为 1936—1949 年中国共产党的总部。做定语，用以指称党史的这个时期，或者用以描述当时在此发展出来的原则和政策。【The name of a town in northern Shaanxi province, China, which was the headquarters of the Chinese Communist Party in the years 1936–1949, used attrib.to designate this period in the history of the Party, or to describe the principles and policies evolved by it at that time.】

OED 收了几条 Yenan 的书证，如 1957 的《今日共产中国：国内政策与外交政策》（*Communist China Today: Domestic & Foreign Policies*）提到，“把农村全面编组是延安时期陕甘宁边区行政的特色。”【Thoroughness of rural regimentation characterized administration of the Shensi-Kansu-Ninghsia border region during the Yenan period.】

1966 年的《共产中国的意识形态与组织》（*Ideology & Organization in Communist China*）记载，“延安时期散布于各处的游击武力必须系统地向总部回报。”【The scattered guerrilla forces of the Yenan period had to report back to headquarters in systematic ways.】

1970 年，埃德加·斯诺（Edgar Snow）在《大河彼岸》（*The Other Side of the River*）一书中把毛泽东的《在延安文艺座谈会上的讲话》写了进去，其英译也成了后世的参考标准：“1966 年以后，中国就再也看不到外国芭蕾了。传统中国戏曲被彻底翻修，以符合延安原则，毛泽东的指示——《在延安文艺座谈会上的讲话》，就成了舞台和银幕演出的指导方针。”【After 1966 foreign ballets were seen no more in China; traditional Chinese opera was also overhauled to make it conform to Yenan principles.Mao Tse-tung's dicta, Talks at the Yenan Forum on Art and Literature, became the guidelines for stage and screen performances.】

1975 年的《当代中国的崛起》（*The Rise of Modern China*）则提到了“延安精神”（Yenan Way）和“群众路线”（mass line）：“延安精神的核心，是完善群众路线，改进农村的革命民族主义，这也成了毛泽东思想的两大支柱。”【The heart of the Yenan Way was the perfection of the mass line and the sharpening of revolutionary nationalism in the countryside, which became the twin pillars of Maoism.】

通过 *OED* 学术论文般的词源、微型百科式的定义和代表不同时代的丰富书证，我们得以看到，虽然它是一部外国的词典，然而通过其所收录的中国词汇，许多文化传承的线索均隐身于细节中，西方世界也可以通过这部语文巨著对中国的政治社会有粗浅的了解。

9. 英文词典里的南京大屠杀

2015 年抗战胜利 70 周年，南京大屠杀的史实终获联合国官方认可，所有中国人都同感欣慰。

2015 年 10 月，联合国教科文组织做出决议，将南京大屠杀档案列入“世界记忆”（Memory of the World）名录。世界记忆计划于 1992 年启动，目的在保存人类记录的文件档案遗产，以避免集体性遗忘，并试图抢救正逐渐老化、损毁、消失的文献记录，使人类的记忆更加完整。

第二次世界大战时，纳粹德国对犹太人展开种族灭绝式的大屠杀（Holocaust），全世界对此惨绝人寰的暴行均强烈谴责。犹太人大屠杀在世界史上占有极其重要的地位，相关的史料汗牛充栋，得到众多世人的瞩目，德国也能坦承错误改过迁善，努力弥补过去犯下的滔天大罪。

相形之下，南京大屠杀在国际社会上受重视的程度似乎远远不如，仿佛仅局限在东亚一隅。战犯国日本至今仍在遮掩粉饰，更遑论反省悔悟。这次南京大屠杀档案列入世界记忆名录，日本外务省不只表示极度遗憾，还通过外交途径，向中国政府及联合国提出抗议，甚至扬言终止对教科文组织的捐款。

德、日两国的态度，高下立判。

大家或许有所不知，关于南京大屠杀，两本英美出版的大型权威词典不怕得罪日本，无惧词典销售在日本受阻，早就在 Nanjing 这个词条里以小百科的方式加以呈现，勇敢地做了与联合国同调的注记。

传统上词典的内容以语文为主，然而当今英语词典的百科化已是常态，坚持不收百科词条的只是少数。话虽如此，若英语词典收录了相关的百科信息，通常也只是点到为止，不可能像百科全书一样，动辄长篇大论。

美国词典 *AHD* 1969 年问世，是一部素以严谨著称的大型权威词典。作为最新版本的 2011 年第 5 版特别值得关注，因为它对 Nanjing 的处理出现了与之前几版不同的重大增补。这一版用了 46 个词定义 Nanjing，粗略介绍了南京的历史背景和地理环境，其中 13 个词提到了南京大屠杀，占了近 3 成的篇幅：it was the site of a massacre by invading Japanese forces in 1937.（南京是 1937 年侵华日军大屠杀之地）。相形之下，*AHD* 的过去几版对此则点到为止，顶多只说 1937 年南京“被日本人所攻占”（captured by the Japanese）。

英国的柯林斯词典 *CED* 1979 年问世，也是一部享有盛名的大型权威词典。它版本更新迅速，词语信息增订频繁，对 Nanjing 的处理更进一步，让读者眼前为之一亮。自 2000 年的世纪版（Century Edition）开始，直至今日，词典就用 56 个词来定义 Nanjing。词条介绍了南京的地理、历史、与文化，其中 15 个词着墨于南京大屠杀。与 *AHD* 明显不同的是，*CED* 把大屠杀的死亡人数定调为 30 万：site of a massacre of about 300,000 civilians by the invading Japanese army in 1937（南京是 1937 年侵华日军大屠杀之地，约有 30 万平民罹难）。*CED* 2000 年之前的各版则未收此段文字，在 Nanjing 的词条里也完全不见日军侵华的只字词组。

至于为什么 *AHD* 与 *CED* 会有这样的转折，到底是哪些事件促使这两本词典跨出了这一步？原因不明，有待发掘。

AHD 和 *CED* 是美、英两国的大型权威词典，深获社会信赖，其地位毋庸置疑。南京大屠杀已经过去了 80 多个年头，少数的幸存者也逐渐凋零殆尽。日本官方的认错道歉看似遥遥无期，不过英文词典作为西方世界客观公正的第三者，尽管声音微弱，却简单扼要地叙述了日军这件令人发指的暴行，静静地等人查阅，借此告诉世人历史的真相。

如今南京大屠杀的史实再获联合国的官方认可，算是给所有中国人一个迟来的公道。

10. 青蒿素的贡献

中国人又得诺贝尔奖了，而且是位女性科学家，研究的还是许多人都抱持怀疑态度的中草药。

2015 年诺贝尔生理学或医学奖公布，得主之一的屠呦呦是青蒿素专家。她在 20 世纪 60、70 年代领导了北京中药研究所的“523 课题组”，从黄花蒿中提取了青蒿素，比传统的奎宁更能有效地对抗疟疾，这个发现让她摘下了诺贝尔奖的桂冠。

社会聚焦屠呦呦的成就，或许没有注意到青蒿素的英文。青蒿素的英文有两个，除了诺贝尔奖评审委员会用的 artemisinin 之外，还有另一个常用的 qinghaosu。前者 artemisinin 由黄花蒿的属名

（Artemisia）与传统抗疟药奎宁（quinine）掐头去尾结合而成，后者 qinghaosu 则是个地地道道借自中文的词汇。

我研究英文里的中文多年，多年前就注意到这个以汉语拼音转写的 qinghaosu。*OED* 收录了 qinghaosu，从 1977 年开始就有 qinghaosu 出现的书面证据，罗列的各条书证更是简要陈述了中国科学家在此所付出的努力。

屠呦呦不只在人类的科学上做出了巨大的贡献，她所取得的成就还因此让英文收录了一个音译自中文的词汇 qinghaosu，值得我们再给她热烈地鼓鼓掌，用力点个赞！

11. 小鲜肉如何翻译

近几年来，“小鲜肉”成了热门的流行语，横扫海峡两岸。这个词原本似乎只是网络用语，后来新闻媒体逐渐采用，广为传播，现在就连一般民众也都耳熟能详。

究竟什么是小鲜肉？大家的看法或许还存在着分歧，不过一般而言，小鲜肉大抵不脱身材好、外貌佳的年轻男性。有人说文解字，说“小”指的是年纪，要年轻，十几二十几，“鲜”或指感情，要资浅单纯，或指皮肤，要鲜嫩洁白，“肉”指的是肌肉，要健硕精壮。

媒体猎艳搜奇，发掘追捧了许多小鲜肉，乐此不疲。我浏览了这些小鲜肉的照片，觉得他们普遍青春洋溢，帅气健康、皮肤白皙，肌肉线条明显，堪称现代版的猛男。

2015 年春，我到北大英语系举办了一场讲座，结束后系主任高峰枫和前系主任丁宏为两位教授请我到东门外餐叙。丁宏为老师是相交十余年的旧识，老友重逢，自是天南地北无所不谈。聊到了当红的“小鲜肉”，他难掩鄙夷之色，直斥这个热词低俗恶心，如此的反应却让我有点诧异。

对“小鲜肉”这个词语的反感，我原先以为是个单纯的性别问题，想不到就连内人也站在同一阵线。女人被物化，我们习以为常，男人被物化了，许多人却难以接受。

小鲜肉的英文怎么说？有人逐字直译，说是 little fresh meat。有人说，《新生六居客》（*Fresh Meat*）是英国当红的情境喜剧，讲的是六名大学新生自我追寻的故事，或可借用片名的 fresh meat。有人说，何妨用汉语拼音把小鲜肉音译为 xiao xian rou，以凸显小鲜肉在华语圈的意义与独特性。

这几个建议都有些许道理，但时机还不够成熟，贸然实施，恐怕会让英语人士一头雾水，不明所以。

其实美国早有类似的概念，他们称之为 hunk，后来通行于英语世界。什么是 hunk？剑桥高阶 *CALD* 的描述浅显而详尽，指的就是“体格强健、年轻迷人的男性”（an attractive man who is often young and has a strong body）。这个 hunk 传统上翻成“猛男”，放在当今华语圈，和“小鲜肉”或有异曲同工之妙。

然而，小鲜肉的年纪一般比猛男还小一点，感情经历比猛男还青涩一些，皮肤要比猛男来的洁白细致，肌肉线条也不如猛男的夸张，因此我们或许可以把“小鲜肉”翻成 hunky boy（猛男般的男生），用 boy（男生）来强调年轻稚嫩，用 hunky（猛男般的）来描述体格特征。

这不是闭门造车，而是有实证根据的。除了谷歌搜索显示的客观数据之外，2014 年南非英语媒体下了 Hunky boy band One Direction coming to SA（小鲜肉团“一世代”要来南非）的标题，以 hunky boy 来形容少男天团“一世代”（One Direction），此为证据一。2015 年，美国媒体介绍了珍妮弗·洛佩兹（Jennifer Lopez）主演的电影《隔壁的男孩杀过来》（*The Boy Next Door*），里面就提到了 the hunky boy next door（隔壁的小鲜肉），此为证据二。60 多年前的 1956 年，美国天才诗人西尔维娅·普拉斯（Sylvia Plath）在日记里记录她和未来夫婿泰德·休斯（Ted Hughes）的初识，就是用俏皮的 hunky boy 来描述这位英国的桂冠诗人，此为证据三。类似的例子俯拾即是，不胜枚举。

另有人建议把“小鲜肉”翻成 young hunk（年轻猛男），同样借用了 hunk（猛男）这个关键词。谷歌搜索显示，这个 young hunk 似乎远比 hunky boy 普遍常用，然而 young hunk 的中心词是 hunk，语义以此为核心，我们先想到肌肉大块、线条夸张的猛男，之后才会想到年轻。而 hunky boy 的中心词是 boy，语义以此为核心，我们先有的是男生的稚嫩单纯，之后才开始带点猛男般的色彩，像猛男而不等于猛男。young hunk（年轻猛男）和 hunky boy（猛男般的男生）都是正确的英文，却给了我们略为不同的联想与情感。

我们小鲜肉的形象比较接近哪一种？是年轻猛男（young hunk）还是猛男般的男生（hunky boy）？我上网看了许多媒体对于小鲜肉的报道，浏览了不少小鲜肉的照片，闭起眼睛，想到了 TFBOYS，想到了英国的少男天团“一世代”。把“小鲜肉”翻成 hunky boy，是不是比较贴近现况？

12. 从《牛津英语词典》收录的中文词汇谈起

牛津英语词典 *OED* 卷帙浩繁，收词逾 60 万个，援引书证近 300 万条，贯穿英语千年史，是英语世界规模最大、地位最崇高的语文词典，百年来备受世人尊崇。

OED 的目标宏大，企图收录英语自有文字记录以来的所有词语，

将其按字母顺序加以条列，并详载一切词形异体、词义演变及词源递嬗的所有信息，堪称英语词汇的终极宝库。

OED 之于英语世界，有如《圣经》之于基督教世界，虽有人质疑挑战，却始终难以撼动。

OED 收录了 300 个左右来自中文的词汇，不过这些借词多半专业性较强，小众冷僻，相对鲜为人知，如陶瓷古物类的 mei ping（梅瓶）和 san ts'ai（三彩），语言类的 Kuo-yü（国语）和 pai-hua（白话），历史类的 nien hao（年号）和 taotai（道台），哲学宗教类的 wu-wei（无为）和 shen（神），音乐戏曲类的 pipa（琵琶）和 tan（旦），茶叶类的 bohea（武夷）和 pekoe（白毫），植物类的 moutan（牡丹）和 yulan（玉兰），艺术书法类的 ta chuan（大篆）和 ts'ao shu（草书）等。一般民众较常接触到的词汇，如 chow mein（炒面）、moon-cake（月饼）、dragon boat（龙舟）、lion dance（舞狮）、ginseng（人参）、tea（茶）、mah-jong（麻将）、kung fu（功夫）、feng-shui（风水）、guanxi（关系）、pinyin（汉语拼音）、putonghua（普通话）等，只占很小的一部分。

还记得 2008 年北京奥运时，媒体上 jia you（加油）用得很多，进入英文的呼声很高，许多关心人士都在屏息以待。几年前，红极一时、媒体热炒的 buzheteng（不折腾）与 chengguan（城管），也都盛传 *OED* 即将收录，不过时至今日，也只是只闻楼梯响，未见人下来。

倒是有些不在大家关注范围之内的中文词汇，近几年来纷纷受到 *OED* 的青睐，正式被纳入英语词汇的殿堂，如 add oil（加油，2018 年）、boba（波霸奶茶，2018 年）、sky lantern（天灯，即孔明灯，2017 年）、bao（包子，2016 年）、hongbao（红包，2016 年）、dai pai dong（大排档，2016 年）、wuxia（武侠，2010 年）、goji（枸杞，2010年）、choy sum（菜心，2010年）、qipao（旗袍，2007年）、tui na（推拿，2007年）、jiaozi（饺子，2006年）。

上述这12个*OED*所收、源自中文的新词就都很低调，直到成为既成事实我们才恍然大悟，原来它们都已经进入了英文词汇的殿堂。

以goji（枸杞）一词为例，*OED*清楚记载，goji源自中文，2002年首度见诸英文文献，2010年正式为其所收。词典还在goji的词源和书证里进一步阐述，明言西方市场的枸杞是先从台湾引进的，是一种市场上声称富含营养价值、能够增进健康效益的超级水果，因此这个词的英文拼法goji可能来自台湾，但这不是个规律的拼写，不属于任何一种主流的拼音系统。（The form of the English word may originate from an irregular transliteration used in Taiwan, from where the berries were first introduced to Western markets; it does not conform to any of the major transliteration systems.）

事实上，只要国力强大，社会先进有影响力，文化能够展现其独特、具感染力的魅力，无须大肆宣传，也不必努力推销，外人就会不请自来，英文的新词可能就会应运而生。届时，中文对英文的影响肯定会更加显著，英文又多了几个来自中文的新词，我们也就能够逐渐看淡，不去过分在乎了吧！

13.《牛津英语词典》里的中国英文报纸

当今中国大陆有三家主要的英文报纸。《中国日报》（*China Daily*）由国务院新闻办公室主办，是中国国家的英文日报，也是第一份全国性的英文日报，1981年创刊。《上海日报》（*Shanghai Daily*）为上海文汇新民联合报业集团出版发行的英文日报，是中国第一份地方性的英文日报，创刊于 1999 年。《环球时报》（*Global Times*）为人民日报社主办与出版的英文日报，是中国第二份全国性的英文日报，2009 年创刊。

牛津英语词典 *OED* 在英语世界的地位崇隆，国内这三家英文报纸都致力于用英文报道中国，然而其报道是否受到 *OED* 青睐、最后获纳进入这座词典殿堂？真实的情况，究竟如何？为此，我于 2017 年做了一个统计。

《中国日报》成立最早，代表国家，如《百度百科》所言，是“唯一有效进入国际主流社会、国外媒体转载率最高的中国报纸”，因此答案毫无悬念，《中国日报》的表现突出。*OED* 在它的书证里，《中国日报》的出现率一枝独秀，被引用了 20 次，《上海日报》和《环球时报》相同，仅各 2 次，三家报纸加起来，一共 24 次。

如果依时间段来看，这三家英文报纸被 *OED* 的引用在 2013 年到 2016 年占了一半，计 12 次（2015 年高达 7 次，2014 年 2 次，2013 年 3 次）。2006 年到 2012 年这 7 年空白，连年挂零。1999 年到 2005 年这 7 年占了 24 次另外一半的 12 次（每年多是 1 次或 2 次，1999 年多达 5 次）。1998 年之前 *OED* 对它们的引用，就付之阙如了。

若把中国的英文报纸被 *OED* 所引用的数据做成图表，时间为横轴，以年为单位，次数为纵轴，每一次相当于 1000 米，那么我们看到的将是一个类似峡谷的纵剖面：山谷处在 2006 年到 2012 年，东边的山峰位于 2015 年，海拔 7000 米，西边的山峰位于 1999 年，海拔 5000 米。两座山峰之间靠近平缓河谷的地方，还有几座 3000 米以下较为低矮的山峦。1998 年以西，则是一望无际的平原。

OED 对中国英文报纸的引用，近几年明显增加，造就了 2015 年的这座高峰，原因应该不脱中国的总体实力日强，本土观点的英

文报道，理所当然也到了西方世界不得不重视的地步。

至于世纪之交1999年的另一座高峰，书证全是引自《中国日报》，我大胆假设，原因有二。其一是《中国日报》1981年创刊，在英语世界度过了足够长的观察期，已经赢得了西方的信任与肯定。其二是《中国日报》的在线版1995年年底启动，也方便了*OED*“阅读计划”（Reading Programme）对于数据的采集。

*OED*于1999年首度引用当代中国大陆的英文报纸，接下来的几年逐渐减少，在2006年到2012年甚至归零。其原因，我估计，一方面或许是最初的“新鲜感”已过，关注度自然下降。另一方面，或许中国在此段时间内各方面的表现，没有令西方感到特别惊艳之处。或问，此间2008年的北京奥运会以及2010年的上海世博会，都是中国人引以为傲的国际盛事，中国的英文报纸大幅报道，为何没有被*OED*所引用？事实是，英美主流的新闻媒体对此一样大幅报道，却也没被*OED*引用收录。

*OED*对于书证的采集与收录，虽然借助了庞大的语料库，使用了客观科学的方法，但一样存在着人为的操作与主观的判断。词典也有性格，某些耐人寻味的现象，就算是*OED*性格的一部分吧！

关于这些中国大陆的英文报纸被*OED*引用的书证，我爬梳细看，发现了一些值得注意的现象。

首先，大部分被引用的书证都是报道中国。书证涉及的议题并不是猎艳搜奇，而是多样纷呈，有国内政治的，有青少年次文化的，有精神压力的，有电影产业的，有图书出版的，有高考文化的，有足球运动的，有传统艺术的，有节庆文化的，有建筑风格的，有传统国画的，有海上丝绸之路的，也有地方美食的。

其次，部分书证的内容并非描述中国，而是已经具有跨文化的普遍性，如电影音乐、法国画家、岩石矿物、巴西的非洲部落、道德文明、证券投资、日本军国主义。

再者，2015年的3条书证，给英文新收的3个中文词汇推了一把，送上了临门一脚：《中国日报》（香港版）的dai pai dong（大排档），《中国日报》的lucky money（红包），《上海日报》的siu mei（烧味）。补上了这3条来自中国报纸的书证，*OED*才确定增收了dai pai dong（大排档）、lucky money（红包）和siu mei（烧味）这3个来自中文的新词。

此外，国内这三家英文报纸的报道，也给某些英文词汇的释义和用法，提供了最新的证据，其中某些证据，甚至也帮忙确立了这些词汇的新增，如Central Committee（中央委员会）、compensated dating（援助交际）、film company（电影公司）、film music（电影音乐）、hackery（拼凑之作），mulct（罚款）、retrograde（倒退）。

《环球时报》提供给*OED*一条woe的书证特别值得一提。这条书证是China's leadership and its people are bound to share weal and woe together.（中国的领导人必定与人民祸福与共），*OED*还特别附注，说关键词woe“与weal成双或对比出现，如今最常见于亚洲英文，特别常见于中国式的用法”（Paired or contrasted with “weal”.Now most common in Asian English, esp.Chinese usage.）。

由此可见，《中国日报》《上海日报》《环球时报》在英语世界的能见度不仅明显提高，而且影响力已经逐渐显现，甚至还能够形塑英文词汇的定义、确定英文新词的增收与否。

随着中国在各方面总体实力的持续增强，未来这三家英文报纸势必扮演着更为吃重的角色，它们的报道，也将把能反映中国观点与中国特色的“中国英语”（China English），一步步地推向世界。

14. China 探源

“中国”的英文是 China，众所周知，至于为什么是 China？来源为何？各界的见解迄今依旧莫衷一是。

OED 的权威性举世所公认，其观点可供参考。它在 China 这个条目的词源栏位里坦承，该名称的起源仍有争议（The origin of the name is still a matter of debate），并建议有兴趣的用户自行了解，或可参考 19 世纪末探讨东方古文明的学术月刊《巴比伦与东方档案》（*The Babylonian and Oriental Record*）。

虽然 China 的身世尚无定论，不过 *OED* 仍恪尽职守，对庞杂的史料加以梳理，去芜存菁之后做出综合判断，努力呈现给读者一些客观的事实。

OED 总结说，China 并不是一个中国本土的名称（not a Chinese name），因为早在耶稣的时代（Christian era，约公元前 4 —公元 30 年），古印度的梵文（Sanskrit）就已经有 Chīna 的语音形式了。

在此必须补充说明一下。梵文以不同的文字书写，若用罗马字元音译，也可能因不同的系统而有不同的拼法。*OED* 所记录的 Chīna，在其他的文献里也拼成 Cīna，按照梵文的音系，读音应当介于现代汉语的“之那”和“基那”之间。

OED 指出，英文的 China 可明确追溯到的源头，是葡萄牙文的 China。1555 年，英国学者理查德·伊登（Richard Eden）翻译出版了葡萄牙探险家杜阿尔特·巴尔博萨（Duarte Barbosa）1516 年写的航海日记，其中一句“The great China, whose kyng is thought the greatest prince in the worlde”（大中国的皇帝被视为是天下第一的君主），就是 China 在英文的首次露面。需要注意的是，这是早期的英文，

某些单词的拼法与现行者略有不同。

顺藤摸瓜。我继续查阅葡萄牙文的相关资料，线索表明，China可能来自印地语或波斯语的Cīn，最初则来自于梵文的Cīna，意思就是“中国”。至于这代表中国的Cīna究竟所指为何？葡萄牙文的资料并没有进一步交代，词源不明。

这里的Cīn或Cīna就是观点分歧的所在。目前最普遍的看法是，Cīn或Cīna源自于“秦”的音译。战国七雄之一的秦国兼并六国，一统江山，建立秦朝，成为中国历史上第一个中央集权的封建王朝。秦始皇威慑天下，名震海外，所以这个“秦源论”似乎顺理成章。最早提出这个理论的，是天主教耶稣会意大利籍传教士、地理历史学家卫匡国（Martino Martini）。他于1655年出版了划时代的《中国新地图》（*Novus Atlas Sinensis*），在以拉丁文写成的序言里提出了这个观点，并且得到了许多后世学者的支持。

然而也有一些中外的学者提出了不同的看法，挑战了这个秦源论。他们或从语音的对应出发，或从地理历史的角度审视，或二者兼而有之，论证说Cīn或Cīna不是“秦”（上古音接近dzien），而是先秦时期雄踞山西一带的强国“晋”（上古音接近tsien），或是南方大国楚国的别称“荆”（上古音接近kiang），或是地处西南边陲的彝族古国“夜郎”（上古音接近zina）。这些不同于传统见解的新论都有着严谨的论述和充分的证据，让人难以等闲视之。

*OED*的编辑肯定也是博览群文，对这些可能的起源理论都仔细研读，最后无奈地发现，公说公有理，婆说婆有理，难以定于一，只能客观地存疑。千百年来的争论，放到21世纪初的今日，*OED*也是束手无策。

话虽如此，一个没什么人挑战的基本共识是，2000年前的梵文就已经记录了Cīna。梵文是古印度宗教与学术的语言，大乘佛教的经典基本上就是梵文写成的。从梵文切入，或许会闪现不同的亮光。

英国已故知名汉学家、牛津大学中文系教授苏慧廉（William Edward Soothill）曾于清末在温州传教29年，他最伟大的学术成就之一就是编写了重量级的汉英佛学词典——《中国佛教词语词典：附以梵文与英文对应词和梵文－巴利文索引》（*A Dictionary of Chinese Buddhist Terms: with Sanskrit and English Equivalents and a Sanskrit-Pali Index*）。

翻开词典，从索引的Cīna回查本文，我们可以看到支那、指那、真丹、至那、斯那、振旦、震旦、真那、振丹、脂难、旃丹等11种翻译，其中大家比较熟悉的有二：支那，现为对"中国"的蔑称，应避免使用；震旦，为"中国"的古称，现多见于机构之专名。

关键的Cīna何谓？这本佛学词典除了指出可能的晋、秦二国之外，还多列了一个位于当今河南的"陈"国，没有进一步的说明。

佛学词典提到，古印度法律、宗教与哲学汇编的《摩奴法典》（*Laws of Manu*），古印度两大梵文史诗之一的《摩诃婆罗多》（*Mahābhārata*），以及在各种佛教经典里，都把中国称为Cīna（至那，蔑称"支那"在此避用，其他译法从略，下同），或尊称为Mahā-cīna（摩诃至那，"摩诃"为"大"之意，"摩诃至那"就是"大至那"）。而根据学者的考证推测，这些古印度经典的成书之年，约略相当于中国的先秦到两汉之时。

OED 说，远在耶稣的时代，梵文就已经有了"中国"的记录，对照这些梵文史料，的确其来有自。

"震旦"这个"中国"的古名特别值得一提。佛学词典指出，"震旦"一词音译自Cīnasthana（至那斯坦），Cīna（至那）待解，sthana（斯坦）于义为"地"，与巴基斯坦（Pakistan）和中亚诸国国名词尾的stan同源。"至那斯坦"省略中间两音节，语音再进一步调整，把"那"

的首音 n 挪给“至”而成“震”，把送气的“坦”换成不送气的“旦”，便有了“震旦”。南宋佛教辞书《翻译名义集》谓之“东方属震，是日出之方，故云震旦”。中国在印度之东（“震”），乃日出（“旦”）之地，“震旦”之名音译兼顾，实乃少见之佳译。

梵文里指称中国的 Cīna，除地名特指的“秦”“晋”“荆”“陈”“夜郎”等诸源之论外，还有地名泛称之说，原来通指喜马拉雅山以北的边远之地，而后才成为中国的专称。也有学者博引中外古籍，说 Cīna 或思维，或智巧，或文物，或丝绸，都是中国古代所以傲天下者。近来另有一说，言中国的 China 源自风靡世界的瓷器 china，而瓷器的 china 则是主要产地“昌南”（景德镇的旧称）的音译。

China 探源，古今中外，竭各方专家之力，依旧无解。千百年来的百家争鸣，答案至今仍是个谜。

15. La La Land，最佳片名！

2017 年的奥斯卡颁奖典礼，电影《爱乐之城》（*La La Land*）获得平历史纪录的 14 项提名，最终摘下 6 个大奖，成绩亮眼。

我是英语研究者，觉得这部歌舞片的片名极具巧思，要竖起拇指大赞一番。如果奥斯卡有个“最佳片名奖”，那肯定非它莫属。

《爱乐之城》的英文片名 *La La Land*，似乎有四重含义。第一，LA 是洛杉矶（Los Angeles）的简称（或可译为“洛”），把 La（洛）这个简称重复一次，后面再加个代表“地”的 Land，构成了 La La Land（洛洛地），这个新造的“洛洛地”La La Land 是个英文词汇，就是洛杉矶的昵称。电影的场景设定在洛杉矶，片名道出了剧情的发生地。

第二，洛杉矶最负盛名的当属好莱坞（Hollywood），此乃美国电影产业的代名词，因此 La La Land 也有“好莱坞”之意。女主角艾玛·斯通（Emma Stone）不断地四处试镜，争取成为好莱坞影星的机会，这层寓意也隐含在片名里。

第三，la-la 也是“啦啦啦地唱歌”之意，是个模仿啦啦啦哼唱的拟声词（onomatopoeia）。电影是部歌舞片，本来就有许多男女主角唱歌的段落，片名也透露了这个片种（film genre）的信息。

第四，一个人啦啦啦地唱歌，经常会唱到出神、忘我，完全沉浸在自己的世界里，所以小写的 la-la land 也有“出神”“走神”“幻想”“幻境”之意。电影里的男女主角经常走神，一阵恍惚就进入到幻想的梦境中，《爱乐之城》的英文片名 *La La Land*，更是充分预告了这个由现实顿入幻境的情节。

这四重含义，在电影里都完全体现出来了，不得不让人佩服片名的巧思。

一语双关，是语言里常见的现象，一语三关，那就很少了。这个 La La Land 一语四关，犹如凤毛麟角，令人赞叹。